精品社交媒体营销与电子商务

Social media marketing and digital commerce in luxury industry

主　编
万　元

参　编
[法]马克西姆·科莫米斯拉夫（Maxime Koromyslov）

东华大学出版社
·上海·

内 容 简 介

我国是电商大国,当前,中国品牌建设如火如荼,中国制造呈现出高端化、高品质化和高科技化的"三高趋势"。基于此,本教材深入探讨了精品行业在社交媒体营销和电子商务领域的策略与发展,力图为中国品牌的发展献计献策。全书共分为四章,内容涵盖了精品行业的定义与历史,社交媒体营销,搜索电商和社交电商等多个方面。本书将为读者打开精品营销的新视野,助力品牌发展。

适合读者

- 市场营销专业学生:本书系统地介绍了精品行业在社交媒体和电商领域的最新趋势和策略,有助于学生了解这一领域的实践知识。
- 精品行业从业者:本书提供了丰富的案例和分析,可帮助从业者深入理解社交媒体和电商对精品行业的影响,并为其制定营销策略提供参考。
- 对精品行业感兴趣的读者:本书深入浅出地介绍了精品行业的定义、历史和现状,以及社交媒体和电商对其的影响,适合对这一领域感兴趣的普通读者阅读。

图书在版编目(CIP)数据

精品社交媒体营销与电子商务 / 万元主编;(法)马克西姆·科莫米斯拉夫参编. — 上海:东华大学出版社, 2025. 1. — ISBN 978-7-5669-2432-2

Ⅰ. F713.365.2;F713.36

中国国家版本馆CIP数据核字第2024EL8090号

责任编辑:杜亚玲

精品社交媒体营销与电子商务
JINGPIN SHEJIAO MEITI YU DIANZI SHANGWU

万 元 主编

出　　版:东华大学出版社(上海市延安西路1882号,200051)
联系电话:编辑部　021-62379902
营销中心:021-62193056　62373056
网　　址:http://www.dhupress.dhu.edu.cn
天猫旗舰店:http://dhdx.tmall.com
印　　刷:上海龙腾印务有限公司
开　　本:787 mm × 1 092 mm　1/16
印　　张:13.5
字　　数:304千字
版　　次:2025年1月第1版
印　　次:2025年1月第1次印刷
书　　号:ISBN 978-7-5669-2432-2
定　　价:58.00元

目　录

第一章　精品行业的发展历史、传播及现状　　1
　一、什么是精品和精品品牌　　4
　二、精品市场的历史发展及传播　　15
　三、精品的分类　　28
　四、精品品牌管理　　35
　五、精品消费者行为学　　43

第二章　精品社交媒体营销　　53
　一、社交媒体营销的发展　　56
　二、精品社交媒体营销的发展演变　　71
　三、社交媒体对于品牌传播的影响　　72
　四、社交媒体营销对于精品行业的影响　　76
　五、精品企业在社交媒体的营销运作方式　　82
　六、联名品牌在社交媒体的传播　　99
　七、高科技在社交媒体营销的运用　　102
　八、精品品牌社交媒体营销的负面案例　　105
　九、精品社交媒体营销的建议　　107

第三章　精品电子商务（上）——搜索电商　| 115
　　一、电子商务的发展　| 118
　　二、精品电子商务的发展现状　| 143
　　三、精品电子商务的满意度和影响力分析　| 158
　　四、高科技技术在电子商务的运用　| 161
　　五、精品搜索型电子商务的风险　| 163

第四章　精品电子商务（下）——基于社交媒体的电商　| 167
　　一、精品社交电商的演变　| 170
　　二、基于关系链的传统精品社交电商　| 178
　　三、基于内容流的精品直播内容电商　| 181
　　四、社交电商的问题　| 202

结　语　| 205

本教材为2017年度教育部人文社会科学研究规划基金"我国零售业对接'一带一路'市场的'全球本土化'战略研究"(课题编号:17YJA790007)的成果之一。

前　言

编写本教材的初心是希望学生能够通过学习精品企业市场营销和品牌管理的经验,能够在未来为中国自主品牌建设助力,早日使中国成为品牌强国。早在三四百年前,曾经在欧洲掀起了中国风(Chinoiserie)的热潮。当时,欧洲各国的人们,尤其是法国人,疯狂迷恋中国等东方国家的产品。作者特别希望未来能够重塑中国品牌在西方国家的地位,重塑现代"丝绸之路",让更多品牌能够走出去,赢得消费者对中国制造(Made in China)的忠诚度。近年来,华为、小米、海外抖音(Tik Tok)、中国中建和茅台等品牌已经获得了西方社会的认可,中国已经成为了世界品牌大国。2019年10月10日,英国《品牌金融》(*Brand Finance*)杂志发布了最新的《2019年国家品牌价值报告》,中国国家品牌价值为19.49万亿美元,同比上年上涨了40.5%,在2019年国家品牌价值排行中,排名第二,与世界第一的美国差距逐步缩小。在2020年3月,《品牌金融》杂志发布了《2020年全球最具价值品牌500强报告》,有76个中国品牌上榜,仅次于美国的206个。在2020年8月,《福布斯》(*Forbes*)杂志公布了世界500强企业名单,中国有133家企业上榜,位列国家排名中的第一位。以上排名说明,中国已经成为了世界品牌大国。

然而中国的品牌发展之路并不顺利,例如,2020年7月和8月,海外抖音连续遭到了印度和美国的抵制,中国品牌的国际化道路还有非常长的一段路要走,这其中的艰辛和坎坷,相信学生会在未来的生活和职业生涯中屡屡碰到。在服装、珠宝等高端消费产业领域,中国还缺乏自己的核心品牌。我们也看到西方品牌(如路易威登、苹果等)仍然受到了中国人的追捧,但中国品牌(如华为和字节跳动)却受到国外一些极端政客的抵制。

作者非常希望若干年后,中外消费者能够对中国自主精品品牌有进一步的认识。我国自古就有璀璨的文化,有着精致的手工艺品。我们必须要打破国外对于中国的品牌势能，建立响彻全球的中国手工艺品牌。师夷技长以制夷，学习西方品牌的成功经验，是建设中国自主精品品牌的重要途径。因此，本教材通过分析精品品牌在社交媒体与电子商务的成功经验，为学生在未来工作中提供重要的知识和经验积累。考虑到教育部将"自媒体"纳入就业范畴中，本教材响应教育部号召，在本书中特地设置了"精品社交媒体营销和电子商务的创新创业"这一章节，为学生的创业和就业提供些许帮助。

祝中国品牌越来越好！早日回归到精品大国的地位。

本教材编写组

LUXURY INDUSTRY

第一章

精品行业的发展历史、传播及现状

第一章
精品行业的历史、传播及现状

本章主要介绍精品的定义和特征、发展历史及传播,掌握精品的分类以及精品的消费者行为学。

> **学习目标**
> - 掌握精品的定义和精品的品牌特征
> - 了解精品市场的发展历史及传播
> - 了解精品品牌管理及其集团化的发展趋势
> - 掌握不同精品消费者的消费行为
> - 了解精品市场的发展历史及传播
> - 掌握精品的分类(按照价格、产业、消费者心理学和血统)
> - 了解精品公司的品牌管理

提到精品,你的第一印象是什么?是精致的外表、令人咋舌的价格、极高的收藏价值?还是消费主义的智商税、贩卖标示(Logo)的"丑东西"?或者是不值一晒的潮流?《新闻周刊》巴黎分社资深作家黛娜·托马斯认为:"今天的精品与过去手工匠人时代,以高超精妙的制作工艺服务极少数贵族的产品已经不是同一个物种了——我们今天所看到的,实际上是企业大亨从年老的精品创始人和缺乏能力的继承人手中拿到并改造后的企业的产物。它们是现代化精品工业的结晶,也是"彻头彻尾的资本主义。其目的精准明确,就是要想尽办法赚取更多的利润"。比如路威酩轩(LVMH)的控股股东贝纳德·阿诺特(Bernad Arnault),他不是任何一个精品品牌创始人,而是一个深谙金融市场的投资者。贝纳德·阿诺特通过路威酩轩集团并购大量精品品牌,一度在2019年年末登顶世界首富。

曾经的精品,确实与身份地位有着强烈关联。最开始的精品概念来自王室专属,比如我们熟悉的品牌路易威登(Louis Vuitton)、爱马仕(Hermès)、卡地亚(Cartier),它们都是由18世纪、19世纪的匠人们创立的。这些匠人负责为王室打造精美的手工制品。今天的精品大牌大多起源于当时欧洲的一个个精品小门店,它们由家族企业代代相传。门店的手工匠人们精心打造堪称艺术品的手工商品。但现在我们所熟知的大量精品企业已经成为了上市企业,并且进行了大规模的全球化发展,让我们甚至能够足不出户的购买精品。那么,它们和普通商品到底有什么不同?精品的消费者为什么会买它们?它们的历史是什么?精品行业的未来趋势又如何?本章将回答这些问题。

一、什么是精品和精品品牌

本教材的精品概念不是奢侈品的称呼,本章首先带领读者和学生了解一下精品的定义、衡量标准和著名的8P理论。

(一)本书用精品替代奢侈品的称呼

奢侈品这个词汇在亚洲和欧洲有着巨大的理念差异。它来自于拉丁语Luxus,原意指"发出耀眼光芒的东西"。大部分欧洲语言在描述精品时都借用了拉丁语,比如英语是Luxury,法语是Luxe,意大利语是Lusso,西班牙语是Lujo,德语是Luxus,荷兰语是Luxe。在东亚,日语是ブランド品(Branded Goods,品牌商品),韩语是사치,中文则称为奢侈品。我们可以发现在欧洲和亚洲其他国家的语系中,精品这个词较为正面。但是在中文中,其中文名奢侈品则多为负面之意,意指铺张浪费、穷奢极侈之意。表1.1总结了中外不同场景下精品的定义。

表1.1 精品的含义

	中文意义	英语近义词
精品在欧洲的寓意	闪闪发亮、精致的东西	Bling Goods, Branded Goods, Premium Goods
精品在中国的寓意	精益求精的产品	Extravagant Goods, Lavish Goods

"奢侈"二字出自《国语晋语八·叔向贺贫》篇:"及桓子,骄泰奢侈,贪欲无

艺，略则行志，假货居贿，宜及于难，而赖武之德以没其身。"意思是传到桓子时，他骄傲自大，奢侈无度，贪得无厌，犯法胡为，放利聚财，该当遭到祸难，但依赖他父亲栾武子的余德，才得以善终。在中国的历史中，只要出现了昏庸无为的君主，一般都会形容其"穷奢极侈"。"奢侈"这个词也因此形容贵族子弟不思进取，过于追求物质享受。有鉴于此，著名品牌管理专家卢晓在《品牌赋能：国际精品品牌战略》一书中建议使用精品这一词汇替换奢侈品；① 笔者也认为，在商品经济高度发达的今天，精品早已不再是皇室和达官贵人所拥有的专利，广大中等收入者也能消费得起精品。众多奢侈品企业也已经将目标放在了千禧一代（1984—1995年出生，又称Millennial），因此奢侈品这个名称已经显得不合时宜。我们所认可的奢侈品企业，如路易威登、古驰和香奈儿等，无论在其官网，还是在其他平面宣传中，都较少使用"奢侈品"这个词汇，而倾向于称自己为"精品"（图1.1）。精品店来源于法语"Boutique"，意思是精致的商店，而在精品店上架的商品自然可以成为精品。精品更多强调的是精益求精的工艺，文化底蕴的积淀，理念与文化的认同等。比如意大利的精品品牌诺悠翩雅（Loro Piana）的羊绒产品就是选择上等底层羊绒毛制成的，它保温性能卓越，但不是价格昂贵的炫耀型商品。②

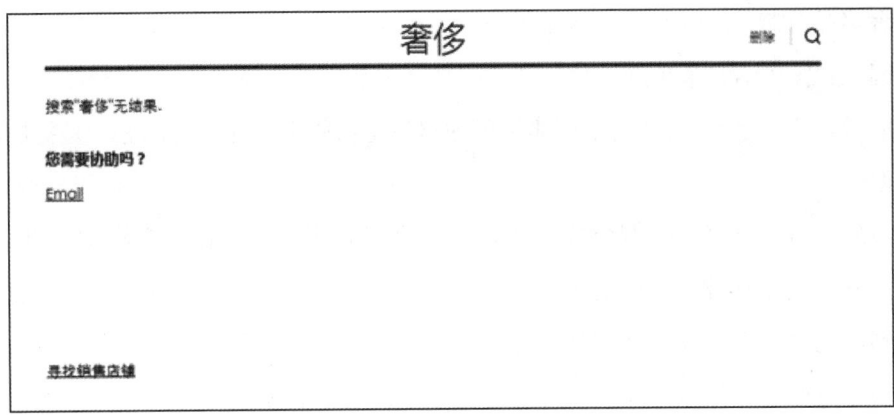

图1.1 在香奈儿官网搜索"奢侈"显示无结果

---

① 卢晓. 品牌赋能：国际精品品牌 [M]. 中信出版社：北京，2018.
② 买手客. 没有一件 Loro Piana，不敢说自己有钱 [EB/OL].https://www.sohu.com/a/273454006_548933, 2018-11-05.

从全球来看，精品品牌几乎被欧美垄断，它们具有极强的定价权。而发展中国家鲜有精品品牌，其主要原因并不是发展中国家的手工艺水平低下，而是它们在营销和商业管理方面的投入不足。因此，中国应该努力建设自己的"路易威登"和"古驰"之类的品牌，以在全球精品市场上能够与西方国家相抗衡。

精品象征着精益求精，而奢侈品则有贬义的意思。中国企业不应称自己为奢侈品公司，而应当称自己为精品公司，从而建立贴合中国国情的、更好的品牌形象。2016年公布的《国务院办公厅关于发挥品牌引领作用推动供需结构升级的意见》中说，品牌是企业乃至国家竞争力的综合体现，代表着供给结构和需求结构的升级方向。2017年12月，中央经济工作会议提出了"高质量发展"的要求，需要全面建设世界质量强国、品牌强国。精细、求精是品牌质量的重要抓手，中国本来就是精品大国。中国在古希腊语中成为丝绸（Seres），而在英语中成为瓷器（China），是全世界唯一以精品命名的国家。中国的工匠精神刻入了中国的历史基因，这是难以被磨灭的。如果古人有机会穿越到目前的中国，目睹中国近年来对于国外奢侈品的追捧，一定会非常的惊愕和不解。但是，由于中国没有赶上工业化浪潮，导致近代以来中国的国际地位一落千丈。如今，随着华为、阿里巴巴、腾讯、格力等一大批品牌的兴起，中国品牌的地位不断提高。许多国内外学者都认为，中国必然会有自己的"奢侈品品牌"；但如果仍然沿用奢侈品这个名词，则对我国的品牌建设非常不利。因此，需用语言学角度，替换"奢侈品"这个词语。我们认为，"精品"这个词语就非常合适。"精"在《新华词典》里的解释是物质中最纯粹的部分，是提炼出来的东西。

最后，精品已经走入寻常家，不再被皇宫贵族所垄断。在社交媒体问世之时，精品一开始是非常排斥在社交媒体上宣传自己的产品与服务，甚至认为电子商务将破坏精品的独特性，变成和潮牌一样等级的产品。但是，我们看到更多的精品企业被上市企业收购（如路易酩轩、开云等）之后，迫于业绩压力，纷纷将目光转移到了年轻的消费者身上。中国的千禧一代已经成为精品的主要购买力量，而这些群体也是使用社交媒体最为活跃的群体之一。在众多精品中，古驰已经被认为是数字化社交互动最强的品牌之一。[①] 它在国内外的社交媒体平台上非常活跃。在产品设计上，

---

① 尚流传媒. 奢侈品为何都在年轻化？因为中国的目标消费者近一半未满30岁 [EB/OL].https://www.sohu.com/a/212917302_466841, 2017-12-26.

也越来越有潮牌的因素在其中。比如球鞋文化（Sneaker）在进入21世纪后在中国越来越流行，许多精品也推出了自己的球鞋。因此，精品在未来一定会越来越普及。

因此，我们在本书和后续章节中将以精品的称谓来替代奢侈品。中国历来是精品大国，中国制造在1840年前的国际地位并不比现在的法国或日本差，将来一定也会有自己的精品品牌。本书希望以精品在社交媒体营销和电子商务上的战略为启发，帮助学生在消费品行业中取得更好的发展。

（二）精品和精品品牌的定义

目前，精品被广泛使用的定义为"一种超出人们生存与发展需要范围的，具有独特、稀缺、珍奇等特点的消费品"，又称为非生活必需品。精品在经济学上讲，指的是价值和品质比值最高的产品；此外，在一些书籍中又称为凡勃仑商品（Veblen goods），其收入弹性大于1[①]，并且具有炫耀性消费的成分。此外，也有学者认为，相对于必需品和快时尚，精品是无形价值和有形价值关系比值相对较高的产品（无形价值指的是除产品功能性之外，满足精神需求的价值因素）。

此外，精品和精品品牌也不能一概而论。如今我们提到精品这一概念，脑子里浮现的是路易威登，古驰，普拉达（Prada）等，这些都属于精品品牌。但如果你问一个中世纪的欧洲人，他的回答可能是胡椒和豆蔻等当时的昂贵商品；而如果你问一个古希腊时期的居民，他可能告诉你的是象牙或者丝绸这样当时的稀缺商品。在古代，贸易不发达，商品体系不够完善，一些在现代看来，已经是生活必需的产品，甚至廉价商品的原材料，在那时都属精品。比如胡椒、豆蔻等香料，因为原产地在东南亚，需要经过中间商层层贩卖才能抵达欧洲，商品自然已经是天价，不是一般的中产阶级能够消费得起的，自然而然成了精品。因此，我们将古代的精品划分成非原产地型、技术缺失型和大宗商品。

非原产地型：泛指那些产地与消费地不同，且属地较远导致的精品，如胡椒、靛蓝。

技术缺失型：泛指那些因为技术垄断导致的精品，如纸张、丝绸和玻璃。

大宗商品型：泛指那些需求较大，但供给较少的原产地商品，如骏马、黄金。

[①] 收入弹性指的是如收入增加1%，对精品的需求超过1%；收入减少1%，则对精品的需求低于超过1%。

在如今，精品和精品品牌的概念较为纷杂。在《商业研究期刊》(*Journal of Business Research*)的《什么是精品品牌？一个关于精品的新定义和文献综述》(*What is a luxury brand? A new definition and review of the literature*)一文中，众多学者归纳了对精品或精品品牌的不同定义。

① 卡普菲尔（Kapferer，1996）的定义：精品可以称得上是一件高端艺术品。它赋予普通产品艺术性的价值，消费者能够感到它的独特美感。如果消费者购买了它，就意味着消费者品味高雅，生活精致。消费者通过购买和使用精品可以享受到一系列附加价值，比如享乐价值、品质价值、炫耀性价值、唯一性价值和社会价值。[①]

② 贝松（Berthon et al, 2009）等的定义：精品不仅仅是一种特征或一组属性，而且可以根据其在三个领域的作用来概念化，如精品的客观维度（物质），主观维度（个体）和集体（社会）。精品的客观维度（物质）包括精美的材料和工艺，高功能性和令人印象深刻的性能。精品的主观维度（个体）主要涉及品牌消费者的个人享乐价值。精品的集体（社会）要素是品牌向他人发出信号的价值以及该信号对信号者的价值。[②]

③ 凯勒（Keller，2009）的定义：他认为精品品牌有十个明确的特征：(1)保持优质的形象；(2)创建无形品牌的联系；(3)与质量保持一致；(4)标识、符号与包装是其品牌资产的驱动因素；(5)与相关人士、活动、国家和其他实体的产生二级联系；(6)对分销体系进行控制；(7)溢价定价的策略；(8)精心管理的品牌架构；(9)广泛定义的竞争；(10)商标的法律保护。[③]

④ 杜布瓦（Dubois et al, 2001）的定义：杜布瓦认为可以从六个方面定义和构建精品的概念：(1)卓越的品质；(2)昂贵的价格；(3)稀缺性和独特性；(4)美学和多元文化；(5)祖先遗产和个人历史；(6)非必需的产品。[④]

---

① Kapferer, J. N. (1998). Why are we seduced by luxury brands? Journal of Brand Management, 6 (1), 44–49.
② Berthon, P., Pitt, L., Parent, M., & Berthon, J. P. (2009). Aesthetics and ephemerality: Observing and preserving the luxury brand. Business Horizons, 51 (1), 45–66.
③ Keller, K. L. (2009). Managing the growth tradeoff: Challenges and opportunities in luxury branding. Journal of Brand Management, 16 (5), 290–301.
④ Dubois, B., Laurent, G., & Czellar, S. (2001). Consumer rapport to luxury: Analyzing complex and ambivalent attitudes. Consumer research working paper no. 736. Jouy-en-Josas, France: HEC.

⑤ 提南（Tynan，2010）的定义：他认为精品品牌的主要标识是高质量，昂贵且非必要的产品和服务。这些产品和服务似乎是罕见的、独家的、有声望的和真实的，能通过卓越的客户体验，给消费者提供高水平的象征和情感享乐价值。①

⑥ 威克（Vickers, 2003）的定义：他认为精品与非精品不同，其主要表现的三个重要维度在三个独特的组合维度上，如功能主义、经验主义和象征性互动主义。②

⑦ 海纳（Heine, 2012）的定义：他认为精品与高水平的价格、质量、美学、稀有性、自由度以及高度非功能性关联的消费者相关联。③

⑧ 努埃诺和盖奇（Nueno & Quelch, 1998）：他认为精品是功能效用与价格比率低，无形和情景效用与价格比率高的品牌。

⑨ 哈格特维特和帕特里克（Hagtvedt & Patrick, 2009）的定义：他认为精品把给消费者提供优质产品、愉悦服务作为核心利益。它们能在情感上与消费者产生联系。

⑩ 拜沃兰（Berland, 2006）的定义：他发现臻品（Authenticity）是精品酒类消费的重要因素。作者同时发现臻品由六个部分组成：（1）遗产和血统；（2）风格的一致性；（3）品质保证；（4）与地点的关系；（5）生产工艺；（6）对以营利为目的的商业行为表现出的不重视。作者同时表示，组成臻品的六个部分及其构成也适用于其他精品行业。①

⑪ 哈格维特和帕特里克（Hagtvedt, H., & Patrick, V. M., 2009）的定义：他们总结认为精品的品牌延展性高于价值品牌，因为精品品牌在众多品牌中更受消费者的喜爱。他们在调查中发现，精品品牌在品牌延展上具有优势，这让品牌具有更强的吸引力。④

⑫ 国内知名精品专家卢晓的定义：他通过拜沃兰给出的对精品六个部分的内容对精品进行了描述：（1）绝对优秀的品质；（2）高昂的价格；（3）稀缺性和独特性；

---

① Tynan, C., Mckenchie, S., & Chuon, C.（2010）. Co-creating value for luxury brands. Journal of Business Research, 63（11），1156–1163.
② Vickers, J. S., & Renand, F.（2003）. The marketing of luxury goods: An exploratory study ── Three conceptual dimensions. The Marketing Review, 3（4），459–478.
③ Heine, K.（2012）. The Concept of Luxury Brands. Retrieved from http://upmarkit.com/sites/default/files/content/20130403_Heine_The_Concept_of_Luxury_Brands.pdf.
④ Hagtvedt, H., & Patrick, V. M.（2009）. The broad embrace of luxury: Hedonic potential as a driver of brand extendibility. Journal of Consumer Psychology, 19（4），608–618.

（4）高级美感和多极情感；（5）悠久的历史和传奇的品牌故事；（6）非功能性。

我们可以发现，以上十二位学者对精品和精品品牌的定义虽各有不同，但都提到了他们的品质、价格、稀缺性等特征。首先，精品的质量要绝对的好。相对时尚品而言，质量是产品的生命线，而卓越的品牌是精品的生命线。其次，精品必须具有很高的艺术价值，让人感到愉悦。最后，精品要让消费者能够满足各种社交场合，满足消费者的虚荣心。这样精品品牌才能收取高额的产品溢价。因此，本文对于精品的定义是，精品是有一种拥有绝对优质、富含艺术感的美学外观，能够满足用户社交使用和虚荣心理的商品。它们能够获得消费者公认的高额产品溢价。

（三）精品品牌的特征

那么什么品牌可以被认为是精品呢？维涅隆和约翰逊（Vigneron and Johnson）在2004年开发了精品品牌指数（BLI，Brand Luxury Index）。该指数包括了三个"非个人感知"（卓越性、独特性和质量），两个"个人感知"（美学性和自我延展）。[1] 达到上述指标就可以被称为精品品牌。魏德曼（Wiedman，2009）创建了一个精品品牌附加价值的模型，包括了四个变量：精品的财务价值、精品的功能价值、精品的个人价值和精品的社交价值。[2] 杜布瓦（Dubois，2001）在2001年使用了十二个因子来衡量精品品牌，分别是精品极好的质量、高昂的价格、稀缺性、美学、历史、非必要性（过剩性）、炫耀性、个人距离、参与性（兴趣和快乐）、参与性（外表价值）、三个特殊因素（被征收高税收、被用作礼物和不经常被营销）和收藏。[3] 虽然众多学者对于精品的衡量标准做了相当扎实的理论研究，但具体到哪个品牌是精品品牌，每个国家、每个城市，甚至每个地区的消费者都有自己的评判标准。如：

从国家来看，不同国家对精品品牌的看法迥异。比如蔻驰（Coach）这个品牌，在传统欧洲消费者的心中，可能就是类似于优衣库这样的品牌，但是在中国人眼中

---

[1] Vigneron, F., & Johnson, L. W. （1999）. A review and conceptual framework of prestige seeking consumer behavior. Academy of Marketing Science Review, 99（1），1–15.

[2] Wiedemann, K.-P., Hennigs, N., & Siebels, A. （2009）. Value-based segmentation of luxury consumption behavior. Psychology and Marketing, 26（7），625–651.

[3] Dubois, B., Laurent, G., & Czellar, S. （2001）. Consumer rapport to luxury: Analyzing complex and ambivalent attitudes. Consumer research working paper no. 736. Jouy-en-Josas, France: HEC.

二、三线城市则属于轻奢（Accessible Luxury）。欧美国家普遍认为中国、日本等国是不可能有精品品牌的，但贵州茅台、御木本（Mikimoto）在中日消费者中仍然属于精品品牌。对于法国和意大利的消费者而言，只有法国、瑞士和意大利等国的品牌属于精品，而美国的蒂芙尼（Tiffany）由于没有悠久的历史和"纯正的血统"，不少欧洲消费者仍然认为它只是一个普通的品牌而已。

从年龄来看，不同年龄对精品品牌的看法也会有所不同。由于中国初中和高中都统一要求学生穿校服，因此球鞋成为了可以个性化的装扮。所以飞人乔丹（Air Jordan）的椰子鞋（Yeezy）就卖得特别火爆，直接催生了"毒"APP这样的二手球鞋交易品牌的诞生，甚至衍生出了球鞋鉴定师这个全新的职业。这些鞋子在二级市场上的价格动则上万，已经跨入了精品品牌的价位，也会被许多学生认为是精品。另外，许多精品品牌，如路易威登和迪奥等也都推出了自己的球鞋产品。

从收入来看，不同的收入阶层对精品的看法也不相同。比如特斯拉价格最贵的型号Model X在上海高收入人眼中，仅仅是一款普通的电动汽车。但是，在其他许多中等收入者的眼中，特斯拉绝对属于精品电动汽车。对高收入人群而言，真正的精品范围越来越小，仅限于如路易威登、迪奥、格拉芙、爱马仕等品牌。

从行业协会来看，在精品的主要生产大国法国和意大利，分别有两个有名的精品协会机构——法国精品行业协会（Comité Colbert）和意大利精品行业协会（Altagamma）（表1.2）。这两个协会的会员由法国和意大利的精品企业构成，可以这么说，能够纳入这两个协会会员名单的品牌，才能被消费者认为是真正的精品品牌。

表1.2　法国和意大利精品行业协会

		法国精品行业协会	意大利精品行业协会
1.	全称	法国精品行业联合会	意大利精品行业联合会
2.	网址	https://www.comitecolbert.com/	https://www.altagamma.it/
3.	总部	巴黎	米兰

著名的《隆巴多》（Lombardo）杂志在2019年总结了八个精品营销的特征，分别是表现（Performance）、血统（Pedigree）、稀缺（Paucity）、个性化（Persona）、公众形

象（Public image）、定位（Position）、公共关系（Public Relation）和价格（Price）。①

1. 表现

表现在此指精品品牌传递的卓越体验。精品品牌的表现在于两个维度：一个是产品层面，一个是精神层面。在产品层面，精品品牌可以同时满足功能性和实用性特征，并且能够传递给他们的用户质量及卓越设计的体验，比如工艺、材料、高品质、独特的设计、卓越产品性能、科技和革新。在精神层面，消费者购买精品所收获的情绪价值，往往要超越精品品牌所代表的价值。精品品牌会赋予精品独特的精神价值，比如劳力士（Rolex）象征着英雄成就，而蒂凡尼象征着爱与美。

2. 血统

许多精品品牌都具有所谓的悠久和纯正的"血统"，这种"血统"增添了品牌的神秘感。神秘感一般建立在精品品牌创始人传奇的经历（比如香奈儿、伊夫·圣·罗兰（Saint Laurent））上，而后这种神秘感成为精品品牌的品牌故事和品牌个性不可分割的部分。当一个消费者购买卡地亚（Catier）或者香奈儿的产品时，他们所考虑的不仅是产品的因素，而是会下意识地被产品悠久的历史、文化遗产、品牌来源地及精湛工艺所影响。

3. 稀缺

精品品牌的过分曝光，以及过度分销可能会导致精品品牌特征的淡化。所以，很多精品品牌都试图保持其产品稀缺的印象。典型的例子就是博柏利（BURBERRY），它在初期授权给其他公司使用其品牌制作相关产品，导致其品牌形象受损，而之前博柏利被认为是高收入人群才能享受的商品。古驰在1970年代开始尝试特许经营，但最后被证明这一策略是失败的。从广义范围来讲，稀缺有自然导致的天然稀缺、技术导致的稀缺和战术性导致的稀缺三种方式。自然导致的天然稀缺精品主要包括稀有的产品，如黄金、铂金、钻石和其他需要卓越的手工制造才能生产的商品；技术导致的稀缺主要是因为技术原因，无法扩大规模效应，但这个稀缺会在未来一段时间被弥补。比如高清摄像头的手机可能刚推出的时候非常昂贵，但现在来看，哪怕再廉价的相机，像素也可以满足日常需要；战术性导致的稀缺更多的是类似现在的"饥饿营销"，比如限量版或者联名版本等所造成的稀缺。

---

① Lombardo.8 Principles of Luxury Marketing[EB/OL].https://lombardo.agency/the-8-ps-of-luxury-brand-marketing/,2019-03-08.

4. 个性化

精品品牌的个性化主要取决于其特有的印象投射，加上与消费者日常使用场景之间的契合，其次是其通过广告而与消费者之间建立连接。精品品牌通过品牌建立和营销，可以帮助消费者了解品牌的个性、神秘性、及情感效果。现在的精品品牌越来越注重通过社交媒体来邀请消费者参与营销活动，比如在微博、公众号上发布广告，邀请消费者点击参与讨论、投票等。此外，精品企业也希望了解消费者的用户需求及习惯，推送其感兴趣的信息。比如对于女生，精品企业可以推送更多诸如美容、化妆品或者服饰等日常保养性的内容；对于男生，精品企业可以推送诸如日常商务穿着、品牌历史及文化方面和球鞋等方面的资讯。通过个性化的社交媒体营销，结合线上各种电子商务平台（如小程序、京东商城、天猫等），精品企业可以最大程度的满足客户需求，塑造良好的品牌形象。

5. 公众形象

在传统上，公众人物或名人代言都会被作为精品行业的营销组合，因为他们会获取更多的关注、信任和影响。公众人物可以是电影演员、歌唱演员、体育明星、皇室贵族和设计师等，但是因为名人代言不再仅仅是精品所独有（或者说名人已经被滥用了），因此精品企业要审慎选择代言人。公众人物的相关价值观和个性不仅必须与精品品牌的光环产生共鸣，而且名人角色的设计、执行和战略运用方式也存在明显差异。除了传统的广告（大部分在选定的媒体上印刷）之外，企业还使用了较少的面对面广告工具，例如为名人走红毯装饰或打扮名人，在电影和电视节目中放置产品并邀请名人参加特殊活动。该策略试图消除"销售"的外观，同时通过使其成为名人生活的一部分来推广产品，从而积极影响消费者的态度、品牌价值和购买意图。肖邦珠宝是夏娜电影节官方的珠宝赞助商，该企业通过让在红地毯上行走的明星佩戴其产品，来向消费者展示并推广其品牌。路威酩轩利用其网站作为媒介来向消费者展示他们产品代言人的旅程。企业从代言人的私人旅行入手，介绍其产品（主要是旅行箱和背包）如何给她（他）们的旅行添加亮点。相似的，现在许多精品企业都会通过场景广告入手，以名人使用体验为诱引，来给消费者带来更直接的使用感受，增强其冲动性购买的欲望。

6. 定位

企业从选择商店位置开始，与消费者互动的接触点、销售员的介绍以及每个接触点的影响对于创造独特的沉迷体验至关重要。当今不断发展的精品品牌消费者越来越多地将目光转向典型的精致、顶级和外观优雅的演示，甚至是独家邀请和特权预览。随着精品品牌的民主化程度不断提高以及"精品"品牌的迅速出现，精品消费者变得越来越具有歧视性和要求感。他们正在寻求更专业的知识和协助，值得信赖和可靠的合作，以帮助他们管理自己的身材和生活方式。这不仅给企业带来了新的业务，而且精品品牌也越来越多地投资于培训销售人员以提高他们的能力。在展示位置因素中要注意的另一个重要点是，它不仅限于品牌零售的实际环境，而且还扩展到品牌与之相关联的所有环境或消费者接触点。这涵盖了非常有针对性的利基媒体，通过大量利基媒体来精准接触目标群体。例如劳力士将自己与高尔夫、帆船、网球、赛车和马术比赛等中的150多个事件相关联，而不是将之与诸如足球或板球这样的具有大量追随者的运动相关联。

7. 公共关系

精品品牌的品牌管理在品牌优化中扮演者非常重要的角色，其潜移默化地影响着公众舆论。公共关系就像一台复杂的品牌机器，用来维护与精品消费者的联系和对话，尤其是在时尚、科技和季节性驱动的因素影响下。在战术层面来讲，公共关系被用作品牌的传声筒，用来发表品牌信息、启发者和影响者的观点［比如设计师、名人、关键意见领袖（KOL）或关键意见客户（KOC）等］，以及激发品牌影响的关键支撑（如时装秀、运动比赛等）。

8. 价格

价格在消费者的感知价值中扮演了重要的角色。消费者倾向认为，精品的价格应当较高，否则就不能称之为精品。因此，精品品牌必须正确定价，如果将精品的价格定在消费者所期望的价格以下，精品的形象将受到极大的损害，消费者则没有足够的理由继续购买精品。精品的定价策略在近年来备受关注，不仅是因为经济环境的快速演变使得精品企业面临的挑战性提高，还因为消费者的要求逐步提高，展现在他们面前的商品选择也越来越多。此外，潮牌、轻奢等品牌通过自己年轻化的形象，吸引了众多青年消费者。精品虽然很少使用折扣和促销，但是精品还是可以通过"忠诚者计划""积分会员""免运费"或"增值服务"的方式来提高精品的溢价。另外精品企业采用品牌衍生策略，以开发出子品牌的方式来增加销售额和利率润，如乔治·阿玛尼（Giorgio Armani）的阿玛尼交易所（Armani Exchange），罗伯托·卡瓦利（Roberto Cavalli）的"卡瓦利（Just Cavalli）"，普拉达的缪缪（Miu Miu）和亚历山大·麦昆（Alexander McQueen）的麦昆（McQ）系列。

二、精品市场的发展历史及传播

精品有着悠久的历史，几乎伴随着人类的文明历程。在文明初期，古代的君王就会用宝石来装点自己的皇冠以显示自己的地位。马匹、丝绸、黄金、染料，甚至香料都曾经是价值连城的"奢侈品"。它们甚至一度被作为货币使用。在法国大革命后，精品随着市场经济的发展，越来越多非皇家的商业精英们开始采购精品。精品也从"皇家作坊"的私人企业模式向现代化企业所转变。到了1980年后，精品行业开始了一波兼并重组的浪潮，三大精品集团（路威酩轩、开云和历峰）脱颖而出，日本、中国等市场的消费者为精品行业的繁荣提供了销量支持。2010年后，随着社交媒体营销的发展，精品企业开始逐步拥抱互联网。2020年后，为了应对销量下滑及更方便地接近终端消费者，精品企业在社交媒体营销的资金投入和投放频率越来越高，除了传统的微信、微博之外，越来越多的精品企业开始走进小红书和抖音，以吸引更多年轻消费者的关注。

（一）精品企业的发展历程

表1.3描述了精品行业的发展历程（表1.3）。

表1.3 精品企业的发展历程

	时间段	精品客户	企业特征
1	1453年以前	皇室贵族、宗教领袖	主要是香料、丝绸、黄金等原材料为主的精品
2	1453—1790年	帝王、贵族、宗教领袖、商人	1. 文艺复兴带动了一大批精品服饰、家具等的诞生 2. 由于印刷术和书籍的普及，普通百姓开始了解到精品 3. 皇室追求精品的情绪继续高涨，并传播到商人阶层 4. 在吸取了东方风和中国风之后，精品行业快速发展
3	1790—1945年	贵族、商人、政治精英	1. 中产阶级开始成为新消费者，美国客户的比例显著提高 2. 精品企业从个人工作室转换成了企业形式，得到了快速的发展

(续表)

	时间段	精品客户	企业特征
4	1945—1980年	欧美富裕阶层，少部分中收入阶层	1. 精品行业从个人企业变成了现代化管理企业，并开始进行了全球化扩张 2. 部分精品企业陷入家族企业的斗争中，被并购或者消亡
5	1980—2008年	欧美、日本等发达国家商界人士、中收入群体	1. 企业开始对精品企业进行并购重组，精品集团这一概念孕育而生 2. 随着欧美日客户的快速崛起，精品企业的发展进入了前所未有的阶段 3. 中国消费者的市场比重快速上升
6	2009—2019年	中国市场份额开始显著增加	1. 路易酩轩、开云等精品企业开始关注网络营销和社交媒体营销 2. 千禧一代开始成为这些企业的主要客户群体 3. 中国成为精品第一消费大国 4. 精品电子商务开始涌现，并逐步呈现社交化的趋势，多媒体频道（MCN）模式机构开始介入
7	2020—	社交媒体营销时代	1. 2020年后，社交媒体营销开始受到精品企业前所未有的重视 2. 精品企业开始更加接地气，愿意与年轻消费者进行互动，跨界宣传频率上升

（二）1453年前：丝绸之路和贵如胡椒

丝绸之路的诞生和精品（奢侈品）不无关系。精品沿着丝绸之路，通过商人的口口相传传播到世界各地。中国古代的丝织业相当发达，有关文献中记载的丝织物名称就有绨、绢、素、纨、缣、纱、罗、绮、锦、绣等，这些在古代都称得上是精品。安息、罗马、塞琉古、托勒密、古埃及等地的王侯贵族都以身穿来自中国的丝织物品为荣。希腊语中的中国音译为塞留斯（Seres），意译就是丝绸之国的意思；而如今中国的英文国名（China），指的是瓷器之国。丝绸和瓷器都是那个时候欧洲的顶级精品之一。从名字可以看出，国外直接使用了中国原产的精品对中国的国名进行命名。中国陆上丝绸之路和海上丝绸之路的形成都和中国精品的出口有直接的联系。

在古代，由于经济发展及物流能力的局限，商品远没有现代这么丰富，因此也不可能形成现在意义上的精品品牌。由于许多原材料本身就难以获取，因此只要是质量优秀、供给稀少、价格昂贵和能满足消费者虚荣心的物品，都称得上是精品（表1.4）。在当时，马匹就属于精品。在希腊，一个陶工一天能赚1德拉克马的，而一批马的价钱就达到了 1 200 德拉克马,一套房子的价钱则在 2 000 德拉克马,其购买力相当于现在购买豪华跑车的价格。

此外,只有皇室贵族才能消费精品。在古埃及,香水仅供神灵、法老和大祭司等消费。① 民众仅能从皇室御用画家所做的皇帝图像,以及民众之间的口头流传,来想象这些精品的雍容华贵。这些皇宫贵族使用的东西,在当时的民众看来,都是遥不可及的精品。

表1.4　古代各大文明古国之间主要运输的精品货物

国家	原产地精品（精品）	国家	原产地精品（精品）
中国	丝绸、屏风、陶瓷	古印度	药材、毛发
古埃及	纸草画	希腊	雕塑
阿拉伯	乳香、靛蓝、玛瑙、绿松石	罗马	武器、雕塑
非洲	毛皮、象牙	中亚	战马

在公元2世纪中后期,罗马法学家埃利乌斯·马西亚努斯（Aelius Marcianus）编订的一份法律文书罗列了彼时亚历山大里亚港征税货物的明细,其中包括肉桂、长胡椒、枸杞叶、广木香、甘松香、图里、安桂皮、桂皮、没药、春砂仁、姜、肉桂叶、印度香树、白松利、阿魏、沉香、伏牛花、黄芪、阿拉伯玛瑙、小豆蔻、肉桂皮、亚麻细布、巴比伦毛皮、帕提亚毛皮、象牙、印度铁器、原棉、珍珠、缠丝玛瑙、鸡血石、海蓝宝石、绿宝石、钻石、天青石、绿松石、绿玉石、玳瑁、印度或亚述药材、生丝、丝制外衣、彩绘挂饰、亚麻精纺品、丝线、狮子、豹子、黑豹、紫色布匹、羊毛布、胭脂和印度毛发等。这些商品都属于精品的范畴。

胡椒、八角、桂香等香料在我们的厨房非常常见,其原产地在东南亚,现在我们需要购买的话,在任何超市、菜场都能买到,而且价格低廉。但是,它们在古代中世纪的欧洲却都是精品,非常难以获取。首先,在中世纪,香料主要借助于海上丝绸之路运送。中国和东南亚地区将香料运送到印度,从印度出发,香料贸易就分两路进行。其中一条是陆路,它经过伊拉克抵达如今的黎巴嫩海岸,再从黎巴嫩海岸运送到欧洲其他地区；另一条则是水路,它经过红海,通过陆路抵达尼罗河,再从亚历山大抵达地中海海域。无论是哪一条路,都非常的坎坷崎岖,而且耗时很久。

---

① 吴志艳. 奢侈品消费在中国——非炫耀性消费的兴起 [M]. 上海：上海交通大学出版社 .2017：48-49.

中间可能会因海盗、战乱和天气等原因造成货物的损失。因此，物以稀为贵，它们显得尤为珍贵。其次，香料有实用价值。新鲜的肉类如果经过香料的腌制，其味道会较一般仅使用食盐腌制的美味许多。在医学领域，香料被认为是"人们保持身体健康、医治疾病所必需的"，有些甚至被认为是一种解毒药。

在欧洲中世纪，使用香料是贵族、富人和神职人员的专利，只有1%的人才能使用。不仅如此，香料也承载了宗教和精神价值。总所周知，《圣经》来源于相对于欧洲的东方——巴勒斯坦。《圣经》中记载：上帝把伊甸园安置在了东方，黄金与香料之地俄斐、哈菲拉、示巴也都位于东方，这成为西欧人将香料与伊甸园及神秘的东方联系在一起的思想渊源。基督教认为香料是神圣的，所有的神、圣徒和圣物都带有香气，甚至天堂也充满香料的气息，而伊甸园是尘世香料的真正来源。因此，教会在教堂和宗教仪式中广泛使用了香料。但由于局限于地理环境，人们对于香料的来源是一无所知的，只能从《圣经》中对东方产生一种迷恋。当时十字军出征巴勒斯坦，不仅是为了所谓的"夺回基督教的圣地"，而且也存有私心，就是希望从穆斯林手中夺得贸易的主导权，并以此为据点，征服印度及东南亚地区，完全占有所有的香料上游贸易。精品的高利润及皇宫贵族的需求促进了国际贸易的发展，也成为商人积累资本的重要手段。1231—1341年的110年间，历届伦敦市长中有9位是胡椒商人出身，由此可见香料贸易的重要性。由于香料价格高昂，许多中东国家的商人要求欧洲的终端消费者使用贵金属来进行交易。这间接促进了欧洲采矿业和相关制造业的发展。所以，精品对当时的社会经济发展起到了至关重要的作用，对工业、商业甚至支付手段都是一种革新。由于香料贸易被奥斯曼土耳其帝国垄断，欧洲国家不得不进行新航线的开辟，并且制造大型商船来促进贸易。西班牙、葡萄牙和荷兰等国家的兴起与这段历史密不可分。

（三）1453—1790年：文艺复兴及中国风

意大利是传统精品大国。早在罗马时期，富裕的罗马人就乐于追逐精品；丝绸之路的诞生和古罗马人对于丝绸、宝石等精品的喜爱不无关系。随着罗马被哥特人付之一炬，欧洲进入了物质相对贫乏的中世纪。贫穷的欧洲人向往东方的繁华，以宗教名义发动了十字军东征，尽管最终十字军被萨拉丁赶回了欧洲，但十字军东征对欧洲的消费历史产生了十分重大的影响。从军事上说，打着宗教旗帜的十字军东征是失败的，但是依然为欧洲带来了一股东方的奢华风。东征不仅使欧洲的贵族了解了东方的经济繁花，也为意大利人开辟了东方贸易的道路。意大利商人往往以高价把东方大量的精品供应给欧洲其他国家的骑士、贵族和主教。其中有从锡兰、苏门答腊产的胡椒、肉桂，有从阿位伯、古印度、中国运来的生姜、肉豆蔻，有从马来西亚和摩路加群岛运来的丁香，有从阿拉伯、波斯运来的蔗糖，有从锡兰运来的宝石，还有从克什米尔运来的羊毛披肩、香水、神香、玻璃、瓷器，以及各种棉纺、丝绸织品等。这些精品大大助长了西欧的奢靡之风，人们对黄金等贵金属的渴求也更加强烈。巨大的商业利润加速了意大利城市的复兴和发展，促进了城市手工业和工商业的崛起，让意大利经济的发展更为迅速和完整。佛罗伦萨、威尼斯、热那亚、波洛尼亚、米兰、罗马这些城市也都以手工业的发达而誉满欧洲。

中国风（Chinoiserie）在古代是一个法语单词，意为"中国的"或"中国风"。从 17 世纪起，西方就开始崇尚充满异国情调的中国装。其实，中国风在 13 世纪就开始传入欧洲，元代中国出口西方许多精品，包括属于纺织品的丝绸、绢帛、锦绫、布匹；属于陶瓷的青白花碗、瓷盘、水坛、大瓮壶、瓶；属于金属器皿的金、银器、钱币、铁器；属于生活用品的木箱、皮箱、漆器、雨伞、帘子；属于文具的书籍、纸笔、乐器等。此外，中国绘画艺术在 13 世纪传入欧洲，对欧洲文艺复兴产生了重要影响。有很多研究欧洲艺术史的学者提出，意大利的锡耶纳风格（Sienese School）就受到了中国艺术的影响。法国最伟大的君主之一——太阳王路易十分向往中国的瓷器，曾在凡尔赛宫建造了一座中国馆，专门收藏和陈列与中国文化相关的东西。路易十四的弟弟曾经策划过一场中国风格的晚宴，在舞会中路易十四身着中国服装，坐着中国的传统花轿。尤其可见：康熙时期中国国力兴盛，使得欧洲的君王都兴盛中国风。在该时期，欧洲人的餐具也发生了重大变化。笨重的银盘换成了瓷器，不但降低了餐具的重量，而且瓷器丰富的艺术画像也浮现在西方贵族的视线中，使其餐饮文化变得更具艺术气息。在 18 世纪之前，欧洲主要流行巴洛克风格，但在 18 世纪流行风格突然转变成洛可可风格，其中很大一部分原因在于在欧洲设计中融入了中国的设计元素。和巴洛克风格的隆重相比，洛可可风格的总体特征表现为轻快、华丽、精致、细腻、繁琐、纤弱、柔和。它追求轻盈纤细的秀雅美，整体纤弱娇媚、纷繁琐细、精致典雅、甜腻温柔。在构图上，洛可可风格有意强调不对称设计，其工艺、结构和线条具有婉转、柔和的特点洛可可风格的装饰题材有自然主义的倾向，以回旋曲折的贝壳形曲线和精细纤巧的雕刻为主，造型的基调是凸曲线，常用 S 形弯角形式。洛可可风格的色彩十分娇艳明快，如嫩绿、粉红、猩红等，线脚多用金色。由于许多西方人在当时对中国的了解甚少（今天依然如此），因此当时他们对中国风的设计加入了更多自己臆想的成分，有的甚至带有空想成分在内。但毫无疑问的是，这些成分都是积极的。例如，路易十四和思想家伏尔泰都对中国大为赞赏，认为中国的思想和经济发展都处于领先地位。伏尔泰对儒家文化的"仁义"和"宽容"非常褒扬。在这种背景下，中国文化与法国精品文化产生了激烈的碰撞和融合，其简洁、鲜明的画风在当时压抑和繁重的巴洛克风格中无疑是一股"清流"。

精品小知识：法国精品行业的启蒙者——路易十四

法国精品行业的真正崛起是在路易十四时期。路易十四出生于1638年，5 岁登上王位，在位时间 72 年。十五岁时，在卢浮宫的舞会上，他念出了"我比众神更光辉、更强大，天地焉能与我相比"的诗句，并因此获得了"太阳王"的美誉。在当时，依靠南美洲源源不断的财富效应，西班牙首都马德里是公认的时尚之都，但在路易十四时期，全球时尚之都从马德里转移到了巴黎，并持续至今。而后，法国取代意大利，成为了欧洲文化及艺术中心；法语取代了拉丁语，成为了欧洲流行的贵族语言。除此之外，法国香水、时装、音乐和文学都成为欧洲的翘楚。那路易十四是如何做到的呢？

1. 显赫战功。路易十四在 54 年的亲政时期，打了三次重大战役，分别是法荷战争（1672—1678 年）、大同盟战争（1688—1697 年）和西班牙王位继承战争（1702—1713 年）。法国成功击败荷兰、西班牙和瑞典等劲敌，成为了欧洲大陆最强盛的国家。

2. 鼓励教育。路易十四 23 岁那年在巴黎创办了世界上第一所皇家芭蕾舞学校，并礼聘当时的艺术大师，负责芭蕾舞的创作和演出。后来，他又创办了音乐学院，法国各式各样的音乐形式从此开始丰富。他还创办了法兰西油画雕塑学院、文学院、戏剧院、科学院，建立了一整套完备的艺术教育体系，为欧洲培养了大量艺术人才。这些人才自然也成为了法国文化的重要宣传大使，使得法国的时尚产业能够不断发展并壮大。

3. 亲自"代言"。现在非常流行关键意见领域（KOC）、关键意见客户（KOL）、专业生成内容（PGC）等词汇。路易十四每周举办舞会，将舞会认为是国家力量的象征。他号召大臣每年准备12支舞蹈，并且邀请老百姓共同参与舞会。这样老百姓可以亲眼目睹皇室的穿着打扮，并影响民间的时装风格。路易十四酷爱香水，要求臣民使用涂抹不同其位的香水。他还设计并推动了高跟鞋，使得欧洲宫廷开始流行这种能够衬托优雅曲线的高跟鞋。此外，他对法餐也有颇有研究，无论是每道餐点的制作和陈列，还是相关礼仪等，路易十四都亲自设计，并派遣使臣出使各国。

当然，路易十四的奢侈生活也给国家财政造成了的沉重负担。而后的路易十五和路易十六继续了这种穷奢极侈的生活，造成了皇室和民众的严重对立，为法国大革命的爆发埋下了隐患。但不可否认的是，法国精品行业的兴起离不开路易十四前期的积淀。

（四）1790—1945年：中产阶级初步开始消费精品

法国大革命不仅敲响了波旁王朝的丧钟，也终止了洛可可风格的流行。但这之后，时装更加趋于简单明了。其实，在法国大革命爆发之前，法国社会对皇室的奢华之风就非常不满。美好时代（法语名为 La Belle Époque）指从19世纪末开始至第一次世界大战爆发而结束。美好年代是后人对该时代的一种回顾，这个时期被上流阶级认为是一个"黄金时代"。此时的欧洲处于一个相对和平的时期，随着资本主义及工业革命的发展，科学技术日新月异，欧洲的文化、艺术及生活方式等都在这个时期发展并日臻成熟。此时期大致和英国的维多利亚时代后期及爱德华时代，以及美国的黄金时代相互重叠。有感于美国独立战争时期，法国对美国独立事业的帮助（当然更多的可能是对夙敌英国人的打击），在美好时代时期，大量的美国游客选择去巴黎旅游，一寻时尚艺术之都的风采。每年，数以百万计的人涌来巴黎，他们大都带着一个美丽的梦想——寻找时尚、自由、休闲的生活方式。虽然1871年，法国兵败普鲁士，其政治异常混乱，内阁会议争吵不断，政治阴谋和斗争起此彼伏。但1871年开始，法国便在艺术文化领域远远超越了其他国家。普法战争中法国的惨败似乎没有影响到法国印象派画家们的创作。法国在第三共和国的初创时期印象派绘画便达到了顶峰，随后的法国绘画界更是一发不可收拾掀起了一场革新运动。在塞尚、马蒂斯和毕加索等人的引领下，绘画中立体主义和野兽主义等元素的出现，象征着现代主义绘画的诞生。

当时的第三共和国政府自然也十分乐意推进法国的国际形象发展。第二帝国时期的巴黎城市大改为这座"光明之城"成为世界都市奠定了坚实的基础。第三共和国前期频繁的世界博览会让巴黎成为向全世界展示法国美好的最佳名片。为了配合1889年的巴黎世博会，共和国政府建立了举世无双的埃菲尔铁塔。与此同时，为了展现法美的传统革命友谊，法国向美国赠送的自由女神像也竣工。这些精妙绝伦的艺术品向全世界展示着法兰西第三共和国的繁荣与稳定。

我们知道现在精品品牌基本上都来源于欧洲、北美洲，例如路易威登、古驰、香奈儿和普拉达等，在几十年前其实知道它们的人并不多，那个时候只有欧、美洲的王室、贵族、大亨等上流社会的人士购买使用。到19世纪70年代，资本进驻，这些品牌开始大规模的商业化，并进行专业的国际化营销，精品的"全民化"进程正式开启，越来越多的中上层人士和中产阶级开始接触精品。对法国文化的憧憬和向往，以及世界博览会的召开带动了全球游客在巴黎尽情地购买精品，带动了一大批精品品牌的繁衍与发展。例如路易威登、香奈儿和爱马仕这三个品牌的产生都得益于美好时代的繁荣。路易威登是老中青三代无人不晓的法国皮具品牌，于1854年创立。其中，最著名的莫过于历久弥新的字母（Monogram）标志。而创立于1913年的法国品牌香奈儿，最为人称道的是创办人可可·香奈儿（Coco CHANEL）传奇的故事及其强烈的个人色彩。香奈儿的早期设计一直以典雅的高级女性套装闻名。爱马仕是1837年由法国人梯叶里·爱马仕（Thierry Hermès）创立的。它最先以制造马具起家。此外，英国、意大利和瑞士也诞生了不少精品品牌，例如英国的博柏利，瑞士的劳力士（Rolex）。另外，国际旅游市场的发展也增加了消费者对精品的购买频次。随着精品品牌国际知名度的迅速发展，精品企业疯狂扩张。尤其是随着中国经济的发展，精品消费第一大国从日本转移到了中国。在不久的将来，随着印度和非洲的发展，这些国家的精品消费市场会发展得更好。

> **精品小知识：莫泊桑的短篇小说《项链》**
>
> 各位读者肯定读过莫泊桑的著名短篇小说《项链》。故事讲述了法国公务员的妻子玛蒂尔德（Mathilde）为参加一次晚会，向朋友租借了一条钻石项链以炫耀自己的美丽。但是，在回家途中项链却不小心遗失了。玛蒂尔德只能借钱买了一条新的项链送给朋友。为了偿还债务，她节衣缩食，到处打工，整整劳苦了十年时间，最后才得知，那是一串假的钻石项链。
>
> 该文章被收入了中学语文课本，主要是批判资本主义的虚荣和浮华风气。但也从文中可以看出，拥有一件"奢侈品"，是地位的象征。文中的主角玛蒂尔德就是这样渴望进入上层社会，而一件"奢侈品"是踏入这个圈子的必要手段。而当时的现实生活中，一般的贫民百姓是根本无法负担起一条真的珍珠项链的，只有贵族和商人才能够负担得起精品。

托斯丹·邦德·凡勃仑（Thorstein B Veblen）出生于1857年，是美国经济学巨匠、制度经济学鼻祖，他的主要著作都是在19世纪末完成的。他在其著作《有闲阶级论》中提出这一理论：一些商品价格定得越高，越能受到消费者的亲睐。在经济学中，体现在其商品的收入弹性大于1，即消费者收入提高1%，对其需求大于1%，我们把这种商品称之为凡勃仑商品。

凡勃仑还指出，商品有两个价值：一个是功能性价值，即商品或服务本身给消费者带来的增值服务，主要体现在物质层面；另一个是炫耀性价值，即商品带给购买者的财富、地位、阶层和身份等可以炫耀的优越感。想而易见，凡勃仑商品的价值，大部分来自炫耀性价值。因此，如果凡勃仑商品低于某个价位，其需求会骤然降低。因为，当人人都有能力购买的时候，他已经无法满足消费者的虚荣心，自然大家都会放弃购买。例如，许多年轻人喜欢购买苹果笔记本电脑，并不是因为其系统有多么地好用，也不是因为该电脑的游戏功能有多么的强大，纯粹是因为其漂亮的外观、较为昂贵的价格、能够满足消费者的虚荣心和体现自己的品味。

许多精品品牌本身就属于凡勃仑商品，如果价格降低，反而会破坏其产品形象。这也是为什么博柏利宁愿烧毁价值2.5亿元的衣服、饰品和香水，也不愿意低价卖出的原因。因为如果一旦商品低价出售,它们便再也无法满足消费者的虚荣心,那么商品的需求量和价格就将一落千丈,成为普通的时尚品了。

> **精品小知识:老佛爷百货**
>
> 　　老佛爷百货全称巴黎老佛爷百货商店,是由法语原名 Galeries Lafayette 音译而来。它诞生于 1893 年的法国美好时代时期,位于奥斯曼大道的 40 号和拉法耶特大街 1 号,紧邻巴黎歌剧院。机场大巴可直抵老佛爷百货。2018 年 12 月,世界品牌实验室发布《2018 年世界品牌 500 强》榜单,老佛爷排名第 489 名。2013 年,老佛爷百货的亚洲第一店落户北京西单商业街,被誉为北京最好逛街的商场之一。
>
> 　　20 世纪 90 年代,日本掀起了在巴黎购买精品的狂潮。因此,老佛爷百货半数以上的员工都会说日语或者是日本国籍员工。如今,老佛爷的许多员工都是中国人,大部分的法国员工都会说些许中文。

　　虽然第二次世界大战对全球经济的影响非常负面,但是精品行业却并没有受到非常沉重的打击。其主要原因在于精品企业所在的巴黎、米兰和伦敦等地市中心并没有受到特别严重的破坏。众多的精品企业甚至参与了军事工业。纳粹德国对全人类犯下了不可饶恕的罪行,但抛开政治因素,纳粹军服设计十分考究[①]。当时很多青年入伍参军,为的是能得到一套漂亮的制服。法西斯的军服宣传攻势,在年轻人中收到了奇效。当时的德国军服制造商,就是如今大名鼎鼎的雨果博斯。此外,博柏利参与了英国军装供应,香奈儿参与了法国的军装供应,而普拉达参与了意大利军装的供应。

　　除了军装工业之外,劳力士的成长也得益于第二次世界大战。[②] 因为劳力士的可靠性和耐用性极高,在二战中许多英国皇家空军中的飞行员都将其作为指定腕表来佩戴,用来替换之前精确度不够的腕表。这些军官被俘后,纳粹士兵会据为所

---

① 公众号"我们的历史回忆录".六大理由告诉你,二战德国军服为何能极端完美!至今仍是奢侈品牌[EB/OL].http://www.sohu.com/a/136074787_620997,2017-04-24.

② https://baijiahao.baidu.com/s?id=1613315114015992043&wfr=spider&for=pc.

有。得益于在军队积累起来的良好声誉,劳力士在战后的知名度大升,成为了举世闻名的精品品牌。

> **精品小知识:劳力士(Rolex)的水鬼系列**
>
> 2019年,在火热的"朱一旦的枯燥生活"微视频中,主人公"朱一旦"就以佩戴劳力士的土豪自居,并自称劳力居士。劳力士俨然成为了成功的象征,获得了高收入人群的拥簇。不仅在国内,劳力士潜航者型腕表是照片墙(Instagram)上最受欢迎的潜水腕表。仅2018年3月,劳力士潜航者型(Rolex Submariner)标签被使用了约30 460次,其中25 376来自图墙应用(Instagram)。谈到劳力士系列,就不得不提到非常有名的水鬼系列。为什么精品腕表品牌会用这么惊悚的名称呢?其实水鬼是劳力士潜航者型(Rolex Submariner)的别称。水鬼系列腕表成立于1953年,是世界首款能够防水深达100米的腕表。其中,绿水鬼、蓝水鬼、黑水鬼和红水鬼是四款最有名的腕表。

(五)1945—1980年:精品产业的萌芽

20世纪50年代,随着经济的复苏和社会的稳定,战争年代的朴素主义和压抑风格不复存在,整个社会又回到了战前的"奢华"。经过大战的妇女们特别期盼表现出自己温柔娇弱的本性,梦想穿上拥有柔和线条、奢华面料的服饰,也向往高级定制的服饰。迪奥与1947年创造的新风貌(New Look)系列无疑是以一大部分女性的需求为出发点而设计的,给当时所有的女人打了强心剂。20世纪50年代,各大精品世家都在创造力回暖的环境中逐渐复苏,一时间,纵情欢愉的设计理念在时尚界重焕新生。虽然冷战爆发,但是20世纪60年代享乐主义颇为盛行,装饰艺术的表现形式、作品色彩以及材质得到蓬勃发展。任何全新元素均能够运用到装饰艺术作品的设计中来。20世纪70年代见证了法国在发明创造、经济发展、生活方式转变、以及新材料方面的飞速发展。风靡20世纪70年代的前卫时尚潮流也在珠宝设计上有所体现。精品企业一般会在一个城市具有地标性区域开设旗舰店,比如在上海,众多精品企业云集在淮海路上。该区域毗邻新天地和中共一大会址,周边商务楼、豪宅林立,在过去属于法租界,特别适合精品企业入驻。

(六) 1980—2008 年:日本的"精品热"

二战之后的婴儿潮在 1980 年后逐步成人,成为了精品行业的重要增长动能。此外,日本经济的蓬勃发展也促成了精品消费。日本从 20 世纪 80 年代开始的 25 年里一直是精品消费大国。在 2005 年的时候,仅日本一个国家就贡献了爱马仕(Hermès)30%、路易威登 40% 以及全球精品市场 41% 的销售额,在日本购买精品被视为平常。全球金融危机期间,日本的精品消费者占全球总数的 50%。在 20 世纪 80 年代,94% 的日本妇女在二十多岁时就拥有路易威登、92% 的日本妇女有古驰、超过 58% 的日本妇女有普拉达、超过 51% 的日本妇女有香奈儿。在日本经济泡沫还没有破灭之前,其国家精品消费的能力增长迅速,消费了大量的精品。然而两次国内危机冲击了日本经济:地震和引发的海啸,以及福岛核电站泄漏。这使得日本经济大受影响。由于日本在全球精品销售中占重要地位,路易威登、爱马仕、香奈儿等品牌受到了影响,精品品牌的日本市场萎缩了四分之一,路易威登和香奈儿等销售额均有下降。后来,日本经济长期陷入低迷,很多主妇拿出自己原来买的精品变卖,这就是为什么日本市场上会有那么多二手精品。

在日本正规中古店买二手精品是绝对不会买到假货的,因为日本中古店必须有公安局的备案监督才能开店,如果卖假货被投诉会面临巨额罚金和刑事拘留处罚,甚至被吊销执照。而且,在日本大多数正规的中古店都有专业的品牌鉴定师。大量流出的二手精品催生了日本的中古行业,让很多连锁式的中古百货流行起来,不论是时装还是其他领域,中古行业都已经产业化。在日本的中古市场,通常只做两件事:买近年的二手大牌货,或者买 20 世纪的中古(Vintage)包。关于品牌购买,建议选择爱马仕,香奈儿,路易威登的经典款,折旧率比较低,而且这三个牌子是日本中古市场保有率最高的。

(七) 2009—2019 年:中国精品消费者开始成为精品的购买主力

国际知名咨询机构贝恩顾问有限公司与意大利精品协会(Altagamma)在 2011 年 5 月合作发布全球精品市场报告显示,精品市场已彻底走出金融危机的影响,中国已经超过日本成为全球第二大精品消费国。到了2018年，根据贝恩公司的报告，中国消费者的精品消费额占了全球份额的33%（美国为22%，欧洲为18%，日本为22%，亚洲其他国家为11%，世界其他国家为7%）。[①]2010年以后，中国精品消费者数量不断增加，平均年龄不断降低，平均消费金额越来越高。从消费年龄层次来看，千禧一代已经是中国的精品消费人群的主流人群，平均年龄28岁，比世界精品消费者平均消费年龄低10岁左右。18～30岁的消费者占到了全国36%左右，显示出中国1/3的精品消费者是非常年轻的。另外，波士顿咨询公司的合伙人兼董事总经理王佳茜称："从精品的购买者人群的分布角度来讲，中国总体的市场城市的格局非常分散，因为中国的城市层级按BCG划分，2 700多个可以分70个层级，精品的层级目前大概有50%左右，都是在前15个富裕程度比较高的超大型城市中，但另外50%的人群都来自超大型城市之外。"对于那另外50%来自超大型城市之外的消费人群是精品品牌销售和利润的增长核心。因此，精品的数字化营销和电子商务显得尤为重要。根据中商产业研究院的研究整理，2024年占据中国精品分类市场的前5的品牌如表1.5所示。中商产业研究院表示，每个分类行业的前五大品牌占据了该类别的50%以上市场。

表1.5 中国精品行业分类格局图

类别	品牌
化妆品、香水及个人护理品	香奈儿、迪奥、雅诗兰黛、兰蔻、兰芝
腕表	卡地亚、浪琴、欧米茄、劳力士、天梭
箱包	蔻驰、古驰、爱马仕、路易威登、普拉达
男士服装	阿玛尼、雨果博斯、博柏利、迪奥、杰尼亚
珠宝首饰	宝格丽、卡地亚、周大福、蒂芙尼、梵克雅宝
女士服装	阿玛尼、博柏利、香奈儿、迪奥、麦丝玛拉
配饰	杰尼亚、古驰、爱马仕、路易威登、万宝龙
鞋履	香奈儿、古驰、路易威登、菲拉格慕、托德斯

---

① 布鲁诺·兰纳；中国奢侈品市场的增长引擎——整体销售额保持20%的健康增速，不同品牌之间差异巨大 [J]；中国化妆品；2019年05期．

（八）2020 年以后：精品企业的社交媒体营销占据主角，千禧一代成为精品的主要消费者

在 2020 年新冠疫情爆发的背景下，精品企业加速了"线上化"的步伐。路易威登在小红书上做直播，古驰则在抖音上开设了账号，博柏利破天荒地在知乎上投放了广告。许多线下的模特秀纷纷变成了云上秀，新品发布会也选择了在网上发布。此外，许多精品企业也开始了电子商务的步伐。比如，他们通过微信小程序开设线上快闪店，并注重在天猫和京东的电商投放，开始关注关键意见领袖（KOL）直播带来的流量效应以及销量转化。

三、精品的分类

精品有多种分类方法，可以按照价格、产业、消费者需求和品牌等方法分为不同种类。本部分着重讲述按照价格、产业、消费者需求及分类方法，具体如表 1.6 所示。

表 1.6　精品的分类方法和具体内容

	分类方法	具体内容
1	价格	日常精品、可负担精品、核心精品、核心高级精品、超级精品和极品精品
2	产业	第一产业精品、第二产业精品和第三产业精品
3	需求	社交型精品、尊重型精品和自我实现型精品

（一）按照价格进行分类

法国人达尼埃尔·阿勒雷斯（Danielle Allérès）提出，根据获得的难易程度不同，可以将精品划分为难以获得的精品（Inaccessible luxury）、中间等级的精品（Intermediary luxury）和容易获得的精品（Accessible luxury）。李杰在《奢侈品品牌管理：方法与实践》中，将化妆品品牌根据价格分为顶级（2 000 元以上）、奢华级（800～2 000 元）、主流级（500～800 元）、入门级（350～500 元）、选择性（100～350 元）、大众品牌（30～80 元）和低端品牌（低于 30 元）等种类。

汇丰银行董事埃尔万·兰博格（Erwan Rambourg）在其所著的《闪耀王朝：为什么中国精品购买者的时代才刚刚开始》（*The Bling Dynasty: Why the Reign of Chinese Luxury Shoppers Has Only Just Begun*）[①]一书中，则将精品更精细地分为六类，并绘制了如表1.7所示的精品品牌市场分类金字塔，将精品细分为"日常精品（Everyday Luxury）""可负担精品（Affordable Luxury）""核心精品（Accessible Core）""核心高级精品（Premium Core）""超级精品（Super Premium）"和"极品精品（Ultra-High End）"六个部分。本书采用了埃尔万·兰博格的精品分类方法，但由于人民币汇率及消费行为的变化，每个类别的价格在埃尔万·兰博格制定的标准上略作调整。但要注意的是，许多消费者和精品品牌认为日常精品和可负担精品不属于精品的范畴。

表1.7 精品分类金字塔

		售价	特点	核心产品
1	日常精品	低于2 000元	使用较为频繁的精品，如精品咖啡、香水、口红等；米其林餐厅也属于日常消费品一种（体验式精品）	香水、口红、护肤品等
2	可负担精品	2 000～5 000元	属于典型的轻奢品牌，又被称为轻奢与潮牌	迈克高仕、蔻驰等
3	核心精品	5 000～15 000元	绝大部分中等收入群体能够消费得起这些产品，涵盖了基本款的皮包、丝巾、皮带等生活配件。	丝巾、皮带、生活配件等；苹果和华为的高档手机等
4	核心高级精品	15 000～50 000元	高等收入群体才能负担该价位的精品，中等收入群体消费需要牺牲生活质量	皮具，箱包，成衣，玉石等
5	超级精品	50 000～300 000元	高等收入群体会考虑消费，但也要深思熟虑是否承担	名牌腕表、高定珠宝等
6	极品精品	300 000元以上	属于超高端富裕群体才能承受，如企业家、专业领域顶尖人士等	顶级钻石、游艇、豪车等

---

① Erwan Rambourg.The Bling Dynasty: Why the Reign of Chinese Luxury Shoppers Has Only Just Begun[M].Wiley:Finance,2014:5-6.

1. 日常精品

日常精品主要是指售价低于2 000元的精品，包括名牌香水、口红、古龙水、名酒、斯沃琪（Swatch）手表和有机食品；或者人均消费显著高于其他同类商品两倍的商品。日常精品有单价较低、使用频率较高、中高收入人群比率显著等特点。此外，日常精品并不需要文化的积淀，只要消费者认可，就属于日常精品的范畴。在经济学的范畴中，该领域属于接近完全竞争的业态，替代效应较强。因此，如何利用好社交营销渠道建立正面的品牌形象，是每一个日常精品行业所面临的课题。以"香奈儿五号香水"为例，"香奈儿五号香水"价格为790元起，香雾价格为390元起，一般消费者都能负担得起。从当前的市场上来看，日常精品是最早开始以及重度使用社交媒体营销和电子商务化的精品类别，线上销售的比重也是精品行业中最高的。

精品小知识：香精、香水、淡香水、古龙水和清香水

香水按浓度可分为香精、香水、淡香水、古龙水和清香水五类。

1. 香精（Parfum）。香精的赋香率18%~25%，持续的时间可达7~9小时，价格昂贵且容量小，通常都是7.5ml或15ml的包装，国内鲜少人使用。

2. 香水（Eau de parfum）。香水的赋香率12%~18%，持续的时间3~4小时。价格也比一般香水略高。

3. 淡香水（Eau de toilette）。淡香水的赋香率7%~12%，持续的时间2~3小时。价格便宜，也是最常见且最被广泛使用的。

4. 古龙水（Eau de Cologne）古龙水的赋香率3%~7%，持续的时间1~2小时，价格最为便宜，但因为不持久，已经很少见了。

5. 清香水（也称清凉水）（Eau de fraiche）。清香水在各个香水等级中香精含量最低，赋香率1%~3%。刮须水和体香剂都属此等级。

口红也属于典型的日常精品，其单支价格230元到330元。

精品小知识：口红效应

口红效应是指因经济萧条而导致口红热卖的一种有趣的经济现象，也叫低价产品偏爱趋势。在美国，每当经济不景气时，口红的销量反而会直线上升。这是因为，在美国，人们认为口红是一种比较廉价的精品，在经济不景气的情况下，人们仍然会有强烈的消费欲望，所以会转而购买比较廉价的精品。口红作为一种"廉价的非必要之物"，可以对消费者起到一种"安慰"的作用，再有，经济的衰退会让一些人的消费能力降低，这样手中反而会出现一些"小闲钱"，正好去买一些"廉价的非必要之物"。除口红之外，如唇膏、眼影等都属于"消费降级"时代，需求逆势而升的精品。

---

2. 可负担精品

可负担精品主要是指销售价价格在2 000～5 000元的精品，例如眼镜、蔻驰（Coach）和蒂芙尼（Tiffany）的银饰等。因此我们通常把可负担精品称为轻奢品。以下是可负担精品的典型特性。

（1）拥有精品的"基因"

可负担精品在设计上具备一定的设计感，在品质上具有精品的质感，在营销上重视塑造高端的品牌形象。在高档百货或者核心商圈中，经常可以看到可负担精品品牌与路易威登、蒂芙尼等传统精品大牌毗邻而居，它们会在消费者心中塑造高端的品牌形象。

（2）高性价比

可负担精品品牌的消费首当其冲的就是价格，不少已经成为轻奢一族的品牌当时"入伙"时就考虑到了价格——既能满足人们拥有精品之心，又能在钱包的承受范围内。它不像传统精品那样动辄几千美金的价格，300美元被认为是可负担精品品牌的门槛。可负担精品品牌拥有比肩大牌精品的品质、设计和营销体验，价格却远低于大牌精品。

（3）目标消费人群年轻化。

可负担精品除了在价格上有所体现外，还体现在购买人群的年龄上。可负担精品的目标消费人群是新兴消费者、年轻消费者及刚迈入中等收入的人群，其目标消费人群要比精品购买者的年龄更加年轻。一方面是可负担精品的设计更加符合年轻一族的审美，因此又被称为潮牌，另一方面是可负担精品消费群体还不能承受核心高级精品以上的购物。

蔻驰，1941年诞生，总部位于纽约。蔻驰被认为是美国高端生活方式时尚品牌，为男士、女士提供精致配饰与礼品，产品系列包括女士手袋、男士包款、男士及女士小皮具、鞋履、服饰、手表、旅行用品、围巾、太阳眼镜、香水、时尚首饰等。蔻驰的产品通过品牌精品店、指定百货公司、专门店及官方网站在全球发售。

可负担精品的品牌一般较为年轻，并多数来源于美国。一方面在于美国的精品没有欧洲那么悠久的品牌历史和文化积淀；另一方面美国制造的皮革品牌在众多消费者的心中没有法国或者意大利那么有认可度，因此大量的美国品牌集中在这一价位。

3. 核心精品

这个阶段的精品价格一般低于1.5万元。多款流行的球鞋、钱包、丝巾、腰带等都属于这个价位的精品。其中包括爱马仕的丝巾，但是要注意的是，爱马仕真正的核心产品是自己的凯莉包和铂金包，售价从2万到20多万元不等。为了让消费者能够上手一件自己的产品，也为了增加自己的收入，增强与消费者之间的联系，一些高价格品牌会推出一些价格较低的产品。一些精品头部企业会频频推出围巾、丝巾、领带、香水等产品，价格在5 000元以下，以此吸引消费者的目光。

4. 核心高级精品

核心高级精品主要是指价格在15 000～50 000元的商品。这个价位的精品客户较核心精品的客户少，不少消费者认为，满足这个价位的商品才能被称之为精品。在这个价位上，路易威登和古驰有多款产品。这也是部分中国中等收入人士能承受的产品价格范围。

5. 超级精品

超级精品主要是指价格介于50 000元到300 000元的精品，包括葆蝶家、万国表、爱马仕、梵克雅宝以及百达翡丽和劳力士等品牌的商品。这一阶段的精品主要包括了珠宝、高端皮革产品、腕表等。

（1）葆蝶家

葆蝶家是意大利的精品品牌。采用传统意大利皮革工艺制造。产品由最初的皮包扩展至服装、高级珠宝、眼镜、香水、家具及家居用品等不同领域。其最有名的系列是标志性单品篮子包。2020年8月，葆蝶家首次邀请网红在网络带货。

（2）万国表

万国表创立于1868年，制表已有150年历史，但万国表所在的沙夫豪森（Schaffhausen）的历史可远溯至15世纪初，足足比万国表早了459年。但直到万国表建厂制表后，手表的时间精确度才开始被人们牢牢掌握。

6. 极品精品

极品精品主要是指价格在30万元以上的精品，例如高端钻饰列维夫（Leviev）、高级珠宝中的翘楚格拉夫（Graff），以及各类高级定制、豪华跑车等。精品企业对于能够消费极品精品的客户，大多采用了高级VIP服务，以确保能够为消费者提供最为优质的服务。

例如，来自伦敦的顶级珠宝品牌列维夫由以色列钻石大亨列弗·列维夫创立于2006年，品牌创立伊始即在伦敦老庞德大街31号开出第一家专门店，全球最稀有非凡的钻石有三分之一来自列维夫，列维夫拥有自己的钻石矿，从原钻开采到钻石切割、打磨、抛光到设计师的设计都有自己的产业链。列维夫高级钻饰在伦敦庞德街、纽约麦迪逊大道、迪拜、莫斯科都拥有珠宝店，为全球的富商巨贾提供高级钻石。

（二）按照产业进行分类

舍瓦利耶和马扎罗沃在2008年出版的《精品品牌管理：一个特权的世界》（*Luxury brand management: A world of privilege*）一书中提到，精品被分为八个类别：时尚、珠宝、化妆品、酒类、汽车、宾馆、旅游和私人银行。[①] 在此基础上，作者提出了根据产业经济学的第一产业、第二产业和第三产业的区分方法。第一产业主要

---

① Chevalier, M., & Mazzalovo, G. (2008). Luxury brand management: A world of privilege. Singapore: Wiley, John & Sons.

指食品和饮料的产业，包括种植业、林业、畜牧业、水产养殖业等直接以自然物为生产对象的产业。第二产业主要指加工制造产业，利用自然界和第一产业提供的基本材料进行加工处理。第三产业是指第一、第二产业以外的其他行业，范围比较广泛，主要包括交通运输业、通讯产业、商业、餐饮业、金融业、教育产业、公共服务等非物质生产部门。

精品第一产业包括高档食品（如有机食品、鱼子酱等高端食材）和高档酒类等；

精品第二产业包括时装、皮具、珠宝、腕表、高档手机、厨具、餐具、瓷器、葡萄酒、汽车和摩托车等；

> **精品小知识：《视野》（VOGUE）杂志**
>
> 时尚杂志中地位最高、含金量最高的杂志就数《视野》（VOGUE）了。《视野》杂志的名字缘于法语，本意是风行、流行和时髦。它是由美国康泰纳仕集团出版发行的一本期刊，创刊于1892年，主要介绍世界女性时尚，包括美容、服饰、珠宝、保健、旅行、艺术、待客、名人轶事和娱乐等方面的内容。在编制的《2018世界品牌500强》中排第215名。许多设计师、模特和摄影师都是由《视野》发掘、培养并确立他们在时尚行业的地位的。《视野》的美国版、英国版、法国版和意大利版被时尚界誉为四大杂志四大杂志被视为时尚界的圣经。

精品第三产业包括高端酒店（如四季酒店）、餐厅（如米其林餐厅）、金融服务（私募股权等）、SPA、美容（如医美等）等。

（三）按照消费者心理进行分类

借用管理学的马斯洛需求层次理论，可将人类需求像阶梯一样从低到高按层次分为五种，分别是生存需求、安全需求、社交需求、尊重需求和自我实现需求。满足生存需求和安全需求一般属于必选型消费品，如水、食物、住房等；而满足社交需求、尊重需求和自我实现需求的一般属于可选型消费。精品属于可选型消费，引用马斯洛需求层次理论，可以将精品分成社交型精品、尊重型精品和自我实现型精品三类。

1. 社交型精品

社交型精品以社会交往为购买的主要动机，如一双昂贵的椰子（Yeezy）鞋可以让一个大学生融入潮鞋（Sneaker）的圈子。

2. 尊重型精品

尊重型精品以获得自我尊重及他人尊重作为主要动机，如投资银行人士会穿阿玛尼的西装出席路演场合等，如果他穿优衣库的西装则会显得与其身份格格不入，会被人认为是不够严谨，不尊重投资者。

3. 自我实现精品

自我实现精品以自我实现需求作为精品购买的主要动机，不以炫耀性的购买为主，如一名成功的商人在家只喝茅台酒，而不喝二锅头一样。

四、精品品牌管理

精品企业多源自欧美地区，法国、瑞士和意大利是三大精品企业原产地。近年来，法国路威酩轩集团、开云集团和瑞士历峰集团开始并购大量的精品品牌，数字化潮流是精品品牌管理的一个重点。有趣的是，现在精品企业学习了潮牌的品牌经营方法后频频开设开闪店。除此之外，精品企业频频开设线下展览向公众宣传，并通过社交网络和消费者线上互动，起到了非常不错的宣传效果。

（一）欧洲占据了多数精品品牌

如表1.8所示，在2018年全球500强排名中，有45家精品企业上榜。从国别来看，分别是法国（13个）、瑞士（8个）、意大利（8个）、德国（5个）、美国（4个）、英国（3个）、日本（2个）和中国（2个）。

表 1.8 2018 年度全球精品品牌排名

精品企业排名	500 强排名	品牌中文名	品牌英文名	品牌年龄	国家
1	6	梅赛德斯一奔驰	Mercedes-Benz	118	德国
2	16	宝马	BMW	102	德国
3	34	路易威登	Louis Vuitton	164	法国
4	44	香奈儿	Chanel	108	法国
5	51	奥迪	Audi	109	德国
6	60	保时捷	Porsche	87	德国
7	62	迪奥	DIOR	72	法国
8	74	劳力士	Rolex	113	瑞士
9	81	特斯拉	Tesla	15	美国
10	89	爱马仕	Hermès	181	法国
11	103	轩尼诗	Hennessy	253	法国
12	110	卡地亚	Cartier	171	法国
13	137	古驰	Gucci	97	意大利
14	143	酩悦香槟	Mot & Chandon	275	法国
15	149	葆蝶家	Bottega Veneta	52	意大利
16	160	尊尼获加	Johnnie Walker	198	英国
17	183	蒂芙尼	Tiffany	181	美国
18	186	希尔顿	Hilton	99	英国
19	191	普拉达	Prada	105	意大利
20	197	万国	IWC	150	瑞士
21	206	斯沃琪	Swatch	35	瑞士
22	223	范思哲	Versace	40	意大利
23	224	博柏利	Burberry	162	英国
24	226	欧米茄	Omega	170	瑞士
25	227	雅诗兰黛	Estee Lauder	72	美国
26	240	百达翡丽	Patek Philippe	179	瑞士
27	247	雷克萨斯	Lexus	35	日本
28	289	圣罗兰	Yves Saint Laurent	82	法国

(续表)

精品企业排名	500 强排名	品牌中文名	品牌英文名	品牌年龄	国家
29	323	茅台	Moutai	314	中国
30	324	浪琴	Longines	186	瑞士
31	326	五粮液	WULIANGYE	109	中国
32	329	蔻驰	Coach	77	美国
33	334	爱彼	Audemars Piguet	143	瑞士
34	346	马天尼	Martini	71	意大利
35	348	英菲尼迪	Infiniti	29	日本
36	356	江诗丹顿	Vacheron Constantin	263	瑞士
37	366	乔治阿玛尼	Giorgio Armani	43	意大利
38	395	赛琳	Celine	73	法国
39	397	巴黎世家	Balenciaga	99	法国
40	415	芬迪	Fendi	93	意大利
41	433	纪梵希	Givenchy	66	法国
42	473	Hugo Boss	Hugo Boss	95	德国
43	487	宝格丽	Bvlgari	134	意大利
44	494	兰蔻	Lancome	83	法国
45	497	娇韵诗	Clarins	64	法国

（二）精品集团化趋势明显

精品并购浪潮起始于 1980 年。路易酩轩精品行业展开了并购浪潮，路威酩轩、雅诗兰黛集团都通过并购扩大销售额，并在巴黎、纽约和香港证券交易所上市融资。截至 2023 年底，以销售额为计的最大精品企业是路威酩轩，精品销售额为 239.5 亿欧元。按照销售额计算，世界公认的三大精品集团是路威酩轩、开云和历峰，这三个集团拥有全世界 60% 以上的精品品牌。

1. 路威酩轩

路威酩轩全名法国酩悦·轩尼诗—路易·威登集团，1987 年由贝尔纳·阿尔诺将路易威登与酩悦·轩尼诗公司合并而成，员工五万六千余人，旗下拥有 50 多个精品品牌，是当今世界最大的精品集团。集团主要业务包括表 1.9 所述五个领域。

表 1.9 路威酩轩业务及品牌

	所涉业务	品　牌
1	葡萄酒及烈酒	酩悦香槟（Moët & Chandon）、香桐（Chandon）等
2	时装及皮革制品	伯尔鲁帝（Berluti）、思琳（Celine）、迪奥（Christian DIOR）、璞琪（Emilio Pucci）、芬迪（Fendi）、芬蒂（Fenty）、纪梵希（Givenchy）、罗意威（LOEWE）、诺悠翩雅（Loro Piana）、路易威登（Louis Vuitton）等
3	香水及化妆品	Acqua di Parma、Benefit Cosmetics、Cha Ling、Fenty Beauty by Rihanna、Fresh、Givenchy Parfums、Guerlain、Maison Francis Kurkdjian 等
4	钟表及珠宝	宝格丽（Bvlgari）、尚美（Chaumet）、宇舶（Hublot）豪雅表（TAG Heuer）、真力时（Zenith）和蒂芙尼（Tiffany）等
5	精品零售	环球免税店（DFS）、巴黎大甜点（La Grande Epicerie de Paris）和丝芙兰（Sephora）等

2. 开云集团

开云集团由弗朗索瓦·皮诺（François Pinault）于 1963 年创立，2005 年 5 月 18 日之前的旧称是碧诺—春天—雷都集团，后更名为开云集团，是一家国际控股的法国公司。其业务及品牌见表 1.10。

表 1.10 开云集团业务及品牌

	所涉业务	品　牌
1	时装及皮具	古驰（GUCCI）、圣罗兰（Yves Saint Laurent）、葆蝶家（Bottega Veneta）、巴黎世家（Balenciaga）、亚历山大·麦昆（Alexander McQueen）和布里奥尼（Brioni）
2	腕表及珠宝	宝诗龙（Boucheron）、Pomellato、Dodo、麒麟珠宝（Qeelin）、Ulysse Nardin 和芝柏表（Girard Perregaux）
3	眼镜	古驰（GUCCI）、卡地亚（Cartier）、Saint Laurent、Balenciaga、Bottega Veneta、亚历山大·麦昆（Alexander McQueen）、Stella McCartney、Alaïa、Courrèges、Montblanc、布里奥尼（Brioni）、宝诗龙（Boucheron）、宝曼兰朵（Pomellato）、McQ、彪马（Puma）

3. 历峰集团

历峰集团是一家来自瑞士的精品公司，它由南非亿万富翁安顿·鲁伯特（Anton Rupert）于1988年建立，公司涉及的三个商业领域是珠宝、手表、附件以及时装，其业务及品牌见表1.11。

表1.11 历峰集团业务及品牌

	所涉业务	品牌
1	珠宝	卡地亚（Cartier）、梵克雅宝（Van Cleef & Arpels）、布契拉提（Buccellati）
2	手表	朗格（A. Lange & Söhne）、沛纳海（Officine Panerai）、积家表（Jaeger-LeCoultre）、万国（IWC Schaffhausen）、伯爵（Piaget）、罗杰杜彼（Roger Dubuis）、江诗丹顿（Vacheron Constantin）、名士（Baume & Mercier）
3	在线经销商	颇特女士（NET-A-PORTER GROUP）
4	其他产品	登喜路（Dunhill）、蔻伊（Chloé）、万宝龙（Montblanc）、美国品牌Peter Millar，意大利箱包品牌Serapian等

从年报上看，路威酩轩集团的销售额和利润都在精品企业中排名第一，并且超过了历峰和开云两家的总和，具体如表1.12所示。路威酩轩集团是所有精品集团中最看重社交媒体营销等业务创新的企业，因此其盈利显著高于其他同类企业。

表1.12 精品集团销售额与利润（2019年）

	精品销售额（亿美元）	公司总销售额（亿美元）	同比增长（相比2018相比）	净利润率
路威酩轩	279.95	480.57	17.2%	13.2%
雅诗兰黛	136.83	136.83	15.7%	8.1%
历峰集团	128.19	128.19	3.1%	11.1%
开云集团	121.68	174.46	27.5%	12.1%
陆逊梯卡	103.22	103.22	0.8%	11.4%
香奈儿	96.23	96.23	11.5%	18.6%
斯沃琪	79.19	80.82	5.4%	9.5%
周大福集团	75.75	75.75	15.4%	7.1%
PVH公司	73.55	89.15	10.7%	6%

资料来源：德勤《2019全球奢侈品力量》，华创证券

从各大业务板块来看,路威酩轩拥有所有的精品业务分类,而历峰集团和开云集团的分类没有路威酩轩那么齐全(表 1.13)。雅诗兰黛和欧莱雅集团在化妆品业务上的强势使得开云集团没有去开拓化妆品市场。

表 1.13 各大精品集团的业务分布

	时装	鞋	手表	珠宝	眼镜	香氛	美妆	烈酒
路威酩轩	√	√	√	√	√	√	√	√
历峰集团	√	√	√	√	√	√		
开云集团	√	√	√	√	√			
爱马仕	√	√		√		√		
普拉达	√	√		√	√	√		
菲拉格慕	√	√	√	√		√		

数据来源:布隆伯格(Bloomberg)

精品的集团化趋势给精品行业带来了重大影响。在 1980 年前,精品多以作坊形式,小范围的在巴黎、米兰、伦敦和纽约等时尚之都为高收入的当地居民或国际游客提供服务。1980 年后,随着贝尔纳·阿尔诺收购了迪奥,随之而来的是大量的精品企业被收购、兼并和重组。因此,严格意义上讲,如今的精品企业和 50 年前的精品企业已经大不相同了,体现在精品企业从家族企业向现代化管理企业靠拢,从单品牌战略向多品牌战略、本土化向国际化发展,并且越来越趋向于通过社交媒体和电子商务来接触消费者。

(三)精品企业潮牌化的趋势

随着精品企业纷纷上市进行融资,业绩压力是每个上市公司都会碰到的问题。股东和资本市场会要求企业保持一定的资产回报率以便于分红,高级管理人员的薪酬则是以公司下一年的财务数据作为评价依据的,这就导致了许多企业纷纷将营利作为第一要素,而非品牌的长期资产。这使得精品企业开始关注产品短期的销量增长。此外,由于千禧一代的消费习惯逐步改变,他们不喜欢传统老式的设计风格(蒂凡尼就一直被诟病款式落后,不够吸引年轻人的目光),因此精品企业不可避免地会趋向潮牌化和社交化发展。最近,路易威登和时尚达人某个合作,邀请其代理其微信公众账号。甚至他们还和苏博瑞（Supreme）合作，共同开发联合款产品。这都是因为路易威登的母公司路威酩轩是上市企业，拥有众多的精品品牌，需要路易威登的业绩来"粉饰"其财务报表的表现。

（四）数字化潮流明显

据贝恩公司预测，电商渠道将进一步蚕食"传统"渠道市场。2025年，电商渠道市场份额将由当前的10%上升至25%，所有精品购物都将受其影响。此外，随着虚拟现实、移动支付等新技术在价值链各个环节的应用，预计未来50%的精品消费将受数字化驱动。许多精品企业已经纷纷开设网店和设立社交媒体账号。路易威登和古驰在数字化业务中的表现尤其突出，比如路易威登在小红书和抖音开设官方账号，古驰也在抖音开设官方账号，迪奥甚至在哔哩哔哩（俗称B站）开设了官方账号。

（五）频频开设快闪店和展览

快闪店（Pop up store，或者Guerrilla Store），指在商业发达的地区设置临时性的铺位，供零售商在比较短的时间内（两周到一个月左右）推销其品牌，抓住一些季节性的消费者。在英语中有"突然弹出"之意，之所以这种业态被冠以此名，很大程度是因为这种业态的经营方式，往往是事先不做任何大型宣传，到时店铺突然涌现在街头某处，快速吸引消费者，经营短暂时间，旋即又消失不见。快闪店一般都会伴随着某种折扣或事件驱动的营销事件，对渴望尝试新鲜事物的群体有着极强的吸引力。克莱恩（Klein，2015）通过研究发现，相对于精品零售店，快闪店能够更快地吸引新客户，并且达到更好的口碑营销效应；[1] 路那多和穆安格（Lunardo and Mouangue）（2019）的研究表明，一些消费者逛快闪店购买精品，可能比去精品零售店感到更自在。[2] 线下快闪店能够迅速在社交媒体上进行广泛传播，使得好奇的消费者会去主动搜索品牌的信息，配合关键意见领袖和明星的传播。不同行业开设线下快闪店的目的见表1.14所示。

---

[1] Klein, J.F., et al., Linking pop-up brand stores to brand experience and word of mouth: The case of luxury retail, Journal of Business Research（2016），http://dx.doi.org/10.1016/j.jbusres.2016.04.172.

[2] Lunardo, R., & Mouangue, E.（2019）. Getting over discomfort in luxury brand stores: How pop-up stores affect perceptions of luxury, embarrassment, and store evaluations. Journal of Retailing and Consumer Services, 49（March），77–85. https://doi.org/10.1016/j.jretconser.2019.03.005.

表 1.14　不同行业开设线下快闪店的目的

	种类	案例	目的
1	精品	蒂凡尼，路易威登	品牌传播+线下销售
2	汽车和房地产	宝马、万科等	品牌传播+客户获取
3	电子、数码和小家电产品	戴森、博世、飞利浦等	品牌传播+线下销售
4	互联网公司	京东、百度地图、天猫等	品牌传播+客户获取
5	零售、百货	沃尔玛等	线下销售
6	本地服务业	银行、美容院、健身馆等	客户获取

除了大型商城，精品企业甚至在夜店中开设了精品店。法国精品品牌香奈儿为其新推出的"男友"手表特别在一个夜店中开设了限时快闪店，将夜店打造成可可香奈儿的俱乐部（The Coco Club），多位嘉宾明星均到场支持。该限时快闪店不仅有音乐、舞池，还提供有桌球、酒水等服务，与正常夜店无异。有业界人士称，此创新举措令香奈儿在年轻化的道路上又前进了一大步。精品企业开设快闪店的时间与方式见表 1.15。

表 1.15　精品企业开设快闪店的时间与方式

品牌	时间	方式
路易威登	2019 年	7 月，路易威登在纽约推出限时快闪零售空间，庆祝 virgil abloh 为品牌设计 2019 秋冬男装系列
迪奥	2019 年	登陆了伦敦精品百货 Harrods，快闪店以 20 世纪 50 年代的 Teddy Girl 风潮为灵感来源，装潢设计中对这一英国亚文化潮流有多处致敬
爱马仕	2018 年	爱马仕在纽约、多伦多、新加坡、洛杉矶和米兰开设了快闪店"CarréClub（围巾俱乐部）"。这些快闪店都是免费对公众开放的，路人们可以进去拍照、唱卡拉 OK，还可以品尝免费的小点心
Matchesfashion	2018 年	奢侈品电商 Matchesfashion 也在做线下的尝试。为了庆祝 30 岁"生日"，在伦敦开设了一个社区空间"5 Carlos Place"，专门用来举办有趣的活动和社区服务，例如书籍签售、小组讨论、晚餐俱乐部、精品艺术装置和小型音乐表演。这种社区模式被 Matchesfashion 复制去了纽约、洛杉矶、巴黎和香港，为当地居民带去了很多乐趣，里面也包括小规模的零售业态

(续表)

品牌	时间	方式
蔻驰	2018年	蔻驰的"Life Coach（人生教练）"快闪店一件商品都没卖，完全用寓教于乐的形式在做项目，鼓励人们在与占星师对话、阅读塔罗牌中认识自我
香奈儿	2017年	香奈儿在位于洛杉矶的美妆屋提供拍照场所
蒂凡尼	2017年	蒂凡尼开设咖啡馆一座难求
天猫	2017年	天猫在继开出仅面向部分用户的精品频道（Luxury Pavillion），以及与万豪国际（Marriott）宣布成立合资公司、运营万豪旗下所有线上中文官方平台后，天猫又宣布正式上线奢侈品快闪店天猫空间（Tmall Space）
博柏利	2016年	博柏利早在2016年就做过这样的尝试，在伦敦开了一个"匠人屋"，展示英国艺术家的作品

资料来源：风尚中国2018年

除了线下之外，许多精品企业也在做线上的快闪店。比如罗意威2017年8月在天猫商城出售七夕款巴塞罗那手袋，售价15 900元，限量99只。对于精品企业，在天猫商城开设商城，不仅可以增加销量，而且可以通过电商渠道来获取数据。这些数据包括客户打开页面的数量、逗留时间等。

五、精品消费者行为学

对于精品的消费研究一直受到学者的关注。随着可支配收入的上升以及社会的进步，精品的主力消费人群从高等收入者向中等收入者转移，消费动机也从纯粹的炫耀性消费向理性消费转移。更为重要的是，精品的消费者年龄逐渐下降，35岁以下的消费者已经成为精品消费的主力人群。因此，了解精品主力消费者的消费行为，了解他们的典型特征，是精品营销者必做的功课。

（一）精品品牌的消费理论

在这一部分，笔者将解释精品的主要消费理论。目前，精品的主要消费理论包括自我概念理论、炫耀性消费理论、社会比较理论、自我延展理论和独特理论，其概念和举例如表1.16所示。

表 1.16　精品消费理论

	概念	举例
1	自我概念理论	我认为普拉达的时装适合我,他的设计我非常喜欢,其他品牌虽然便宜,但是满足不了我对设计的要求
2	炫耀性消费理论	我买了一个路易威登的包包,我要显示我家里有钱了
3	社会比较理论	作为一个设计专业的学生,虽然我买的笔记本电脑已经能满足我的学习要求了,但我还是要买个最新款的 MacBook,否则和身边的人格格不入
4	自我延展理论	我看到杨幂穿着某品牌的服饰,我也要买一样的服饰。这样我感觉自己是个女强人
5	独特理论	周围人都穿着一般品牌的球鞋,我一定要穿个名牌皮鞋展示自己

1. 自我概念理论

消费者可能会通过购买精品来增强自我概念。在精品的品牌建设方面,该理论建议具有独立自我概念的消费者在精品消费中表现出个人取向,强调享乐主义、功利主义和自我交流的目标。

2. 炫耀性消费理论

凡勃仑（Veblen,1899）的观察显示,炫耀性消费预示着财富,而其他人则从中推断出身份和权力。[①] 后来的研究（Bearden & Etzel,1982）表明,在公共场合消费的奢侈品更有可能是显眼的商品。[②]

3. 社会比较理论

当进行社会比较时,个人会寻找自己的记忆,以寻找自我与目标之间相似或不相似的证据。社会参照和个人自我建构是精品品牌消费的决定因素。

4. 自我延展理论

消费者使用所有物来形成和改变其身份,以符合他们对自己是谁和希望成为谁的预测。精品品牌拥有和消费的价值在于自我扩展的能力。[③]

---

① Veblen, T.（1899）. The theory of the leisure class. Reprint from New York: Penguin1994.
② Bearden, W. O., & Etzel, M. J.（1982）. Reference Group Influence on Product and Brand Purchase Decisions. Journal of Consumer Research, 9（2）, 183. doi:10.1086/208911.
③ 池静旻,郑姝莉,赵杰翔.分享型礼物:莆田青年的礼物分享与自我延展[J].中国青年研究,2018（03）:19-27+52.

5. 独特理论

当社会环境中存在太多相似性时，个人就需要将自己与他人区分开来。对独特性的需求是精品消费的潜在动力。比如大家都背普通的背包时，一个背古驰包的人能够让他轻易和其他人进行区分，更加彰显个性。

（二）中国精品消费者行为

根据家庭净值和消费意愿，我们可以将中国精品消费者区分为有教养和有文化的人（Patrician）、暴发户（Parvenue）、无欲无求的人（Proletarian）和装腔作势的人（Poseur）等几类（图1.2）。一般而言，精品企业都认为自己的目标群体是定在有教养和有文化的人，但从过去的销售数据来看，暴发户的比例仍然不小。

根据《2019年天猫奢侈品消费行业白皮书》，天猫将精品消费者分成了活跃新奢代、小城精奢派和高收入人士三类，具体特征如表1.17所示。随着三四线城市的快速发展，这三种人士在未来精品的消费份额将会快速增长。

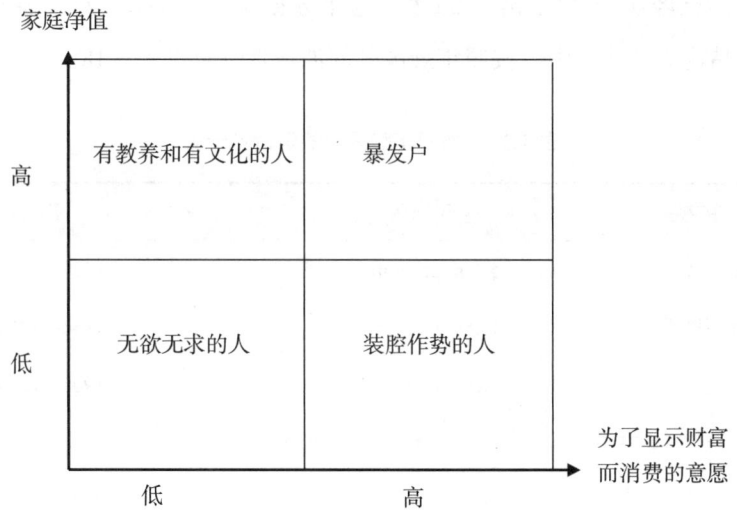

图1.2 不同财务与消费意愿下精品消费者的分类

表 1.17 《2019 年天猫奢侈品消费行业白皮书》中对于精品消费者的描述

	名称	特征
1	活跃新奢代	社会认同是这批千禧一代消费精品的内在动力之一。他们热衷的是潮流标签,理想是拥有独特的签名款
2	小城精奢派	精打细算是三线以下城市的中等收入青年所关注的。首先是实用价值,所以劳力士的手表和路易威登的背包是最能表现身份的
3	高收入人士	中等收入以上的消费者非常关注明星的穿着打扮,希望自己的消费能和他人匹配

根据观察,目前中国的精品消费者,主要体现了以下十个特征。

1. 千禧一代更关注品牌

和传统的土豪购买精品是为了向他人炫耀成功与财富相比,千禧一代明显对于精品更看重品质。一份来自产业研究院和川财证券研究院发布的数据表明:品质及独特性成为人们选择精品的主要因素。据世界精品协会的数据显示,中国精品消费者的平均年龄已经从 35 岁下滑到 25 岁。这个数据说明许多大学生、甚至高中生也加入到了精品购买的队列中。按照年龄区分的消费者分类见表 1.18。

表 1.18 按照年龄区分的消费者分类

	中文名	英语名	出生年月
1	沉默一代	Silent generation	1928—1945 年
2	婴儿潮世代	Baby boomers	1946—1964 年
3	X 世代	Generation X	1965—1980 年
4	千禧一代(Y 世代)	Millennials(Generation Y)	1981—2000 年
5	Z 世代	Generation Z	2001 年—

为什么中国千禧一代如此热衷于购买精品?其理由如下。

① 强烈的消费意愿。千禧一代的消费者对精品不仅有消费意愿,而且也有足够的消费能力。作为独生子女,他们的父母也乐于给他们提供资金购置精品。

② 对未来的乐观态度。千禧一代不仅有极强的消费能力，而且对未来的消费能力也持乐观态度。其中，超过70%的千禧一代表示他们对财务前景持乐观态度，81%预计收入将有所上升，这也是千禧一代热衷购买精品的一大原因。同时，父母的资助也是他们购买时尚精品的资金来源之一。他们对精品非常了解，对高级时装和运动服饰跨界融合这样的创新潮流十分喜爱。

③ 更关注产品本身。与前几代人不同，千禧一代更痴迷于他们眼中的"炫酷"元素，而非品牌本身或产品定价。对他们来说，重要的是创新，而不是折扣。天价球鞋就是最典型的例子。在二级市场上，一双限量版的乔丹（Air Jordan）球鞋甚至会被炒作到2万元的天价，超过其出厂价10倍以上。

根据腾讯数据管理平台的数据显示，在社交媒体上对精品感兴趣的用户中，34.41%为男性，63.86%为女性，1.71%的人没有标注性别。在精品感兴趣的覆盖面方面，0～17岁为9.99%，18～24岁为35.95%，25～30岁为31.28%，31～35岁为14.02%，36～40岁为4.89%，41岁以上为3.83%。图1.3所示为上海等城市在精品消费方面的目标群体指数（TGI），指数越高说明女性对精品的关注度也越高。从指数上看，上海达到500，香港达到300，北京也接近300，说明这几个城市的精品消费者较其他城市更集中于年轻的女性。

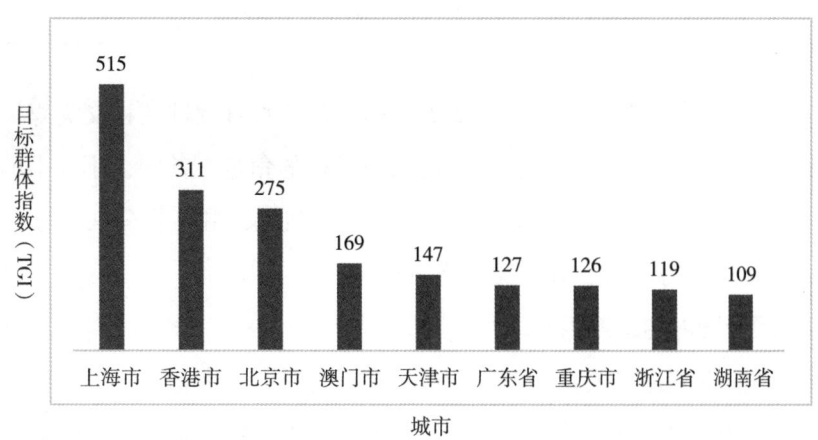

图1.3　目标群体指数（TGI）（指数越高说明差异越明显）

2. 两"微"一"抖",社交媒体推波助澜

精品与其他必备商品不同的是,精品具有高度的社交属性。考虑到社交媒体的传播速度和广度,社交媒体成为了精品的最佳展现舞台。两"微"一"抖"(微信,微博和抖音)则是目前社交媒体中最为火热的三个软件,其特点如表 1.19 所示。

表 1.19 两"微"一"抖"的成立时间及介绍

	平台	成立时间	介绍
1	微博	2009 年	微博是一种基于用户关系信息分享、传播以及获取的通过关注机制分享简短实时信息的广播式的社交媒体、网络平台,用户可以通过PC、手机等多种移动终端接入,以文字、图片、视频等多媒体形式,实现信息的即时分享、传播互动
2	微信	2011 年	微信是腾讯公司于 2011 年 1 月 21 日推出的一个为智能终端提供即时通讯服务的免费应用程序,由张小龙所带领的腾讯广州研发中心产品团队打造。微信支持跨通信运营商、跨操作系统平台通过网络快速发送免费(需消耗少量网络流量)语音短信、视频、图片和文字,同时,也可以使用通过共享流媒体内容的资料和基于位置的社交插件"摇一摇""漂流瓶""朋友圈""公众平台""语音记事本"等服务插件
3	抖音	2016 年	抖音,是一款可以拍短视频的音乐创意短视频社交软件,该软件于 2016 年 9 月上线,是一个专注年轻人音乐短视频的社交平台。用户可以通过这款软件选择歌曲,拍摄音乐短视频,形成自己的作品

此外,小红书、聚美优品、蘑菇街等都属于精品垂直领域的社交类媒体及电子商务的重要应用,在精品营销中扮演着越来越重要的角色。其中,小红书的用户较其他应用更加定位于时尚女性,获得了路易威登等机构入驻开设公众账号。2020 年 3 月,路易威登还在小红书上做了第一次直播。

3. 购物回流国内的趋势明显

在我国政府下调进口关税、对灰色市场加强管控、各大精品品牌持续调整国内外市场价差等因素的共同作用下,越来越多的中国消费者选择在内地市场购买精品,而不是像过去那样为了避免高额的关税,前往首尔、东京、纽约或伦敦等城市购买精品。在 2018 年,中国消费者在内地的精品消费比例由 2015 年的 23% 上升到 27%,预计到 2025 年将达到 50%。消费回流的趋势将在未来几年延续。2018 年中国消费者的精品消费总额占全球市场份额的 33%。但考虑到,汇率及税率等因素的叠

加影响，预计未来国内精品销售趋势上升的势头将更加明显，这对于中国的精品电商而言无疑是利好消息。

4. 数字购物的趋势明显

作为中国精品销售的第三个增长引擎，数字化同时涵盖了电子商务和基于数字化平台的消费者互动。其中，消费者互动方面已取得很大进步，而电子商务领域则进展甚微（尽管交易量颇为庞大）。线上渠道的精品销售额在2018年实现了27%的增长，占精品销售总额的10%。在2020年，精品线上收入的发展超过预期，逐渐被精品企业所重视。比如2020年3月，路易威登在小红书上做了一场直播，并且在抖音上直播其时装秀；古驰开始线上店铺直播；葆蝶家邀请李佳琦为其产品带货。表1.20列出了精品电子商务的不同类型，在后续章节中我们将进行探讨。

表1.20 精品电子商务的不同类型

分类	特　点
搜索电商	用户直接去大型的综合电商（如京东或天猫），或者去垂直平台（如寺库）等搜索购买精品。
社交电商	通过关键意见领袖、关键意见客户等网络红人直播，购买单价较低的日常奢侈品
内容电商	通过多媒体频道（MCN）公司精美制作的视频，H5小游戏等吸引消费者点击内容包含的链接购买产品

5. 名人代言效应更为突出

中国是一个深受儒家文化影响的国家，儒家文化的最大特点就是对权威的尊重，因此名人对于消费者的影响力较一般西方国家来说表现得更为明显，精品企业也愿意去邀请本土名人进行代言，以取得了不错的效果，取得品牌和个人的双赢效果。关键意见领袖对中国消费者的影响也非常显著，比如活跃在微博平台上的时尚博主，经常撰写时尚类文章，他们一定程度就是关键意见领袖；再比如一些知名艺人，也是典型的关键意见领袖，通过代言、广告等方式向他人宣传精品；对于品牌而言，关键意见领袖已经成为如今品牌宣传的重要渠道，使用频率不断上升。

6. "他经济"崛起

随着男性消费者对外表的重视，不少品牌开启了"他经济"之路，纷纷推出男士系列产品。比如阿玛尼美妆推出了全新男士护肤品线阿玛尼男士（Armani Men），产品于 2019 年 6 月上线美国官网，2020 年上线中国市场。再比如芬迪在上海发布首次男女合并时装秀；普拉达 2020 年春夏男装秀也在上海举办。精品品牌频繁以男士产品露脸中国市场，表示品牌方对男性市场以及中国市场的重视，男性消费的巨大潜力，从过去相对集中在一些领域扩展到了如今更广阔的范围。

随着"90 后"和"00 后"群体的崛起，"他经济"发展将更加迅猛。随着社交电商的崛起，男士美妆发展将更加迅速，在"美妆推荐"直播、短视频、图文等的影响下，男士化妆品网络销售也将进一步获得消费者的认可。

7. 二手精品和中古精品悄然兴起

二手精品和中古精品目前在中国也悄然兴起。在欧洲、美洲和日本，每一个精品商店聚集的区域都会存在至少一个二手精品专卖店，其中不少二手精品由于产量或者年代的因素，甚至能卖到高价，成为所谓的中古精品（Vintage luxury）。中古精品是在日本兴起的，主要是由于日本 20 世纪 90 年代经济泡沫，居民收入大幅下降，导致许多家庭被迫将精品转卖。精品二级市场（二级市场指的是消费者之间的转让售卖）必然会带动鉴定行业的发展。在珠宝市场，珠宝鉴定已经成为非常成熟的行业，但在其他领域还是一个新兴的领域。这在未来也许会带动二手精品的发展。在球鞋领域，"得物 app"也提供了针对椰子鞋（YEEZY）和飞人乔丹篮球鞋的鉴定服务。因此部分品牌的精品，因为限产和市场炒作等因素，已经体现了较高的收藏价值。在我国，闲鱼等二手市场应用（APP）的火爆，也为二手精品的市场发展提供空间。比如，许多学生会在苹果教育商店以教育套装的价格购买苹果平板电脑（iPad）或电脑（Macbook），这些产品都会附送价值不菲的无线耳机（价值 1300 元）。许多学生会在闲鱼等二手平台以 600~800 元的价格卖出自己手中的产品，从而进一步降低自己购买苹果产品的成本。

8. 从衣服到球鞋

球鞋市场在 2018 年异常火爆，椰子鞋（YEEZY）、乔丹和匡威（Converse）的新鞋几乎很难买到，必须在二级的转售市场才能买到。这导致了一双原价 2 000 元的球鞋，二级市场能够被转售到 4 000 元甚至更高。这直接催生了球鞋转卖平台的诞生，以及球鞋分析师这一独特的行业。反观时装行业的发展较慢，其创新远远不及球鞋行业。现如今，球鞋已经成为各大精品品牌一个重要的品类，意图获得年轻消费者的关注。迪奥和乔丹联名出款的球鞋，在全国非常受年轻消费者欢迎。

9. 消费者时间分配习惯的变化

根据尼尔森《消费者与零售趋势》的数据显示，90后（1990年以后出生的消费者）用于工作、出行的时间越来越多，但是用于自由支配的时间越来越少。对他们而言，快餐型的休闲生活以及碎片化的社会模式，决定了线上营销和电子商务将对他们产生巨大的影响。对于未来的"00后"（2000年以后出生的消费者）而言，工作时间增加和休闲时间减少会导致他们更热衷于微博或者短视频这种娱乐性强且耗费时间较少的娱乐方式。这种娱乐方式也可以更好地帮助他们打发较长的出行时间，舒缓工作压力。消费者每天的时间分配参见表1.21。

表1.21 消费者每天的时间分配

		50后、60后	70后、80后	90后
1	工作	4.5小时	8小时	9小时
2	睡觉	8小时	8小时	7小时
3	自由支配	8小时	5小时	4小时
4	做饭/吃饭	3小时	2小时	2小时
5	出行	0.5小时	1小时	2小时
6	主要休闲活动	老年活动、看电视、去菜场	看电视/网剧追剧、购物中心/网购、亲子	追剧、手游、短视频

数据来源：尼尔森《消费者与零售趋势》

10. 兴趣爱好明显

根据寺库、腾讯社交广告的数据显示（具体见图1.4），中国精品消费者对于教育、体育、汽车和金融的关注度较高，也就表明在社交软件上活跃的中国消费者之普遍较为年轻。游戏、动漫小说的关注度较低，但这并意味着精品企业无需在游戏和动漫小说领域投入广告费用。但是，我们都知道年轻人都非常喜欢游戏和动漫，但随着年龄的增长和阅历的增加，他们对上述两个领域的关注度减少了。相反未来的千禧一代消费者对游戏和动漫的关注度极高，精品可以提前布局，通过发布联名款或者赞助赛事活动的方式进行营销。

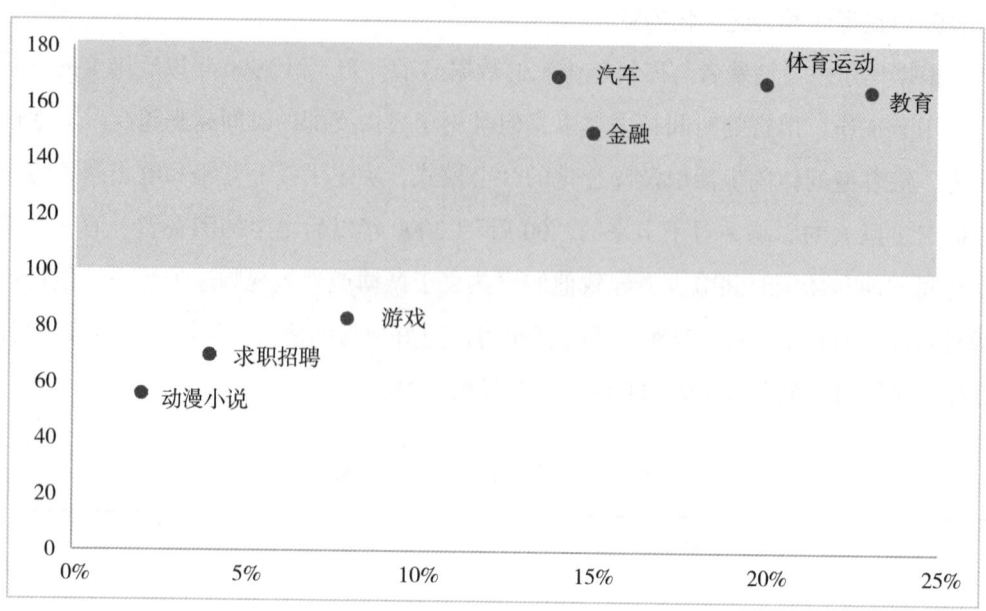

数据来源：寺库、腾讯

图 1.4　精品人群商业兴趣爱好

（三）消费者的需求正在快速变化

许多家喻户晓的品牌，如麦当劳、可口可乐、耐克和丰田汽车，其市场占有率分别仅有其所在领域的 17%、18%、27% 和 10%（2015 年）。苹果手机在智能手机的份额仅 13%。每个行业的领导者更新迭代速度非常快。虽然精品企业有"悠久历史"作为壁垒，但如果精品品牌墨守成规，将迅速被市场所淘汰。通过社交媒体及电子商务，精品企业可以快速拉平与消费者之间的距离，快速获取消费者的应用场景，推出符合消费者需求的产品。

LUXURY INDUSTRY

第二章

精品社交媒体营销

学习目标

- 综合分析社交媒体营销的发展
- 了解精品社交媒体营销的演变
- 理解社交媒体对于品牌传播的影响
- 分析社交媒体营销对于精品行业的影响
- 综合分析精品企业在社交媒体营销运作方式
- 评价联名品牌在社交媒体的传播
- 了解高科技在社交媒体营销的运用
- 了解精品品牌社交媒体营销的负面案例
- 给出学习者对精品社交媒体营销的建议

路易威登是全世界最大的精品集团路威酩轩中最有名的品牌之一，它们生产的女士皮具和时尚配饰被全世界的女士喜爱。拥有一个路易威登经典字母组合款（Monogram）皮具是很多人的梦想。随着中国和日本消费者的涌现，路易威登的经典款，在很多商店都纷纷脱销。这样一个全世界的顶级精品企业，按道理应该不缺客户，完全可以保持"高冷"的企业形象。但实际上，路易威登却是在社交媒体上最为活跃的精品企业之一。

路易威登是最早和社交达人合作的精品企业之一，甚至将自己的公众账号交给了社交达人某博主管理。2018年12月28日，该博主的微信公众号和微博同时发出一条"跟我一起去'偷'路易威登的箱子"的信息。在该条信息上，该博主与路易威登合作的H5互动小游戏正式上线。游戏内容为某博主带领大家一起参加"飞行，航行，旅行"限时展览并进行箱子游戏。同时，在2019年底，路易威登英雄联盟和美国职业篮球联盟（NBA）开展合作，推出合作款冠军旅行箱。

除了和时尚达人展开合作之外，路易威登还和潮牌苏博瑞开展合作，共同开发合作款产品等。同时，路易威登与英雄联盟、美国职业篮球联赛（NBA）等赛事进行合作，开发了合作款产品，销量良好。

由此可见，精品行业在社交媒体上也投入了非常多的人力、物力，并且其营销手段也十分丰富。路易威登通过与社交达人、知名艺人、体育赛事的合作，不仅扩大了影响力，而且还培育了一批潜在的消费者。那么，为什么社交媒体营销会有如此大的影响力？社交媒体的类型有哪些？运作社交媒体有什么需要注意的事项？精品企业又有哪些社交媒体营销的成功经验？本章节就帮助学生回答上述问题。

一、社交媒体营销的发展

随着 5G 网络和智能终端的发展，人们开始花费越来越多的时间在社交媒体上。纸质媒体、广告牌等传统的广告被社交媒体营销取而代之。传统营销也逐步被社交媒体营销所代替，成为精品企业越来越关注的焦点。社交媒体的娱乐、交互、趋势、个性和口碑等营销方式让品牌传播变得快速、有效，这让消费者不仅成为被营销的对象，更成为营销内容的创造者和传播者。而各种基于社交媒体的营销理论更是层出不穷。

（一）什么是社交媒体营销

社交媒体营销是利用即时通讯软件，包括在线社区、博客、百科或其他互联网协作平台媒体来进行营销的方式，并基于社交媒体展开品牌宣传、公共关系维护以及客户维护。社交媒体并非一个全新的概念，它最早出现在安东尼·梅菲尔德（Antony Mayfield）所著的《什么是社会化媒体》一书中。[1] 社交媒体营销又称"社会媒体营销""社交媒体营销""社交媒体整合营销""大众弱关系营销""粉丝营销"。社交媒体营销为营销者通过社群接触消费者，并且借此与消费者建立了更多的个人联系。社交媒体改变了品牌内容生成、传播和消费的方式。在社交媒体营销中，它们的内容都是由用户自愿提供的，甚至社群（社交群体的组织）也是粉丝自愿组

---

[1] Antony Mayfield. What is social media[EB/OL], icrossing.co.uk/ebooks.

织完成的，和社交媒体的开发者并没有雇佣关系。在精品领域，社交媒体正在扮演着愈加重要的地位。比如，路易威登在互联网上直播模特 T 台秀，粉丝们能够有机会一睹品牌发布会的风采；博柏利则上线了在线电商等服务，可以让客户与客服进行 24 小时沟通；而爱马仕则上线了"我爱围巾（J'aime mon carré）"复古真丝方巾系列产品，客户可以购买签名款的围巾。

精品传统媒体营销和社交媒体营销的区别见表 2.1。

表 2.1 精品传统媒体营销和社交媒体营销的区别

		传统媒体营销	社交媒体营销
1	方向	品牌单向向客户宣传，客户成为配角	品牌双向交流，客户成为主角
2	媒体	电视、平面媒体、户外广告	智能手机的社交媒体软件
3	表现方式	图片、文字	短视频、H5 场景
4	代言人	电影和电视剧艺人、体育明星、社会名媛等	关键意见领袖，包括名人、博主等
5	影响人群	影响过路人，影响力不可持续	实现社交裂变，刺激消费者转发影响他人，甚至鼓励关键意见客户发表感想，影响力可持续
6	时间	固定时间段	全天
7	成本	较高	较低，但也呈现出逐步上升的趋势

腾讯公司的社交广告原理是基于腾讯大社交的独特基因，它以海量用户为基础，以大数据洞察为核心，实现广告的智能、精准投放。和传统广告不同的是，商家必须非常熟悉自己的客户，确保广告的效果。因为如果广告效果不好，广告会被腾讯公司下架。和传统广告不同的是，社交广告是定向推送的。腾讯会对 QQ 和微信客户按照用户画像进行标签化，著名期刊《商业研究期刊》（*Journal of Business Research*）中发表的论文《社交媒体营销活动会增强客户权益吗？一个对奢侈品牌的实证研究》（*Do social media marketing activities enhance customer equity? An empirical study of luxury fashion brand*）中，将社交媒体营销对增强客户权益的效果分为五个部分，分别是：娱乐（Entertainment）、交互（Interaction）、趋势（Trendiness）、个

性化（Customization）和口碑营销（Word of Mouth）。①

1. 娱乐

许多研究表明社交媒体的魅力在于可以给使用者带来愉悦和幸福，并且鼓励消费者提供用户创造内容（User Generated Content）。娱乐感是社交媒体让人着迷的真正原因。许多人在社交媒体花费了非常多的时间，就是因为社交媒体提供了新闻资讯和社交互动。比如抢红包、看视频和听音乐等。

2. 交互

社交媒体交互是品牌和消费者之间的联系。有学者将社交媒体组群分成两个，一个是基于用户档案方面的（Profile-based），比如我们会在社交媒体添加自己的好友，或者追随某个明星等；另一个是基于内容的社交媒体（Social-based），比如豆瓣的社群，就是用户基于某种特定的兴趣与爱好而聚集起来的。交互是社交媒体营销成功的关键因素，商家希望通过社交媒体接触到潜在客户，或者增强现有客户的品牌忠诚度，希望客户能够为自己的产品宣传。

3. 趋势

社交媒体的内容往往带有趋势性。生活热点往往是先在社交媒体上进行引爆，再逐步蔓延到普通媒体中。因此，许多公司都在社交媒体上开设账号，以此来观察用户行为，了解用户场景，预判商品未来的流行趋势。现在的精品客户，很多从小使用互联网，它们通过互联网接受产品信息，并在电子商务平台上下单购买产品。因此，精品企业可通过加强线上产品的交流力度，来吸引消费者。

4. 个性化

由于用户订阅的内容不同，每个用户的社交页面也不尽相同。比如某些人是体育迷，则他就会订阅微博、知乎和微信公众号；某些人是时尚迷，则他就会订阅《时尚芭莎》等杂志。得到APP的创始人振宇曾经在节目《十三邀》中说过，自己的微博和太太的微博关注的内容完全不一样，如果交换他们的社交媒体账号，就会感觉完全是生活在不同的世界里，因为他们彼此的关注点完全不同。因此这就是为什么精品企业需要对不同人群的"推送内容"进行定制化推送。

---

① Kim, A. J., & Ko, E. （2012）. Do social media marketing activities enhance customer equity? An empirical study of luxury fashion brand. Journal of Business Research, 65, 1480–1486.

5. 口碑营销

口碑营销在商品社会之前,是消费者之间最有效的沟通媒介。随着商品社会的演变和移动传媒的发展,口碑营销的形式有了较大的改变。过去,人类依赖和其他消费者之间的沟通;现在,随着中间商、零售商、名人和关键意见领袖(Key Opinion Leader 简称 KOL)在社交网络上越来越活跃,口碑营销从单向式变成了交互式,从依赖于社交媒体的双向交互。也就是说,我们对产品的信任,不再完全依赖于身边亲朋好友的推荐,而是通过互联网的关键意见领袖来实现。

传统的口碑营销与社交媒体的口碑营销对比见表 2.2。

表 2.2 传统的口碑营销与社交媒体的口碑营销对比

	传统的口碑营销	社交媒体的口碑营销
1. 影响范围	当地	全球
2. 媒介	语言	文字和视频
3. 传播半径	在当地社区传播,影响范围小	快速地在全球传播,影响范围大
4. 传播者和受众人群关系	自上而下从传播者向受众人群传播	循环效应
5. 领导者	政界或商界领袖	网络效应
6. 用户接受形态	被动接受	主动接受
7. 谁主宰了营销过程	营销者主宰营销过程	听众主宰营销过程
8. 回馈过程	插曲般的回馈	连续回馈
9. 用户的角色	品牌的管理者	品牌的改变者
10. 如何回馈品牌	可以被衡量的回馈	扩散化的回馈,较难衡量
11. 传播时间	传播时间较为有限	随时随地进行传播

英国牛津大学的人类学家罗宾·邓巴(Robin Dunbar)曾提出"150 定律"(Rule of 150),即著名的"邓巴数字"。该定律推断出:人类智力将允许人类拥有稳定社交网络的人数是 148 人,四舍五入大约是 150 人。也就是说,无论一个人在社交网络上拥有多少好友或粉丝,真正能够在现实生活中维系并进行实质性社会交往的"内部圈子"差不多只有 150 人的规模,超过这个规模,人类就很难进行有效的

社会交往。但是，社交网络是呈现网状结构的，因此，社交媒体信息可以通过网络迅速传递到大范围的用户中去。

（二）现代互联网社交媒体的发展

1946年2月14日，由美国军方定制的世界上第一台电子计算机电子数字积分计算机在美国宾夕法尼亚大学问世。从1980年代开始，随着电子邮件的发明和电脑的使用，文字、图片、语音和视频能够通过互联网传输到其他公司或者个人手中，互联网行业开始有了萌芽的迹象。20世纪90年代中期，随着个人电脑的普及和第一次互联网创业热潮的推动，电子邮箱概念激发了电子商务、社区、博客等网站的兴起。商家掌握了通过邮件向用户发送信息，以此来营销自己的产品。

第一次互联网经济泡沫发生后，大量互联网企业倒闭。但是随着家庭宽带的普及和电脑成本的大幅下降，互联网发展速度大为提升，腾讯QQ等社交媒体软件在这个时期得到了非常迅速的发展。它们收获了第一波社交媒体时代的红利，积累了大量的基础用户。至今，这些企业仍然牢牢把握了移动互联网的头部资源。2011年后，随着3G、4G等网络的覆盖及智能手机的普及，社交媒体的入口从电脑网页端向智能手机应用（APP）端口转移。社交媒体正式从电脑网页时代向移动互联网时代转型。因此，根据上述互联网社交媒体的简单叙述，我们大致可以将互联网社交媒体的发展分为以下五个时代：文本邮件时代、BBS时代、电脑端+移动互联网的即时通讯时代和5G移动互联网时代，具体如表2.3所示。

表2.3 互联网社交媒体的五个发展时代

	年份	经历时期	形式
1	1971—1994年	文本邮件时代	仅支持文本的邮件
2	1994—2003年	BBS时代	社区、博客
3	2004—2013年	电脑端+移动互联网的即时通讯时代	电脑端社交软件及博客、微博等
4	2014—2019年	移动互联网时代	智能手机、APP等
5	2020—	5G移动互联网时代	短视频等加速流行，VR和AR等手段将被用户营销

根据艾媒网的统计数字，活跃用户排名前十的社交媒体平台应用如表2.4所示（截至时间：2020年1月）。这份榜单基本呈现了2020年前美国和中国公司在竞争中的格局。由于美国多数社交媒体软件在中国无法使用，中国的软件在国外的应用程度也不高，这便导致了很多跨国企业需要在中国和美国采取完全不同的社交媒体组合战略。

表2.4 全球十大社交媒体软件

截至时间：2020年1月

	平台	活跃用户	简介
1	脸书（Facebook）	24.49亿	世界上最大的社交网络脸书的月活数早就已经超过了20亿大关，每天有13.2亿人在使用这个平台。作为全球最大的社交网络，还将在未来很长一段时间内继续统治这一领域
2	优兔（YouTube）	20亿	优兔用户每月观看的视频总时长超过了60亿小时，同时，每分钟大约有400小时时长的视频被上传。而这些数字只会在未来几年继续增长
3	瓦次普（Whats App）	16亿	瓦次普在过去的几年内增长了很多，它是目前为止世界上最受欢迎的即时通讯应用。该工具在引入端到端加密技术后迅速发展，用户可以在默认情况下保证私人隐私
4	脸书信息（Facebook Messenger）	13亿	脸书的脸书信息一直是一个内置功能，于2012年3月6日发布。这款应用虽然在起初饱受批评，但目前来看，它已经是同类应用中最常用的工具，其月活跃用户数约为12亿。这款app允许用户发送消息、照片、视频等，可以与聊天机器人进行互动，还可以使用视频和语音通话
5	微信（We Chat）	11.51亿	微信是中国目前最受欢迎的通讯工具，其应用场景包括支付、游戏、朋友圈等
6	图墙（Instagram）	10亿	图墙是脸书旗下的照片分享类社交媒体软件，是2017年最受欢迎的社交媒体应用之一
7	抖音（Tik tok）	8亿	抖音短视频，是一款音乐创意短视频社交软件，由今日头条孵化而来。该软件于2016年9月上线，是一个专注年轻人音乐短视频社区平台。用户可以通过这款软件选择歌曲拍摄音乐短视频，形成自己的作品。抖音会根据用户的爱好，更新用户喜爱的视频
8	腾讯QQ（QQ）	7.31亿	腾讯QQ是中国最受欢迎的即时通讯工具之一。这款应用还提供在线社交游戏、音乐、购物、电影、语音聊天等服务

(续表)

	平台	活跃用户	简介
9	QQ空间	5.17亿	另一个来自中国的社交媒体网站是QQ空间，该网站由腾讯公司于2005年创立。QQ空间允许用户更新博客、上传照片、观看视频和听音乐
10	新浪微博	4.97亿	新浪微博是中国最受欢迎的社交媒体网站之一，该平台提供了类似推特（Twitter）的服务

（三）中国社交媒体的格局

第一个真正意义上的中国社交应用软件起始于1999年的腾讯QQ。在1999年2月，深圳市腾讯计算机系统有限公司开发了类似ICQ软件的OICQ，并在此基础上开发了腾讯QQ应用；腾讯QQ在通讯软件的基础上开发了QQ空间。2005年，随着中国社交媒体的多元化发展，微软的MSN进入中国市场，人人网、开心网、新浪微博纷纷上市。2010年以后，随着智能手机普及和移动互联网行业的快速发展，微信在这个时候诞生。各种社交软件开始从电脑（PC）端向移动端发展。2017年至今，移动社交发展随着4G网络的普及，微信、微博、抖音成为移动社交的主流，但如腾讯QQ、小红书、知乎、百度贴吧在其垂直领域仍然拥有巨大的影响。2019年4月，微信的总有效使用时间为231亿小时，QQ为55.4亿小时，新浪微博为25.59亿小时。许多应用，如抖音、拼多多和小红书仅提供移动（APP）版本，而不再开发电脑（PC）版本。

社交媒体呈现了如下发展趋势。

1. 社交媒体用户增长逐渐接近饱和

移动社交用户的人数和渗透率逐年增加，在2016年为6.7亿人，2020年则增长到了8.2亿人（图2.1）。根据北京贵士信息科技有限公司的数据，截至2024年6月，中国移动互联网用户单设备单日使用时长已经超过了6小时，换言之，我国消费者每天有四分之一的时间花在了智能手机上，如果按照成年人7小时的睡眠时间，以及平均8小时工作时间来看，社交媒体营销毫无疑问将成为商家的首选营销平台。2019年底，大部分企业投资于社交媒体营销的比例已经超过了传统营销。2020年，精品企业在线上营销投入的比例快速超过了线下营销。

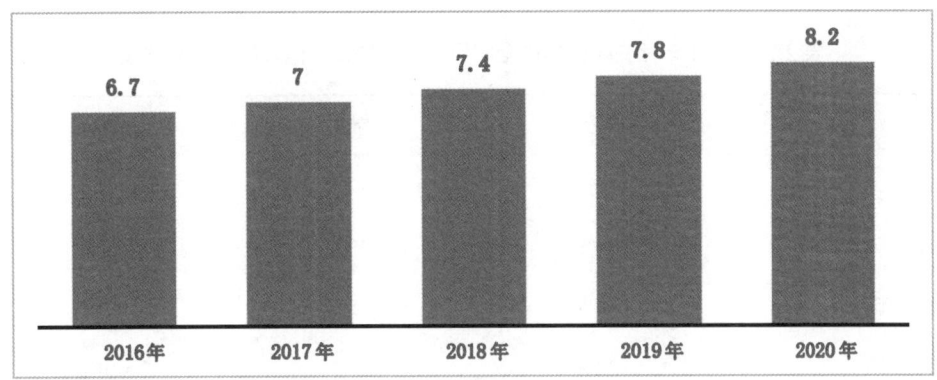

数据来源：艾媒北极星互联网产品分析系统

图 2.1　2016—2020 年中国移动社交用户规模（单位：亿人）

根据《2018 凯度中国社交影响报告》显示，31% 的社交媒体使用者在 15～24 岁之间，30% 的使用者在 25～34 岁之间，23% 的使用者在 35～44 岁之间，12% 的使用者在 45～54 岁之间，仅有 4% 的使用者在 55 岁以上。一线、二线和三线城市中不同用户年龄段的社交媒体使用者比例也略有不同，具体如表 2.5 所示。可以看到，千禧一代占据了社交媒体 60% 的比例。

表 2.5　2018 年社交媒体用户年龄比例分布段

	15～24 岁	25～34 岁	35～44 岁	45～54 岁	55 岁以上
整体	31%	30%	23%	12%	4%
一线城市	28%	36%	23%	11%	2%
二线城市	32%	29%	23%	12%	4%
三线城市	30%	27%	22%	13%	7%

数据：《2018 凯度中国社交影响报告》

此外，《2018 凯度中国社交影响报告》数据还显示，80% 的社交媒体用户是全职员工，12% 是学生，仅有 7% 为退休人员或自由职业者。一线、二线和三线城市中不同用户年龄段的社交媒体使用者比例略有不同，具体如表 2.6 所示。一线城市的全职用户比例较三线城市高，而三线城市的学生用户比例较一线城市高。

表 2.6　2018 年社交媒体用户全职员工、学生和其他人员比例分布段

	全职员工	学生	其他
整体	80%	12%	7%
一线城市	84%	10%	6%
二线城市	80%	13%	7%
三线城市	74%	16%	10%

数据：《2018 凯度中国社交影响报告》

在我国，低龄人士（小于 18 岁）的互联网普及率非常高。根据中国互联网络信息中心 2019 年 12 月公布的《不同学历段未成年人互联网普及率》的数据显示，小学生的全国互联网普及率为 89.4%，初中生和高中生为 97.6%，中等职业教育则达到了 99%。从以上数字可以看出，社交用户人群分布和渗透的率快速发展，但总人数已逐渐接近饱和。未来的社交媒体发展会从增量市场变向存量市场，即各大应用开发企业会从吸引新用户（类似苹果手机用户去争夺没有购买智能手机的用户），变成抢夺现成用户（类似苹果手机用户去争夺安卓手机用户）。

2. 社交媒体逐步拓展电商功能

在中国，社交媒体主要有社区类、即时通讯类、移动直播类、视频类、音频类、婚恋类、博客类、职场类、旅游类等不同类型，具体如表 2.7 所示。微信、微博和抖音组成的"两微一抖"被认为是精品行业最为重要的社交媒体工具。此外，小红书、知乎等也被认为是精品领域的重要社交媒体。如今，许多电商也纷纷开始增加社交功能，比如拼多多增加了"拼小圈"功能，帮助用户分享购买信息和购买心得。

精品企业 2016 年开始在中国社交媒体上大范围开展营销活动。除了传统的"两微一抖"之外，博柏利在知乎平台上也开展了营销活动，路易威登则在小红书开设账号，开始电商直播。2020 年，受到新型冠状病毒肺炎疫情影响，精品企业才开始全面拥抱社交媒体。

表 2.7 中国社交媒体类型列表

	分类	应用名称
1	社区类	知乎、豆瓣、百度贴吧
2	即时通讯类	腾讯 QQ，微信
3	移动直播类	斗鱼、虎牙直播、熊猫直播、花椒直播、映客直播、趣播
4	短视频类	抖音、快手
5	中视频类	哔哩哔哩、西瓜视频
6	长视频类	优酷土豆、爱奇艺、腾讯视频
7	婚恋类	珍爱网、世纪佳缘、百合
8	博客类	新浪微博、新浪博客
9	职场类	领英、脉脉、Boss 直聘
10	旅游类	穷游、马蜂窝
11	音频类	喜马拉雅 FM、荔枝 FM
12	内容电商类	小红书、蘑菇街
13	泛电商类	天猫、京东、淘宝、拼多多

表 2.8 所示是中国典型新媒体平台的特征。我们可以看到新浪微博、微信、抖音、快手等是中国典型的新媒体平台，其平台属性、营销方式等各有不同。这些应用逐步拓展了电商功能，用户可以从社交界面的购物推送链接中，直接进入第三方购物平台（主要是淘宝、天猫、京东和拼多多等）完成购物。

表 2.8 中国典型新媒体平台特征

平台名称	平台类别	平台特点	内容传播特征	主要营销形式
新浪微博	微博	内容扩散性强、媒体属性强、泛娱乐群众多	用户对于平台内容的参与互动率高，较容易形成二次传播，实现话题打造	话题讨论
微信	即时通讯	熟人关系链社交属性强，以接受日常社交信息与通过公众号深度了解信息为主	对于平台中的文章和长图，用户容易通过转发、朋友圈分享等形式向熟人间传播	文章、图

(续表)

平台名称	平台类别	平台特点	内容传播特征	主要营销形式
抖音	短视频	泛娱乐内容属性强，信息表达层次丰富，传播力强，用户以日常休闲为主要需求	平台拍摄感呈现出泛娱乐的特征，容易在用户间形成传播和记忆点	短视频推荐与测评
快手	短视频	内容以生活化与泛娱乐化为主，日常休闲需求用户多	平台KOL容易引导用户喜好与行为	短视频推荐与测评
哔哩哔哩	聚合视频（中视频）	视频弹幕沟通氛围强，泛娱乐年轻用户多	视频涵盖内容信息丰富，借助UP主分析效应，向用户深层传递内容	视频推荐与测评
小红书	内容电商	商品内容分享属性强	平台在具有花式种草内容分享的基础上，布局消费属性，使种草到拔草间的转化更为高效	商品消费引导
淘宝	综合电商	消费属性突出，用户具有较强的购物需求	消费布局配合不断强化的内容布局，为消费者提高购物决策的效率	商品种草、拔草与消费引导

3. 短视频的使用比例逐渐增长

如今，短视频行业呈现了长足的进步和发展，有逐步蚕食微博、微信和长视频份额的趋势。在本书中，短视频主要是指时长在10分钟以下的视频。目前，无论从活跃度、使用时间等指标来看，短视频将成为未来社交的主流（表2.9）。

表2.9　2020年3月典型新型流量平台运营效率分析

	抖音短视频	快手	哔哩哔哩	小红书
月活跃用户（万人）	51 813	44 343	12 158	7 714
同比增长率	14.7%	35.4%	32%	15.3%
活跃率	57.2%	48.3%	26.4%	33.1%
月人均使用时间（分钟）	1709	1205	978	373
同比增长率	72.5%	64.7%	41.5%	50.8%
活跃用户7日留存率	86.8%	83%	72.8%	53.4%
卸载率	7.2%	9.8%	9.1%	14.6%
流量中心化程度	高	一般	较高	较高
粉丝与内容链接程度	较高	较高	较高	较高

数据来源：活跃度＝（每日活跃用户/每月活跃用户）×100%

有趣的是，虽然腾讯 QQ 和微信仍然占据了中国社交软件用户的头把交椅，但是从国际化程度来看，字节跳动的海外版抖音（Tiktok）却成功在全球市场流行起来。从目前来看，头部社交平台（如微信、微博和抖音）虽然占据市场的重要份额，短期不存在被撼动的风险，但也存在被竞争对手追上的风险。5G 商用的落地，使得文字、图像、语音向视频转变的趋势愈加明显，"社交＋视频"势必将对现有的社交媒体行业产生巨大的影响。

（四）社交媒体致瘾问题

国外人士曾经表示脸书（Facebook）、色拉布（Snapchat）和推特（Twitter）等社交媒体利用行为可卡因（Behavior Alcocaine）让用户对其应用上瘾。[1] 其实，学界很早就开始关注社交媒体致瘾问题。有研究发现，社交媒体令人上瘾的程度堪比尼古丁。2018 年有研究显示，德国有约 10 万青少年使用社交媒体成瘾。2017 年刊登在《致瘾性行为》（Addictive Behaviors）期刊的论文《社交媒体的致瘾性关系，自我陶醉和咨询：来自一个国家样本》（The relationship between addictive use of social media, narcissism, and self-esteem: Findings from a large national survey）研究认为，女性较男性更容易对社交媒体上瘾（主要是因为男性更可能在智能手机中从事非社交性的行为，如沉迷电子游戏等），而年轻人较年纪大的人更容易上瘾，单身、受教育水平较低、学生（对比"非学生"）、低收入群体都相对更容易对社交媒体上瘾。[2] 此外，该论文作者还认为，自恋的人在社交媒体上更为活跃，可能是因为虚拟世界更容易塑造他们心中的理想形象；而低自尊的人则更容易对社交媒体上瘾，因为他们可以通过在社交媒体中集"赞"来获取他人的赞扬和夸奖，逃离"自卑"。[3]

对于社交媒体公司而言，每日活跃用户数量是其公司价值的重要标准。为了让用户能够上瘾，社交媒体采取了多种手段，来维持其每日活跃用户数量。

① 猎奇心理。消息推送是社交媒体的一大重要工具之一。利用智能手机的"消

---

[1] http://www.sohu.com/a/240481296_257199.

[2] Andreassen, C. S., Pallesen, S., & Griffiths, M. D. （2017）. The relationship between addictive use of social media, narcissism, and self-esteem: Findings from a large national survey. Addictive Behaviors, 64, 287–293. doi:10.1016/j.addbeh.2016.03.006

[3] Kuss, D.J.; Griffiths, M.D. Online Social Networking and Addiction—A Review of the Psychological Literature. Int. J. Environ. Res. Public Health 2011, 8, 3528-3552.

息推送"功能，社交媒体应用可以在第一时间告知用户最新动态，如好友动态、活动信息等。或者是最新折扣等，比如微博经常在用户通知栏内推送相关的信息，吸引消费者点击，用户每次打开应用的时候，都会有意外的惊喜。

② 算法支持。在"两微一抖"平台中都有点赞功能，这俨然成为全世界最喜欢的标示之一。在点赞的那一刻，心形的形状由白到红，强烈的跳跃感刺激着人们的感官。点赞的数量也成为了好友暗自比拼的舞台，激励着人们发布更加优良的内容，吸引他人注意。背后的算法软件也帮助最好的内容推送到用户手中。业内设计者阿萨·拉斯金（Aza Raskin）曾坦言在大家手机屏幕的背后，上千名工程师正试图使软件最大限度让你上瘾。比如抖音就是通过算法的支持，使得大量国内外年轻用户沉迷其中。

③ 现金红利。如果消费者使用社交媒体进行内容创作、转发，甚至阅读等操作，平台就会给用户发放现金红利，以鼓励客户增加使用频次。这种方式的实质是用补贴用户的方式增加每月活跃用户量，以此增加企业的估值。而支付宝、微信支付的流行与现金红利密不可分。今日头条也曾采用此方式来吸引用户，如它通过给看新闻的用户送红包的方式来鼓励用户登录。再比如瑞幸咖啡新邀一位客户，可以获得一张免费的咖啡券。有些社交媒体通过鼓励邀请新用户的方式，获得积分或者VIP客户的权限，比如知乎等。

99%的用户肯定了社交媒体给生活带来的积极影响，主要体现在熟人社交和增长知识见闻两个方面。《凯度中国社交影响报告》显示，73%的用户认为社交媒体使得自己随时掌握了家人和朋友的的动态；69%用户认为社交媒体能够让自己更快速度的了解社会热点；66%的用户认为社交媒体增加了知识面；61%的用户认为社交媒体拓展了了自己的社交圈；61%的用户认为社交媒体可以更好地帮助自己购物；57%的用户认为社交媒体缓解自己现实生活中的压力；44%的用户认为社交媒体能够更好地展现自己。当社交媒体的致瘾性给用户带来积极影响的同时；93%的用户也认为社交媒体给自己带来了消极影响。49%的用户认为社交媒体让自己的视力变得越来越差；47%的用户认为社会媒体减少了自己的睡眠时间；49%的用户认为社交媒体减少了自己的阅读时间；47%的用户认为社交媒体减少了自己阅读纸质书籍的时间；45%的用户认为社交媒体占据了自己太多的闲暇时间；44%的用户认为自己的隐私受到了侵犯；33%的用户认为社交媒体让自己的注意力不够集中；29%的用户表示自己不得不在社交媒体上做一些意想不到的事情；18%的用户认为在社交媒体上别人晒幸福影响了自己的心态。

综上所述，社交媒体的出现，很好地把握了用户的心理，让用户沉浸在虚拟的时间中。对于商家而言，他们不仅为社交媒体提供内容，也能够借助社交群体接触到终端客户。在话题互动排行榜中可以发现泛娱乐、美容时尚、体育健身、旅游出行、数码科技、生活情感、健美美食、亲子教育和金融理财的排名在前列。随着消费者使用社交媒体时间越长，其停留在某一领域的时间也多，也就产生了流量。北京贵士信息科技有限公司（Quest Mobile）在2020年公布的数据可以看出，中国全网用户人均单人使用时长从2018年3月的5小时上升到2020年3月的7.2小时；全网用户人均打开APP的个数从2018年3月的21.5个上升到2020年3月的25.4个（图2.2）。

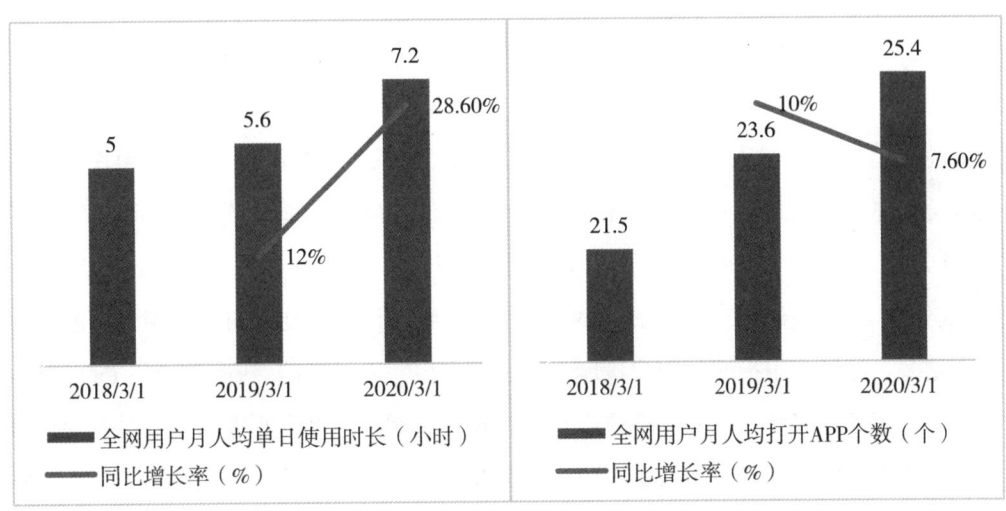

数据来源：《2020中国移动互联网春季大报告》

图2.2　2018—2020年全网月人均单日使用时长及打开APP个数

从2019年3月到2020年3月社交媒体软件的使用时长来看，短视频、即时通讯和效率办公的使用时间最长，具体如图2.3所示。因此，精品企业可以考虑在短视频上增大投入，比如在抖音、微视频开设官方账号，与消费者进行互动，吸引大家点赞、留言和转发，以此形成话题效应和社交裂变。

根据光明日报2019年8月的报道可以看出，目前全球34.8亿人使用社交媒体，

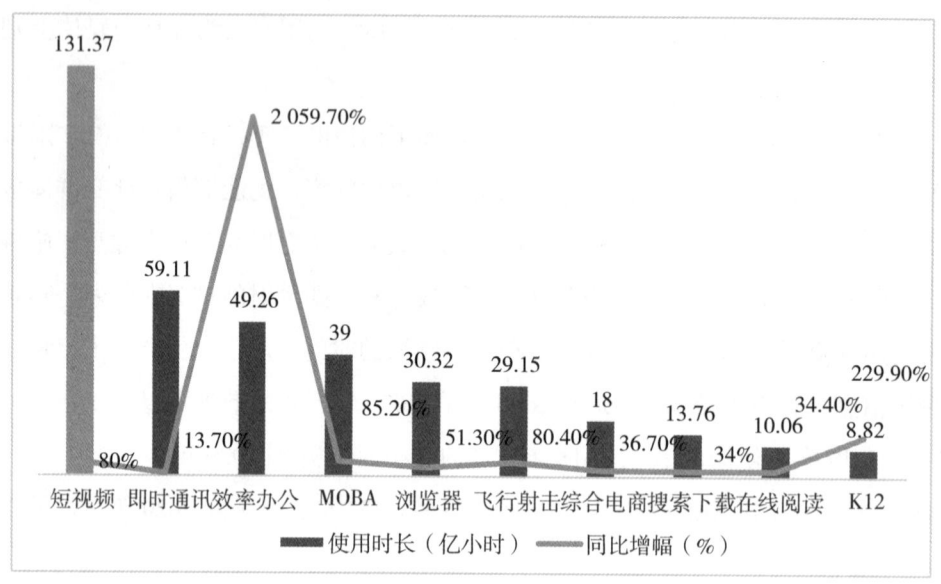

数据来源:《2020中国移动互联网春季大报告》

图2.3 2019年3月—2020年3月使用总时长及同比增幅

约占总人口的45%，人们平均每天花2小时23分在社交媒体上；40%的用户表示通过社交媒体了解最新信息；每日平均使用时间最长的前五个国家分别是菲律宾（4小时10分钟）、巴西（3小时45分钟）、哥伦比亚（3小时36分钟）、尼日利亚（3小时36分钟）、阿根廷（3小时27分钟）。[①]据了解，用户花在手机的超级应用的占比越来越多。超级应用指的是用户量庞大的手机应用，比如微信、腾讯视频、QQ音乐、抖音和微博等。因此，精品企业应当加强在超级应用上的曝光程度，尤其是微信公众号、微信小程序、抖音、微博、支付宝，以及小红书等社交软件等。许多年轻人在路上行走的时候也不忘"刷手机"，这自然就会忽视街头的广告。同时，精品企业可通过制作精美的图片、富有乐趣和挑战的游戏等来吸引消费者。在案例中，我们介绍了路易威登的社交媒体战略。社交媒体的出现，使得商家在线上媒体营销的预算逐步超过了线下媒体营销的预算。结合传统平面纸媒、产品发布会、名人代言等模式，线上营销展现出了多样的组合营销手段，旨在给消费者增加展示的机会。

---

① 光明日报.你知道你每天在社交媒体上花了多少时间吗？[EB/OL].https://www.sohu.com/a/336921007_115423, 2019-08-28.

二、精品社交媒体营销的发展演变

近年来，社交媒体营销的发展经历了从 AIDMA 模型向 AISAS 模型以及 SICAS 模型的转变，具体如表 2.10 所示。从这三个模型的演变来看，SICAS 模型更加符合当今社交媒体营销的理念。由于近年来营销广告、短视频的泛滥，能够引起消费者注意的阈值不断提高。过去通过文字和图片就可以引起消费者的互动，现在可能需要利用短视频和 H5 小游戏将其代入场景才能引起消费者的互动。

表 2.10 AIDMA、AISAS 到 SICAS 模型的要素和吸引用户的过程

	模型名称	要素	吸引用户的过程
1	AIDMA 模型	A：引起注意（Attention） I：引起兴趣（Interest） D：唤起欲望（Desire） M：留下记忆（Memory） A：购买行动（Action）	通过社交媒体营销引起用户的注意，择机进行转换（主要注重线下）
2	AISAS 模型	A：引起注意（Attention） I：引起兴趣（Interest） S：搜索信息（Search） A：产生行动（Action） S：体验分享（Share）	通过社交媒体营销引起用户的注意，进行社交裂变，吸引用户的转发关注
3	SICAS 模型	S：互相感知（Sense） I：引发兴趣和互动（Interest & Interactive） C：建立连接和沟通（Connect & Communicate） A：产生行动（Action） S：体验分享（Share）	通过精心制作的内容刺激消费者的兴趣与互动，打动消费者的"痛点"，并建立连接和沟通，鼓励用户进行社交裂变，吸引用户的转发关注

下面以 SICAS 模型为例做具体分析。

互相感知（Sense，S）指的是社交媒体软件通过分析消费者浏览过的信息、广告和公众号，甚至通过基于位置服务（LBS）的方式了解消费者的行为，从而推送消费者可能满意的商品及服务。比如微信发现消费者经常浏览高级时装方面的公众号文章，那么在朋友圈就会出现精品广告。

引发兴趣和互动（Interest & Interactive，I）指的是商家借助社交媒体软件的资源与潜在消费进行互动。犬印本铺是著名的日本母婴品牌，其在中国的发展离不开小红书平台的帮助。小红书上关于犬印本铺的笔记有上千条，大部分都是宝妈们在

使用它们产品后的真实反馈。小红书用户 Maggie Mak 分享了犬印本铺的孕妇内衣合集，详细介绍了每一款的用途，获得了近 600 关注者的点赞。通过 Maggie Mak 的笔记分享，吸引了和她一样的妈妈用户，由此，产生第一种导向。

建立连接和沟通（Connect & Communicate，C）指的是通过官方网站、第三方 APP、自有 APP 等于消费者建立联系，并且通过大数据实时追踪消费者。消费者可以通过以上渠道实时了解物流、商品打折、新品等信息。

产生行动（Action，A）指的是企业和社交媒体合作，"督促"消费者进行消费，缩短决策时间。比如京东就和微博合作，如果消费者在京东搜索了某样商品，在微博上京东就会推送消费者浏览过的商品，"督促"消费者完成交易。

体验分享（Share，S）指的是当消费者完成消费之后，会通过社交媒体渠道，以图文和视频的方式发布给其他消费者，激发他们的购买愿望，使得消费者成为关键意见客户（KOC），实现"裂变"。比如网红点排队打卡，就是商家通过不断给消费者感官刺激，触发消费者线上传播。

三、社交媒体对于品牌传播的影响

社交媒体对于营销的影响是颠覆型的。社交媒体应用（APP）占据用户越来越多的时间，造成非计划购物场景；消费者通过朋友圈的转发或者分享，影响更多的消费者；关键意见领袖在品牌的传播中扮演了重要的地位，通过直播、短视频等方式，成为品牌与消费之间的桥梁。通过客户的口碑营销及社交媒体转发，从而实现口碑营销。

（一）社交媒体容易造成非计划购物场景

2019 年 8 月，尼尔森发布的《尼尔森消费者与零售趋势分享》中的数据表明[①]，有 82% 的消费者在社交电商购物中有非计划消费，而在非计划性购物场景以周围好友推荐（61.35%）、朋友圈推送（53.17%）、关键意见领袖种草（29.98%）为主。此外，非计划购物频次与消费者的收入呈现正比例关系：在月均收入 1 万以下的消费者中，

---

① 尼尔森电子商务研究与咨询团队.尼尔森消费者与零售趋势分享 [EB/OL].http://www.ec100.cn/detail--6528136.html, 2019-08.

76% 有非计划购物习惯；月均收入 1~2 万的消费者中，82% 有非计划购物习惯；月均收入 2~3 万的消费者中，86% 有非计划购物习惯；月均 3 万以上的消费者中，89% 有非计划购物习惯。因此，如何通过社交媒体激发消费者冲动购买非常重要。比如朋友圈里一个好友的背包，公众号一篇推文等，都容易对消费者造成影响。作者在伦敦、巴黎、米兰、东京等实地调研消费者时发现，许多消费者通常在旅游前就已经通过朋友圈或者关键意见领袖的推文，了解了某款精品的特点，这个过程我们通常称为"内容种草"。内容种草与购买转化强相关，基于用户关系链的社交模式和内容推荐模式正在加速用户的消费决策路径和行为变迁（图 2.4）。过去，购物需求主要是通过主动搜索产生，如今购物需求则是通过之前信任的基础被动产生；在一次消费后，只能依靠用户的复购来增加购物量，如今的电商则可以通过社交转发进行用户裂变，获得更多的销售额。

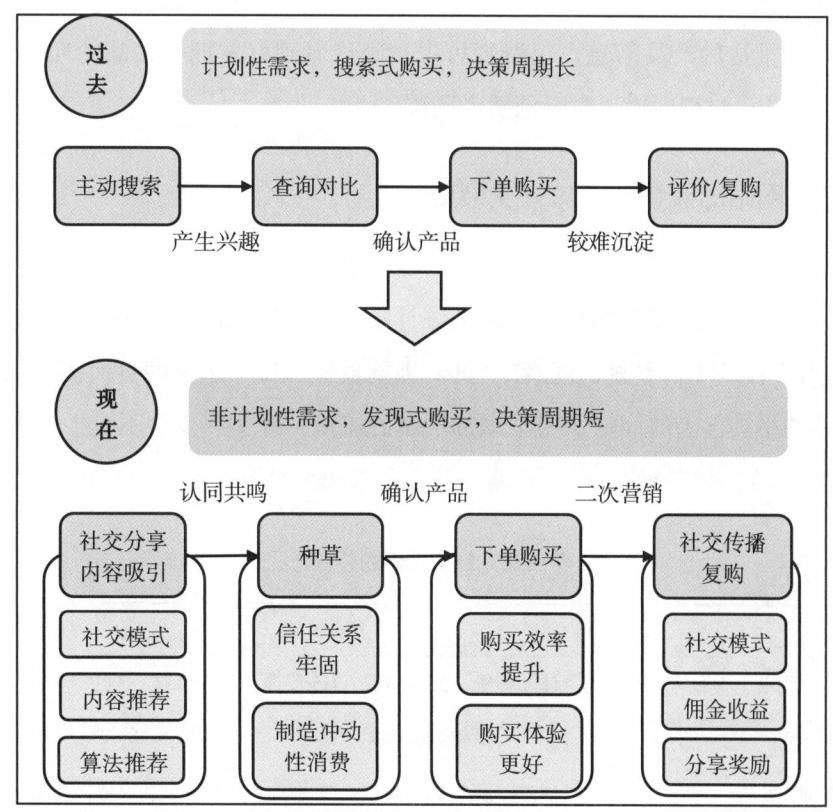

数据来源：《2020 中国移动互联网春季大报告》

图 2.4　种草推荐和传统模式的异同

（二）消费者成为了最好的品牌营销工具

《2019年消费者对品牌信任报告》发现包括超过三分之一的消费者（34%）相信他们购买的或使用的大多数品牌。当被调查者考虑购买时，81%的人认为品牌信任是交易的决定因素，其他原因包括只追求质量（85%）、便利性（84%）、价值（84%）和成分（82%）。近四分之三（74%）的受访者表示，他们找到了避免广告的方法。大多数18~34岁（63%）的消费者更信任有影响力的人，而不是品牌的广告。87%的受访者在通过6个不同渠道看到品牌信息后对其有强烈的信任，相比之下，只有13%的受访者在一次浏览后即对其产生强烈的信任。在非品牌客户之间建立信任的最有效渠道始于企业自行传播的行业内对话（74%）。这进一步表明，千禧一代更容易接受身边的人或者关键意见领袖影响。传统的营销模式，利用大面积的平面媒体广告就能获得海量客户的时代已经一去不返。在社交媒体状态下，通过朋友圈、好友推送的产品信息，消费者可以清晰地看到好友拥有精品的照片或视频，这无形中形成了口碑营销，刺激消费者购买。

（三）网站的流量效应与社交裂变

通常说网站流量是指网站的访问量，是用来描述访问一个网站的用户数量以及用户所浏览的页面数量等指标。常用的统计指标包括网站的独立用户数量（一般指IP）、总用户数量（含重复访问者）、页面浏览数量、每个用户的页面浏览数量、用户在网站的平均停留时间等。为了增加网站的流量，社交裂变必不可少。表2.11描述了社交媒体的裂变目的、中心思路、核心要素和裂变形式。

表2.11 社交媒体的裂变方式

		具体内容
1	裂变目的	品牌宣传、销售体验召集、文章传播、H5传播、游戏传播、APP下载安装
2	中心思路	分享使用经验、品牌价值给其朋友和消费者，促使裂变行为的发生
3	核心要素	种子用户、福利设计、裂变玩法设计、分享渠道、分享引导设计、落地页路径
4	裂变形式	公众号文章福利裂变、线上订单消费后裂变、线下实物产品类裂变、二维码海报裂变、现金红包裂变

（四）关键意见领袖

时尚关键意见领袖是触及精品消费者的重要触点。这些时尚关键意见领袖可以是名人、网红等，对其粉丝有着强大的说服力。许多精品行业不会仅仅邀请一个代言人或者明星，而是采取"流行明星＋本土流行"的关键意见领袖的方式进行组合营销。品牌还需要进一步分析哪些明星或者哪些关键意见领袖可以真正发挥与品牌匹配的影响力，也完全可以尝试孵化自己的关键意见领袖来增加曝光度。但也要考虑到自己培养关键意见领袖的风险较大等问题，一旦这些关键意见领袖成名，很容易脱离精品品牌而出来"单干"，带走品牌自身的客户。

（五）品牌公众号、短视频、小程序成为调动消费者的有力阵地

品牌公众号（或品牌小程序）成为吸引和调动消费者参与度的有力阵地。官方账号发布的每篇文章平均阅读量可达到 2 万，部分内容优秀的精品品牌公众号，文章点击量甚至可以超过 10 万，成为快速有效的沟通平台。但是，我们也看到抖音等软件正在快速地侵占市场。此外，现在许多内容社交平台，如知乎、小红书等，也对精品消费者有着广泛影响。品牌公众号主要是通过用户在社交媒体平台订阅，从而每天获得品牌推送的推文；短视频则出现在抖音等平台（即使用户没有订阅），直接进入商城进行购买。这些视频都是有主题的小故事，通过优质内容吸引消费者。

（六）"00 后"消费者品牌意识增强

从图 2.5 我们看到，仅 36% 的"80 后"表示"会从最中意的少数几个品牌中购买"，但是 47% 的"90 后"和 49% 的"00 后"会选择从中意的少数几个品牌中购买。这就说明，精品品牌必须要尽早介入消费者的视线中，哪怕这些消费者目前还不是精品消费者。精品品牌如果不能先入为主，成为年轻消费者心目中的品牌名单之一，未来则有可能被消费者从他们心目中的名单榜单中剔除。

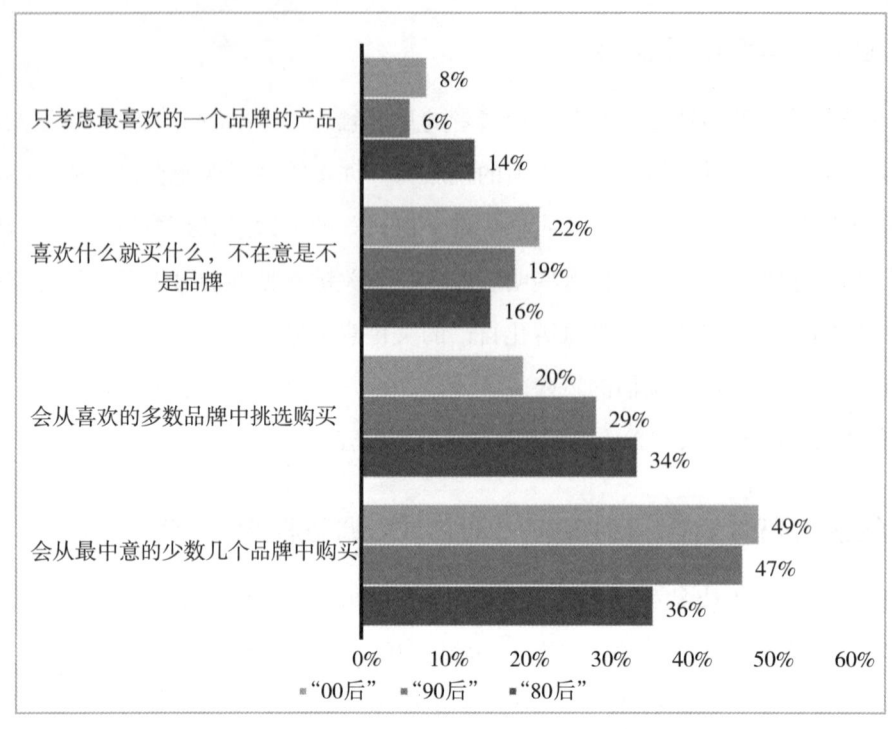

图 2.5 "80 后"、"90 后"和"00 后"对品牌的偏好

（七）社交化购物兴起

由于缺乏电商接入口和电子支付的功能，社交媒体过去仅仅有营销的功能，无法做到"品销合一"。但随着移动互联网、智能手机及应用的不断发展，社交媒体开始全面电商化，并且尝试构建自己的线上商城，引导消费者在自己的商城完成消费。电子商务平台通过直播等手段，也在不断社交化和内容化。因此，未来社交电商将变得非常重要。精品行业虽然是在 2010 年开始"勉为其难"地拥抱了社交媒体和电子商务，但是在未来，精品行业的线上业务将快速发展，成为重要的宣传方式和销售渠道。关于精品社交电商的环节，作者在第四章会有较为详尽的阐释。

四、社交媒体营销对于精品行业的影响

精品起初是对社交营销或互联网营销采取了审慎的态度。这主要是因为精品企业担心社交媒体的过度曝光会影响其独特性（Exclusivity）。精品企业非常担心，过

度的曝光会影响其品牌形象，因为高收入消费者希望这些品牌能保持高贵和神秘感，使得自己能在社交场合显得更加高贵和独特。但是，目前精品企业开始积极拥抱社交媒体，纷纷在各大社交媒体上开设官方账号，其理由如下。

（一）社交媒体对于精品营销活动的颠覆性影响

精品企业发现社交媒体对于营销产生了颠覆性影响。微信公众号、微博和4G的推广，加速了纸质媒体的消亡，报纸几乎被年轻一代遗忘了，取而代之是各种智能手机和智能应用的使用。精品企业为了接近这批消费者，必定要重视社交媒体，否则就会落后于时代，最后被边缘化。在过去，一个繁华区域的广告，可能只会有几千人留意，留意时间不到2秒。但是现在，微信公众号的一篇推文，会引起大量的朋友圈转发，浏览次数可能就会达到10万+。除了"两微一抖"之外，精品企业开始在小红书等社交平台开设账号进行营销。此外，消费者与品牌互动的热情也越来越高，传统的单向影响式营销模式逐渐被现在双向的品牌互动所取代。巴克莱银行指出，品牌必须保持在社交媒体上与消费者进行互动的频率，并举了博柏利作为例子。在照片墙（Instagram）上，博柏利2017年9月的时装大秀反响平平，发布照片的速度要比照片点赞数的增速快不少，这显示了他们每次发布新内容时，与消费者的互动程度偏低。[①] 但是，古驰和路易威登已经获得了意想不到的成功，它们的公司销量、利润和市场份额也在不断攀升。

（二）时尚产业带来的挑战，导致精品与潮牌的营销风格越来越接近

随着许多时尚企业越来越关注品质和设计，并且伴随着规模效应带来的单位商品成本下降，时尚品和精品在品质方面的差距越来越小。比如优衣库的Heat tech系列和AirSim系列虽然属于廉价商品，但也受到了许多名人的青睐。而丹麦的潘多拉Pandora珠宝系列通过代购等渠道，给许多传统的珠宝企业带来了冲击。据麦肯锡发布，在2019年以"80后"和"90后"为代表的年轻一代分别占到精品买家总量的43%和28%，分别贡献了中国精品总消费的56%和23%。这些年轻人在社交软件上高度活跃，使得精品企业需要通过社交媒体去接触他们。千禧一代从小就开始接触电脑和互联网，而不像许多"60后"、"70后"是在成年时期被迫接受了互联网。这

---

①

些千禧一代的消费者在成熟后，就自然而然的接受了互联网营销和购买。一些学者将这些千禧一代的人称为互联网的原住民。精品企业也愈加注重这批消费者，希望这些消费者能够持续购买其系列产品。路威酩轩和普拉达都推出了自己的球鞋产品，来促进年轻消费者购买。

（三）品牌关键意见领袖越来越发挥作用

各大精品企业也开始利用一些最具影响力的线上资源来为自己宣传。法国巴黎银行的分析师卢卡·索尔卡（Luca Solca）表示，很多品牌已经开始将关键意见领袖整合进自己的营销策略之中。贝恩斯坦咨询公司（Bernstein）则表示，根据他们的研究，在现在品牌的广告预算中，用于数字营销的比例最高可以达到50%，远高于前几年的10%。名人智库（Celebrity Intelligence）的精品新面貌（The New Face of Luxury）报告则提到，目前品牌在意见领袖和明星营销上每投入1.34美元，平均可以产生23.08美元的回报。2017年，意见领袖营销的比例已经超越了传统明星营销，成为了2017年最受品牌欢迎的代言人群体。

（四）为了满足精品上市企业的业绩要求，精品企业须注重社交媒体渠道

我们所熟知的三大奢侈品集团——路威酩轩集团、开云集团和厉峰集团都是上市企业，分别在法国巴黎（路威酩轩和开云）和瑞士苏黎世证券交易所上市（厉峰）。上市企业的股东每年对企业的收入、利润、分红的增长都有要求，这使得精品企业必须采用一些如潮牌和时尚企业的策略，即不断推出新款和制造营销场景来刺激消费者购买。通过社交媒体来进行营销，已经被公认为是最有效、也是最快速的扩大营销收入的手段。在社交媒体营销逐渐流行之后，精品企业不得不追逐时代步伐，推出自己的社交媒体营销战略。除了通过营销吸引大量客户之外，许多精品集团还必须通过收购等方式来扩大自己的营业收入和利润。

图2.6和表2.12展示了路威酩轩集团、开云集团和厉峰集团的股价表现和经营表现。作为上市企业，股东对企业的市值、收入、净利润等都有较高的要求，希望这些关键指标都有所增长，并且希望与其他精品企业拉开距离。对于这些精品企业而言，自然而然希望旗下的当红品牌能够扩大收入和利润，并希望旗下的二线品牌能够茁壮成长，成为集团未来的现金流来源。

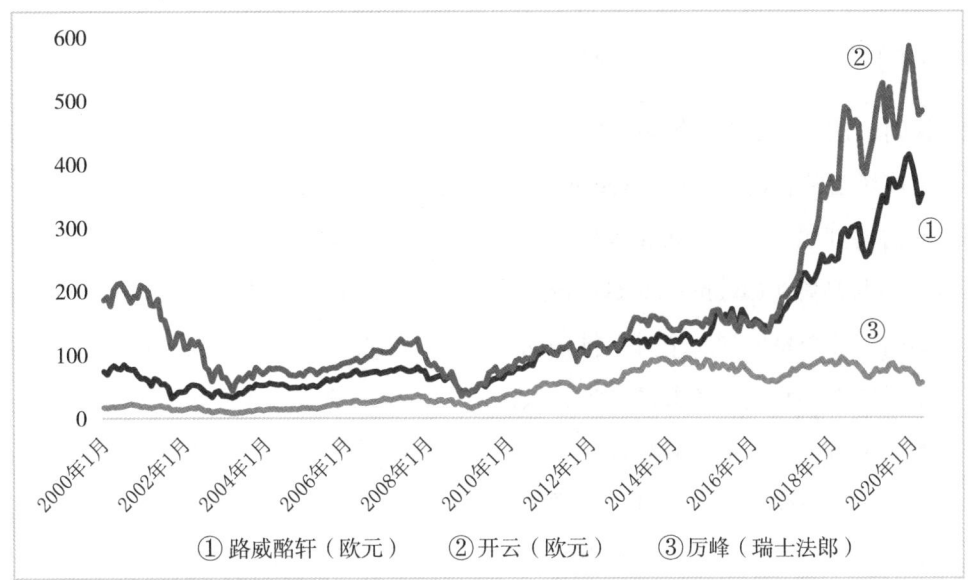

数据来源：英为财经

图 2.6　路威酩轩集团、开云集团和厉峰集团的股价表现

表 2.12　路威酩轩集团、开云集团和厉峰集团的经营表现

	路威酩轩集团	开云集团	厉峰集团
市值 （2020 年 5 月 13 日）	1715 亿欧元	534.2 亿欧元	300.7 亿瑞士法郎
收入（2019 年）	536.7 亿欧元	82.45 亿欧元	71.81 亿瑞士法郎
净利润（2019 年）	71.71 亿欧元	17.28 亿欧元	5.31 亿瑞士法郎
净资产收益率 （2019 年）	12.17%	14.68%	
负债 / 净资产 （2019 年）	68.97%	91.62%	
股息收益率（2019 年）	1.96%	1.84%	
来自经营活动的现金 （2019 年）	116.48 亿欧元	26.08 亿欧元	20.26 亿瑞士法郎
每位员工营业额 （2019 年）	36.3 万欧元	41.72 万欧元	43.14 万瑞士法郎
每位员工利润 （2019 年）	5.27 万欧元	5.69 万欧元	8.59 万瑞士法郎

数据来源：英为财经

（五）通过快闪店和展览接触客户

快闪店这三个字出现的频率也越来越高。全球第一家快闪店于 2003 年在纽约成立，由市场营销公司威肯特（Vacant）的创始人罗斯·米勒（Russ Miller）创建，销售限量的马汀博士（Dr. Martens）鞋履。2004 年，日本设计师川久保玲开设的"如男孩一样"品牌（Comme des Garcons）快闪店让该模式迅速走红。商家在比较短的时间内（几个星期到几个月）推销品牌产品，抓住一些季节性的消费者。如今随着社交媒体软件和电子商务的发展，快闪店开始越来越多地在互联网出现。比如在每年的七夕节，许多精品品牌都发布了自己的情人节款产品，并在其线上精品店出售，销售时间往往只有半个月。这样做的好处是既不损害品牌的独特性，又可以在网络上制造话题效应。此外，开设快闪展览也是精品企业常用的手段之一，如香奈儿 2019 年 4 月 20 日至 6 月 2 日在上海西岸艺术中心举办的展览活动，便吸引了很多消费者驻足。

（六）线上调研线下购买为最主要路径

线上调研线下购买（Research online Purchase offline，简称 ROPO）成为最主要的精品购买路径。年轻精品消费者会先在网上搜集信息，然后再去实体店购买。由于中国和国外精品的差价原因，大部分消费者会选择去国外购买精品，尤其是价值超过 1 万元以上的精品。其原因在于：（1）随着收入水平和人民币汇率的上升，中国人的购买力在不断增强，可以远赴欧洲购买精品。（2）中国消费者在欧洲旅游购物可以享受退税措施，从 12% 到 15% 不等，而且购买金额越高，退税比率也越高。（3）中国消费者相信在国外不可能买到假货。所以，许多消费者在赴欧洲旅游之前，会通过亲朋好友、社交媒体等渠道获取精品信息（俗称"种草"），截取图片，待到他们赴国外购买时，在欧洲精品店展示图片或型号即可迅速完成购买（俗称"拔草"）。

（七）数字化营销是触及并转化三、四线城市消费者的关键

数字化营销是触及并转化三、四线线消费者的关键所在。根据德勤（Deloitte）联合中国电商精品平台寺库发布的中国奢侈品增量市场的研究报告显示，三线及以

下城市消费者从网上购买精品的比例达到16%，远超一线城市（8%）和二线城市（9%）。同时，利用大城市的辐射效应是和此类消费群体取得联系的有效途径。51%的低线城市消费者会在网上研究之后，选择去附近的大城市购买心仪的精品。随着中国城市化进展和人均可支配收入的提高，大量的四线城市和农村地区人群也有可能成为精品的购买者，他们尤其是轻奢和潮牌的忠实客户。

（八）H5场景被频繁应用

H5场景制作，又被称为微场景制作，指的是运用HTML5技术而搭建出来的H5页面场景。目前，H5场景制作是比较火爆的互联网宣传广告形式，多应用于个人或企业产品等进行营销和宣传，通过将广告或展示信息制作成H5场景，可以给用户更加直观、清晰的互动体验。路易威登曾经就推出过H5小游戏——找箱子。

如今微传单在微信、微博和各大网站上得到了广泛应用，微传单有着很强的互动性、话题性，可以很好地促进用户进行分享传播。微传单的应用场景相当广泛，以下就简要分析微传单可以用在哪些方面。

① 商业促销。有些商家通过微传单来派发产品试用装和会员卡等，通过微传单内附的链接进入网店，这样可以用较低的成本获取更多的客户。

② 互动活动。一些企业进行抽奖、测试、招聘等，利用微传单可以快速传达。企业通过用户填写的一些信息，然后进行汇总，从而可以高效率地促进活动的进行。

③ 海报宣传。通过微传单制作出多页面的海报，可以在上面宣传企业文化、产品介绍、活动推广、客户案例和品牌推广等，而且可以将此类"海报"分享至各网站、朋友圈等，进行全网推广。

④ 活动邀请。活动邀请主要有企业展会、会议、培训、庆典等活动，人们可以通过微传单进行线上报名，达到快捷的宣传效果，此外微传单中包含的文字、图片、视频、地图反馈表、企业信息等，可以全方位地展示给活动的报名者。

⑤ 客户管理。客户管理主要通过线上搜集客户资料，进而收集线索、分类管理，实现精准营销。这涉及到微传单中用数据去支持营销决策。

⑥ 电商引流。电商引流主要是将消费者的订单引流到淘宝、京东等销售平台，充分利用社交网络的低成本流量。

⑦ 创意展示。创意展示主要是将有趣的微传单内容通过微信通道分享给身边朋友，提高了通道发送效率和分享的及时性。

⑧ 简历名片。求职者除了运用纸质版简历求职，还可以采用更为创意的微传单创建自己的个人简历，插入自己的基本信息、图片以及其他信息，可以让面试官全方位更生动地了解自己。而且生成的二维码图片也可以放置在电子版简历或者纸质版简历中，面试官用手机扫一扫便可看到一份精美的个人简历。

⑨ 节日贺卡。或许很少人再会用现实的贺卡给朋友们送去祝福，用微传单制作出的节日贺卡，其功能和外观都更胜一筹，贺卡中可以插入音乐、动态文字和图片等效果。

⑩ 心灵鸡汤。很多文章都可以用微传单制作出来，通过背景音乐的渲染，赋予了文字更加鲜活的触动，从而让用户从中得到共鸣。精品企业也可以尝试通过心灵鸡汤的方式，安抚自己的粉丝，从而建立良好的品牌沟通。

五、精品企业在社交媒体的营销运作方式

精品企业目前主要选择在新浪微博、微信公众号、小程序、抖音、小红书等社交媒体进行投放广告，合作形式有独立开设账号、和关键意见领袖、时尚类群体进行合作等，也通过打开应用时广告弹现等方式进行宣传。在选择应用的时候，不仅要看受众群体和活跃度，也需要对用户画像进行了解和分析。表2.13是截至2019年1月，中国七大社交应用的部分用户画像。在社交媒体营销上，目前呈现了四大派系竞争的局面，即：阿里系（新浪微博、阿里巴巴）、腾讯系（微信和腾讯QQ）、字节跳动系（抖音、今日头条）和其他系（快手、知乎和豆瓣）。一般而言，微信的活跃度最高，抖音和快手的用户更为年轻，知乎的用户收入较高。

表2.13　七大社交应用的部分用户画像（2019年1月）

	微信	QQ	微博	抖音	快手	知乎	豆瓣
性别							
男	49.85%	47.98%	49.88%	45.63%	43.59%	49.79%	55.64%
女	50.15%	52.02%	50.12%	54.37%	56.41%	50.21%	44.36%

(续表)

	微信	QQ	微博	抖音	快手	知乎	豆瓣
年龄							
24岁以下	33.36%	37.3%	47.18%	52.42%	53.41%	53.90%	54.36%
25～30岁	25.22%	23.26%	24.11%	26.62%	22.84%	24.23%	26.44%
31～35岁	13.36%	14.95%	6.69%	9.75%	9.33%	8.93%	9.05%
36～40岁	8.54%	7.87%	9.74%	4.43%	5.46%	4.55%	3.91%
41岁以上	19.32%	16.62%	12.28%	6.78%	8.96%	8.32%	6.24%
应用							
IOS	28.82%	26.68%	32.61%	40.31%	25.04%	41.85%	44.74%
安卓	71.18%	73.32%	67.39%	59.69%	74.96%	58.15%	55.26%
收入分布							
3 000元以下	30.49%	29.56%	32%	33.90%	34.39%	26.04%	26.19%
3 000～5 000元	30.66%	30.81%	27.89%	30.87%	38.81%	21.44%	22.42%
5 000～1 000元	25.43%	26.05%	25.59%	23.58%	20.26%	29.6%	29.19%
10 000～20 000元	9.00%	9.11%	9.89%	7.80%	4.47%	15.78%	15.19%
20 000元以上	4.41%	4.46%	4.63%	3.85%	2.08%	7.15%	7.02%

数据来源：腾讯财报、新浪财报、今日头条、知乎、豆瓣；注：艾媒咨询整理

（一）阿里系：新浪微博

微博是指一种基于用户关系信息分享、传播以及获取的的广播式社交媒体。它允许用户通过电脑和手机等多种移动终端接入，以文字、图片、视频等多媒体形式实现信息的即时分享和传播互动。新浪微博开设于2009年8月，用户可以通过文字、图片等形式发布自己的微博，随后迅速获得用户的信赖。2010年6月，微博推出了视频功能。2015年12月，微博推出了文章产品功能。2016年3月，微博推出了直播功能。2017年4月，微博推出了故事产品功能。2018年9月，微博推出了短视频（Vlog）功能。

根据新浪微博数据中心发布的《2018微博奢侈品行业白皮书》的数据表示，越年轻的消费者，越愿意为明星代言的奢侈品买单。公布明星代言的广告，可以助力品牌在平台的互动曝光大幅提升。微博有大量的方式驱使精品企业与消费者进行高

效沟通，如文字、图片、视频、文章、直播、故事和短视频（Vlog）等。微博成熟的商业体系，如集团媒体矩阵、营销赛事、多媒体频道（MCN）、营销服务、数据合作、内容电商等，它们为精品行业提供多种的营销平台和机遇（表2.14）。

表2.14 奢侈品在微博平台的合作方

	合作方式	合作媒体（举例）
1	明星和关键意见领袖合作	如WEIQ新媒体营销云平台、艺人社
2	综合电商合作	如淘宝和天猫
3	内容电商	如上海家帆实业有限公司
4	数据合作	如精硕科技、尼尔森、秒针系统
5	集团媒体矩阵	新浪
6	多媒体频道（MCN）	罐头视频、一条、贝壳视频等
7	营销赛事	金投赏、金鼠标
8	营销服务	WPP集团、哈瓦斯集团、电通安吉斯集团

资料来源：2018微博奢侈品行业白皮书

一般精品企业用户通过直接开设账号、关键意见领袖进行宣传和在打开应用的时候播放广告等三个方式对品牌进行营销。根据图2.7所示，粉丝关注的第一个月退粉比例最高，但是在关注一个月以后，脱粉比例就会明显下降，一般关注一年以上的粉丝基本是不会脱粉的。因此，精品企业应该增加发布微博的发布频率，尤其关注那些新增粉丝。

从图2.8可以看出，从微博博文的平均互动量来看：精品官方账号（简称蓝V）的话题和视频账号的平均互动量最高，图片和视频的组合其次。从微博视频内容来看：新品推荐的博文占到了6成以上，品牌时装秀占到了12%，品牌艺术展为10%，品牌故事为8%，时装周为3%。从微博转发量和点赞量来看：传递新品理念的转发最多。从微博价值观传递来看：精品企业传递给消费者的价值观中，有独立、自由、个性、优雅、阳光等。从微博用户讨论来看：送礼、旅途、运动健身、约会聚会、订婚结婚和商务通勤占据主要精品讨论的场景，尤其以运动健身和约会聚会的上升比例最高。

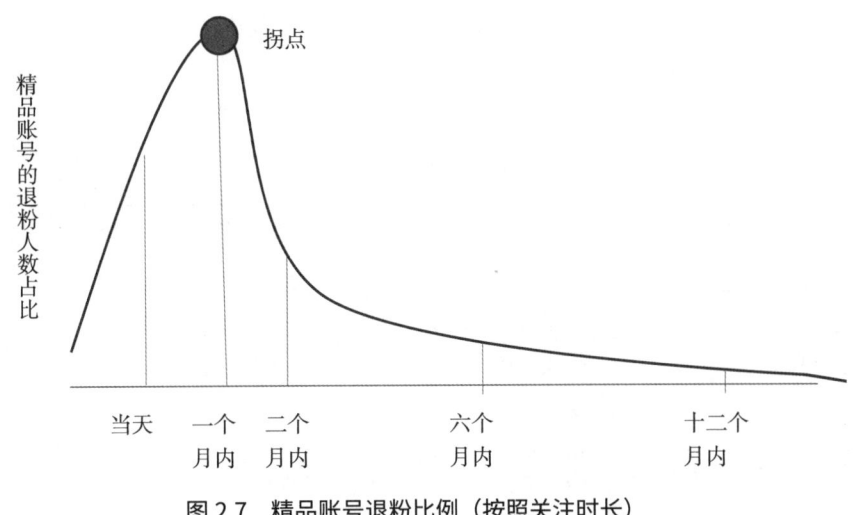

图 2.7　精品账号退粉比例（按照关注时长）

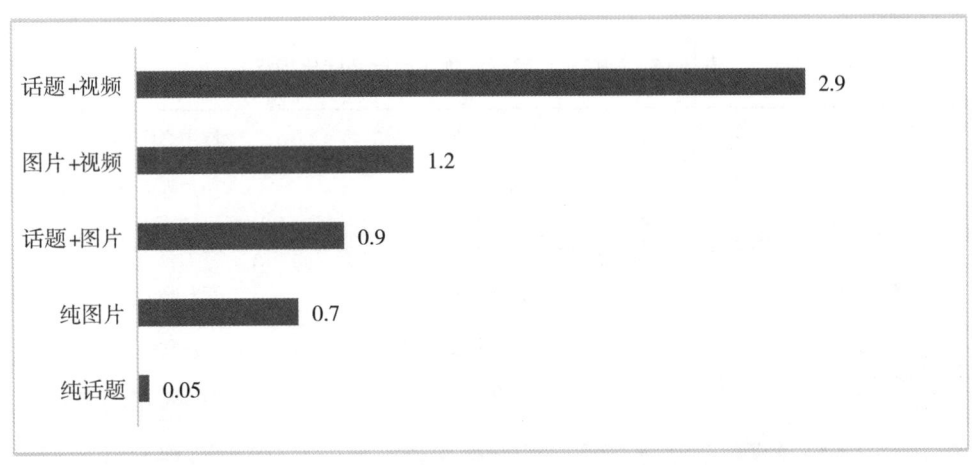

资料来源：2018 微博精品行业白皮书

图 2.8　博文平均互动比例图（仅显示相关比例）

（二）腾讯系：微信公众号、小程序、朋友圈、企鹅媒体平台和腾讯游戏

根据腾讯广告公布的《开启下个黄金十年——微信广告奢侈品行业解决方案》报告显示：2016—2019 年，精品行业在微信上的经费投放增幅年增长率在 90% 以上。微信基于腾讯强大的人群覆盖与多元产品组合，数据涵盖社交、支付、娱乐、搜索、基于位置的服务（Location Based Services，LBS）、购物等全类型，以及京东和唯品会等第三方平台合作数据，通过大数据精准目标消费人群。

微信的推广目标主要是推广公众号、推广产品、收集用户线索及推广小程序等，具体如表2.15、表2.16所示。

表2.15 微信广告数据能力

	标签	说明
1	基础标签	地域、手机、学历、性别年龄、兴趣标签
2	标签市场	明星粉丝、工作状态（职业类型/职业属性）、文化生活方式（生活方式/亚文化/作息规律）、消费状态（财产状态/消费水平/消费偏好）、热点人群（图书节/开学季）
3	行为兴趣与定向	精品相关资讯与兴趣人群、美容整形、旅游、健康运动、摄影/摄像、穿衣搭配、心理健康、美食和瑜伽
4	定制数据	客户提供的数据、三方平台数据能力、广告数据（品牌和行业）、微信独有人群挖掘、人群拓展（相似、关系链）

表2.16 微信推广目标、优化目标及转化指标

推广目标	优化目标	智能优化转化指标	适用点位
推广公众号	点击	可转化点击次数	朋友圈/公众号
	关注	公众号关注次数	朋友圈/公众号
	关注后注册	公众号注册人数	朋友圈/公众号
推广产品	点击	可转化点击次数	朋友圈
	下单	下单数	朋友圈/公众号
收集用户线索	点击	可转化点击次数	朋友圈
	线索	线索人数	朋友圈
	有效线索	有效线索人数	朋友圈
推广小程序	点击	可转化点击次数	朋友圈/公众号
	跳转按钮点击	原生推广页跳转按钮点击人数	朋友圈

1. 微信公众号

微信公众平台的功能主要是面向名人、政府、媒体、企业等机构推出的合作推广业务。中国领先的微信营销自动化平台JINGdigital和瑞士奢侈品研究咨询机构（Digital Luxury Group）联手发布了《2018年奢侈品行业微信数据报告》。该报告集

中在三个方面：内容、粉丝行为和获取以及参与。研究表明，在被调查的品牌中，一次推出多篇文章实际上会产生更高的总体平均打开率。单篇文章的总打开率为12.8%，而多篇文章的总打开率为18%，多篇文章的总打开率较单篇文章打开率几乎高出了50%，具体如图2.9所示。

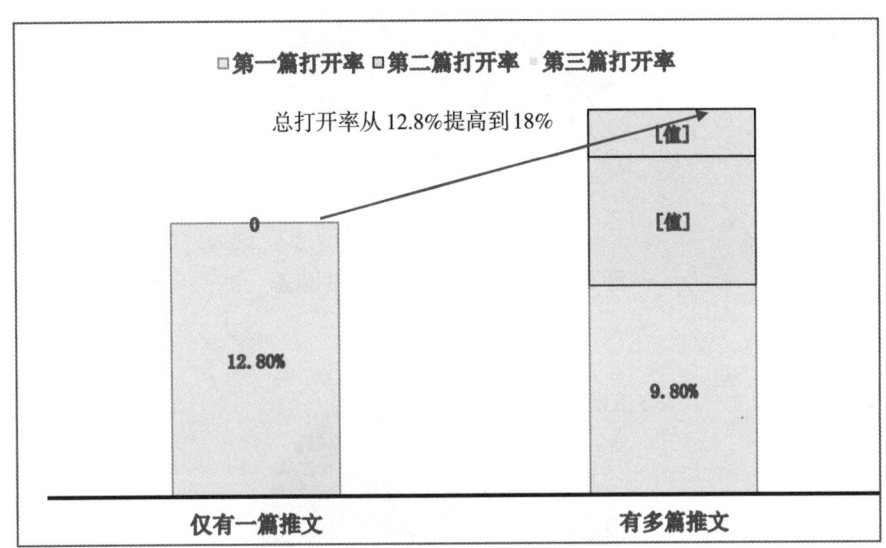

数据来源：《2018年奢侈品行业微信数据报告》

图2.9 微信推文打开率

精品企业希望通过社交媒体等渠道收获大量粉丝，甚至不惜投入巨资在社交媒体广告商上，希望获得更多粉丝。在微信运作方面，也不例外。传统意见认为，通过广告等方式获得的关注者比例很高，但微信精品指数显示，通过用户在应用程序中主动搜索，所获取的用户占到了33%以上，属于第一大粉丝获取来源。第二大获取来源是用户扫描二维码。官方微信二维码通常由品牌在线下部署，以驱动线上流量，这一部分用户占所有用户的23%。具体如图2.10所示。而从图2.11则可以看出点击菜单仍然是完成互动的首要方式。有63%的粉丝参与是通过点击菜单来完成互动的，19%的粉丝通过分布信息参与互动，12%通过帖子互动，二维码则为6%。因此，精品企业应该让界面显得更加简洁，方便用户参与互动，增强品牌与用户之间的情感交互。

同时，精品企业也和时尚博主合作，在深耕中国市场的过程中不断显示出贴近本土市场的环境。时尚博主宇博就曾经和路易威登合作，成为国内首位受邀接管精品品牌官方微信公众号的时尚博主，在路易威登品牌官方微信公众号上发布三条新

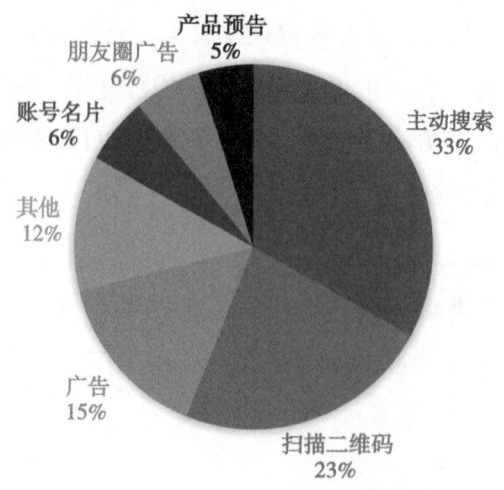

图 2.10 品牌微信公众号订阅来源

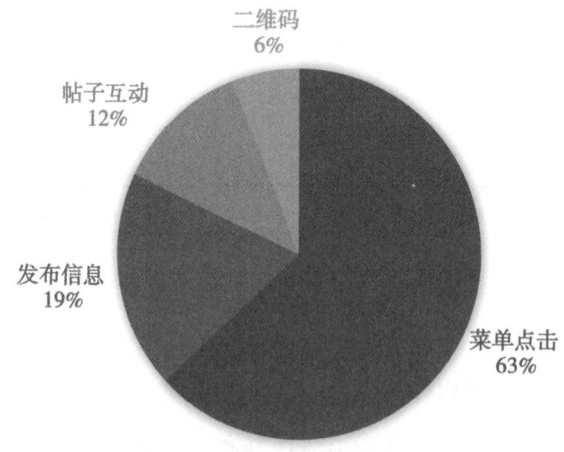

图 2.11 粉丝参与互动的方式

媒体推文,内容分别为"LV WOC 链条包包选秀大 PK""2019 LV 秋冬男装热门单品发布会""亲自为明星打造七夕约会造型",三篇文章的阅读量均超过十万。

2. 微信小程序

微信小程序是一种不需要下载安装即可使用的应用。用户通过扫一扫或搜一下即可打开应用。全面开放申请后,企业、政府、媒体、其他组织或个人的开发者,均可申请注册小程序。小程序、订阅号、服务号、企业号是并行的体系。小程序经过将近两年的发展,已经构造了新的小程序开发环境和开发者生态。小程序应用数量超过了一百万,覆盖 200 多个细分的行业。截至 2019 年 12 月 31 日,90% 的精品品牌都建立了品牌自营小程序,其中品牌功能为 21%,会员管理为 25%,品牌服务为 33%，营销互动为 21%。

在微信众多月活跃用户中，小程序的渗透率近 80%。这意味着用户对小程序的使用习惯已经形成，与 APP 相比，微信小程序获得了更多的女性用户和年轻用户。

2019 年，宝格丽推出 Divas' Dream 系列七夕限定款项链、七夕限定款翻盖肩包等限量单品。在微信小程序的带动下，在这一强大的流量带动后，售价高达 28000 元的宝格丽全新七夕限定系列单品在小程序精品店 3 天内即售罄。

3. 微信朋友圈

朋友圈是腾讯微信上的一个社交功能，用户可以通过朋友圈发表文字和图片，同时可通过其他软件将文章或者音乐分享到朋友圈。用户可以对好友新发的照片进行"评论"或"赞"，其他用户只能看相同好友的"评论"或"赞"。许多精品企业在朋友圈发布广告，无论用户是否关注，都可以观看，并且用户的评论或点赞可以被自己的好友看见。

（1）微信朋友圈广告形式

● 展示型广告形式

表 2.17 所示是微信朋友圈的展示型广告形式。此类朋友圈样式为品牌提供充分的产品展示及文字描述空间，适用于常规新品上市、电视广告（TVC）发布等应用场景。

表 2.17　展示型广告

类型		定义	举例
1	基础式卡片广告	清晰展示品牌信息	
2	常规多图广告	多图形式更原生，贴近用户使用场景	

(续表)

类型		定义	举例
3	选择式卡片广告	吸引用户选择点击，展示不同落地页	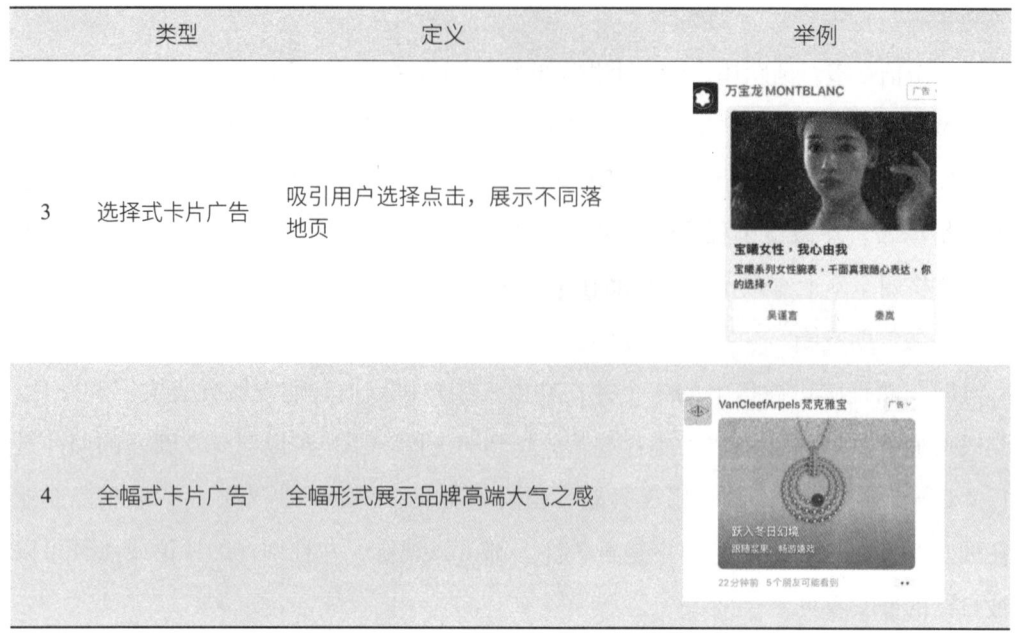
4	全幅式卡片广告	全幅形式展示品牌高端大气之感	

- 创意互动型广告形式

表 2.18 所示是微信朋友圈创意互动型广告形式。此类朋友圈样式为品牌提供创意的消费者沟通方式，适用于拥有创意素材、名人资源、用户互动需求的应用场景。

表 2.18　创意互动型广告

类型		定义	举例
1	行动式卡片广告	明显行动按钮呼吁（"立即购买"按键）用户点击，引导一键进入官网	
2	全景式卡片广告	利用 AR 技术实现 360 度全景沉浸式品牌体验	

(续表)

类型	定义	举例
3 视频轻互动卡片广告	吸引用户交互式手势互动,品牌借此传递产品理念	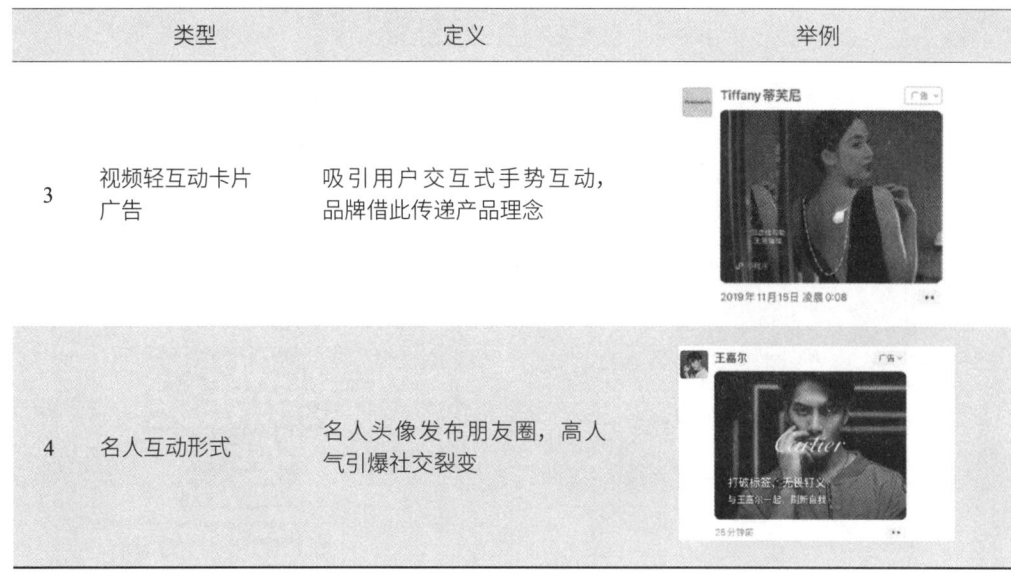
4 名人互动形式	名人头像发布朋友圈,高人气引爆社交裂变	

（2）微信朋友圈广告能力

广告呈现升级，提升朋友圈呈现的多种能力，可组合使用，满足不同场景需求，如公布代言人（名人朋友圈+首评）、线下展览（POI）、社交（@好友）等，具体如表2.,9所示。

表2.19 微信朋友圈广告

类型	定义	举例
1 朋友圈首条评论	明星回复首条朋友圈评论,吸引用户关注	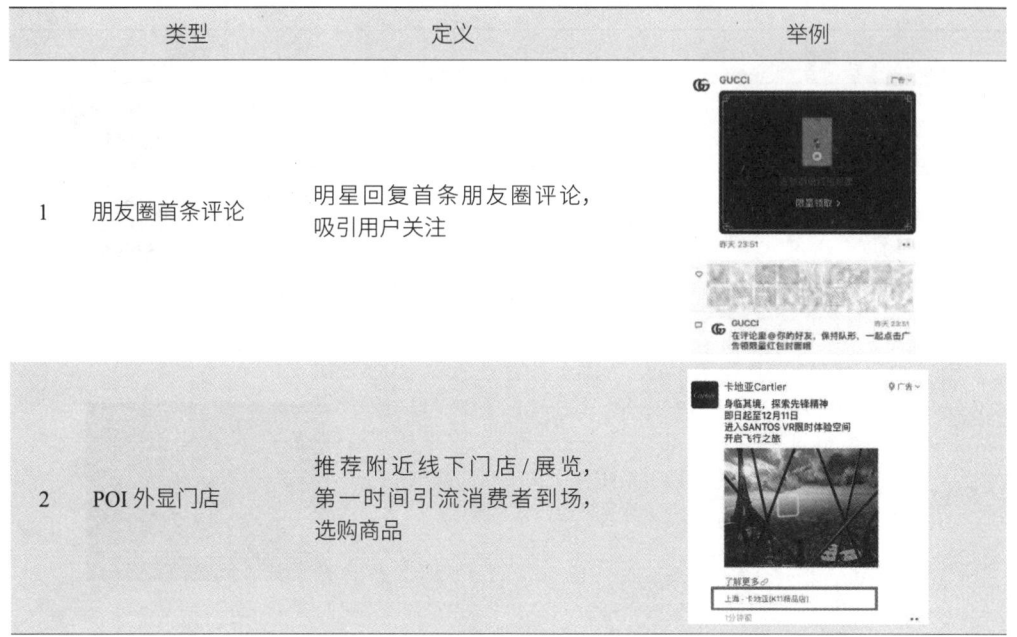
2 POI外显门店	推荐附近线下门店/展览,第一时间引流消费者到场,选购商品	

(续表)

类型	定义	举例
3 @好友	藉由好友社交让广告自然扩散	
4 悬浮按钮	全程伴随用户观看原生页，均可一键直达落地页	

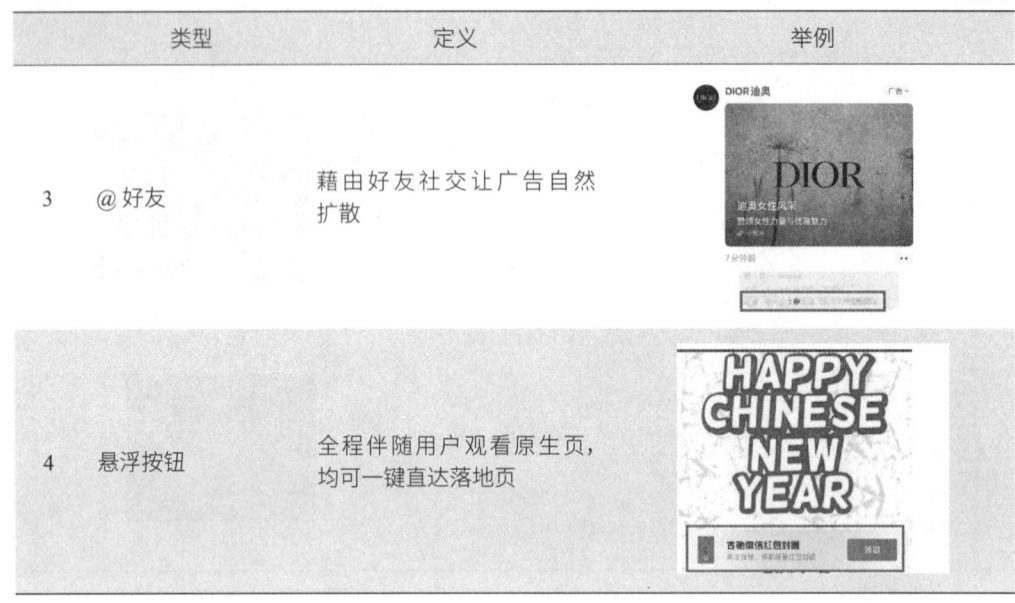

根据商家的要求，微信朋友圈的投放周期也有所不同，主要有投放策略限时推广模式（4~6小时）、常规模式择优投放（1~6天）和长效社交媒体（7~30天）不等。对于不同的消费者，其广告出现的时间可能不同，这主要是根据消费者的活跃时间，微信调整了广告的投放时间。具体如表2.20所示。

表2.20　微信朋友圈广告

类型	定义	举例
1 限时推广模式（4~6小时）	热点时段保量曝光，适合大事件、发布会等节点投放	
2 常规模式择优投放（1~6天）	通过系统智能调价帮助品牌广告主竞争高点击人群	

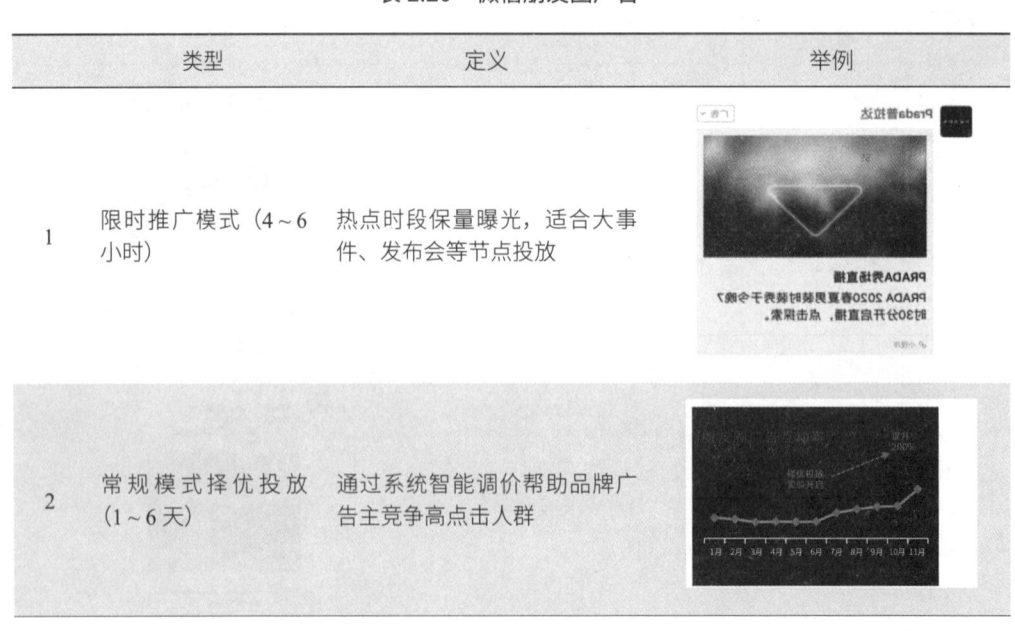

(续表)

类型	定义	举例
3	长效社交模式 (7~30天)	基于社交关系扩散，适用于中长期营销宣传	

在2019年的精品企业朋友圈广告类型分布中，卡片视频占到了43.33%，全幅广告为24.49%，卡片图文为15.34%，多图为5.73%，轻互动为4.97%，其他为6.14%。具体如图2.12所示。

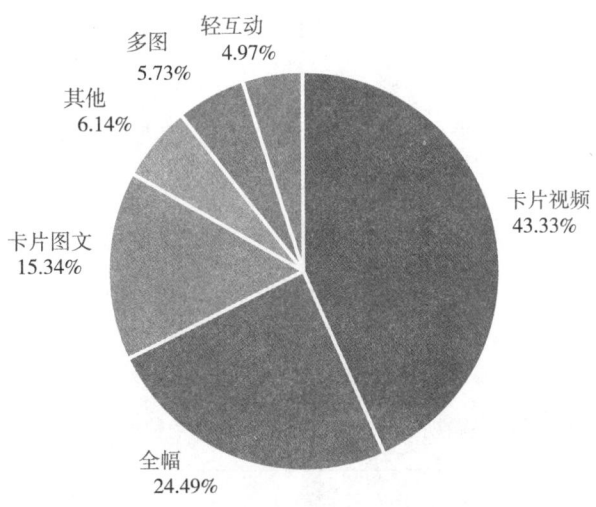

图2.12　2019年精品行业在微信朋友圈广告类型分布

4. 企鹅媒体平台

企鹅媒体平台在2016年3月1日正式推出。腾讯将为其提供四个方面的能力：开放全网流量、开放内容生产能力、开放用户连接和开放商业变现能力。媒体/自媒体在企鹅媒体平台发布的优质内容，通过手机QQ浏览器、天天快报、腾讯新闻客户端、微信新闻插件等形式和手机QQ新闻插件等形式进行一键分发，让内容能够更多、更准确地曝光；通过微社区等形式，帮助媒体/自媒体人实现与粉丝的互动，方便快速地沉淀其粉丝群，更快捷地建立起与粉丝的连接，实现粉丝资源积累。

5. 腾讯游戏

随着网络游戏在年轻人，甚至中年人中的普及，精品企业也开始涉足网络游戏和电子竞技。比如路易威登和英雄联盟合作，共同开发了玩家皮肤。2019年10月，《英雄联盟》官方在公开了新英雄赛娜的技能演示之后，还公开介绍了"一个虚拟嘻哈乐团"。该虚拟嘻哈乐团真实伤害乐团由KDA工作室的首席说唱歌手阿卡丽和艾克、赛娜、奇亚娜与亚索一起组成。官方同时还宣布，两位成员—奇亚娜和赛娜的至臻皮肤是由路易威登女装艺术总监尼古拉·盖斯期尔（Nicolas Ghesquière）设计。虽然《英雄联盟》游戏仅仅是和路易威登的设计师合作，而非和路易威登直接合作，但也看出精品企业希望借助电子竞技的巨大流量。

6. 视频号

微视频是指个体通过PC、手机、摄像头、DV、DC、MP4等多种视频终端摄录、上传互联网进而播放、共享的短则30秒，长则一般在20分钟左右的视频。它内容广泛，形态多样，是涵盖小电影、纪录短片、DV短片、视频剪辑、广告片段等的视频短片的统称。"短、快、精"、大众参与性、随时随地随意性是微视频的最大特点。2020年2月初，微信"视频号"的入口出现在了"发现"页面，且就在朋友圈入口的下方。微信官方规定，视频号的内容可以是不超过1分钟的视频，也可以是9张以内的图片。用户可以对视频进行转发、点赞、评论，也可以划入"不感兴趣"行列。

表2.21　精品品牌在微视中的内容发布数和最高点赞量（截至2020年4月9日）

	品牌名	发布频次	点赞量		品牌名	发布频次	点赞量
1	普拉达	34	124	6	德比尔斯	4	476
2	博柏利	8	206	7	迪奥	3	477
3	路易威登	7	1 586	8	芬迪	2	266
4	古驰	6	393	9	珑骧	2	116
5	宝格丽	5	76	10	盟可睐	1	121

数据来源：《华丽志》（截至2020年4月9日）

表 2.21 所示，是在浏览了 10 家奢侈品牌的微信视频号后，《华丽志》杂志整理了它们视频号的表现数据。同时，《华丽志》杂志还邀请了几位新生代用户浏览了这 10 家奢侈品牌视频号的内容，并对这些视频一个月内的点赞量、视频内容和导流形式等作出了详细的观察。

① 小视频的点赞量。目前大部分品牌点赞量最高的内容，都是品牌开通视频号后的第一条内容。其中最高的一条是路易威登的 2020 秋冬女装秀视频，点赞量 1586，评论数 144。发布频次：普拉达发布频次最高，发布了 34 条内容。发布频次较低的是盟可睐，仅发布了 1 条内容。

② 视频内容。大部分品牌发布的是新品广告大片、品牌形象大片、明星等相关内容，路易威登、芬迪、博柏利（Burberry）还发布了品牌 2020 秋冬时装秀视频，其中比较特别的是普拉达发布了三条 #SeaBeyond 海洋可持续发展教育计划 # 内容。

③ 导流形式。视频 / 图片 + 品牌公众号文章链接 + 话题标签，几乎成为品牌视频号的固定发布格式。除了通过链接向自家公众号导流，话题标签的设置或许未来可以邀请更多用户参与话题的互动与内容创作。

7. 微商城

微商城，又叫微信商城，是第三方开发者基于微信而研发的一款社会化电子商务系统，同时又是一款传统互联网、移动互联网、微信商城、易信商城、APP 商城、支付宝商城、微博商城等七网一体化的企业购物系统。消费者只要通过微信商城平台，就可以实现商品查询、选购、体验、互动、订购与支付的线上线下一体化服务模式。我们将在第四章详细讲述精品企业的微程序商城。

此外，许多精品企业纷纷展开了和腾讯的合作。比如博柏利与腾讯的合作正是想通过高效的线上线下连接、个性化的消费与互动以及更具差异化的内容和增值服务来提升用户体验，深化品牌忠诚度。博柏利表示，这家商店将当作实验室来测试和学习社交创新，从而吸引线上和线下的客户，未来可以将成功的社交经验推广到博柏利在国内各地的销售网点。继博柏利之后，古驰作为第二家与腾讯达成独家合作的奢侈品牌，也试图通过关键意见领袖带动年轻化群体。腾讯表示，在未来，古驰可能也会推出与博柏利类似的社交零售门店，或者其他数字零售新模式。

（三）字节跳动系：抖音、今日头条和西瓜视频

1. 抖音

抖音，是一款可以拍摄短视频的音乐创意短视频社交软件，由字节跳动孵化。该软件于 2016 年 9 月上线，是一个专注于年轻人的音乐短视频社区平台。用户可以通过这款软件选择歌曲，拍摄音乐短视频，形成自己的作品。2019 年 12 月，抖音入选 2019 中国品牌强国盛典榜样 100 品牌。精品可以在抖音号上设立公众账号，或者直接在页面打开页做广告进行引流。轻奢品牌麦高仕是第一个跟抖音深度合作的精品品牌，其挑战赛主题"城市 T 台，不服来抖"承载了品牌在全球数字化营销已取得极大成功的"The Walk"概念，传达"只要有自信，走在哪里都是伸展台"的时尚理念，鼓励用户上传自己富含时尚创意的抖音短视频，为年轻人诠释自己对于时尚的个人理解提供了展示平台，获得了很好的传播效果。迪奥、古驰等都在抖音上开设了账户。2020 年 2 月 26 日，2020 秋冬巴黎时装周在法国开幕，同时，圣罗兰在抖音平台进行独家直播，超越了时空的局限，打造了一场别开生面的潮流秀场。

随着微博和微信的"两微"时代流量开始枯竭，精品品牌无可避免地向抖音、B站、知乎和小红书进行迁移。

2. 今日头条

今日头条是北京字节跳动科技有限公司开发的一款基于数据挖掘的推荐引擎产品，为用户推荐信息、提供连接人与信息的服务的产品。由张一鸣于 2012 年 3 月创建。在今日头条上，精品的热度增长猛烈，2019 年搜索"奢侈品"的热度较 2018 年同比增加 267%。根据巨量引擎和头条指数发布的《今日头条—奢侈品行业洞察报告》显示：2019 年，关于"奢侈品"的文章数量同比上升 206%，阅读量上升 278%，给文章点击"喜欢"上按钮升了 278%，评论增加了 351%。此外，视频浏览的增长最为迅速，并与抖音应用形成良好的互动关系。

3. 西瓜视频

西瓜视频是今日头条旗下独立短视频 App。基于人工智能算法为用户做短视频内容推荐，它能让用户的每一次刷新，都会发现有新鲜、好看，并且符合自己口味的短视频内容。目前，西瓜视频和抖音进行了合作。抖音上发布时长一分钟的视频，都可以自动上传到西瓜视频中。

(四)百度系及其他系:知乎、快手、爱奇艺、哔哩哔哩和小红书

1. 知乎

知乎是网络问答社区,连接各行各业的用户。用户分享着彼此的知识、经验和见解,为中文互联网源源不断地提供多种多样的信息。准确地讲,知乎更像一个论坛:用户围绕着某一感兴趣的话题进行相关的讨论,同时可以关注兴趣一致的人。相对于其他社交媒体软件,知乎拥有最大的中高收入人群,月薪 5 000 元以上的占比达到 52.53%。2020 年起,博柏利和路易威登开始在知乎上投放广告,吸引高端消费者。

2. 快手

快手有大量的下沉流量(即三四线城市及以下用户),其未来的流量效应不可低估,存在大量的潜在客户。精品企业可以和一些关键意见领袖合作,导流到一二线城市的线上精品店,对消费者进行品牌消费教育。但是快手和抖音都有一个致命的问题,就是假货横行,使得消费者真假难辨。2020 年后,一些精品垂直电商开始与快手进行合作。比如 2020 年 4 月 5 日晚,快手联合某二手精品平台的跨"超级奢品日"时尚大秀在杭州圆满落幕。本场直播秀共吸引超过 251 万人观看。[①]

3. 爱奇艺

爱奇艺上有许多的综艺节目深受年轻人喜爱(表 2.22),比如 2019 年开始上映的《青春有你》等。精品企业会购买爱奇艺的视频开头广告,并且会通过赞助的方式进入消费者的视角。此外,许多精品企业会挑选一些参加偶像选拔类节目的练习生,邀请他们担任品牌挚友,在某些场合为其产品代言。比如在 2020 年,阿玛尼就赞助了《青春有你 2》节目,推广其女士口红产品。

表 2.22 网络平台综艺节目的类型与具体类型

	类型	举例
1	偶像选拔类	《青春有你》《超级女声》《星光大道》《快乐女声》
2	生活体验类	《爸爸去哪儿》《亲爱的客栈》《女人有话说》

[①] https://tech.sina.com.cn/roll/2020-04-08/doc-iircuyvh6632411.shtml.

(续表)

	类型	举例
3	户外竞技类	《奔跑吧》《极限挑战》《高能少年团》
4	婚姻速配类	《非诚勿扰》《新相亲时代》《中国新相亲》
5	室内游戏类	《快乐大本营》《王牌对王牌》《天天向上》
6	音乐比赛类	《跨界歌王》《无限歌谣季》
7	竞技比赛类	《这就是街舞》《这就是铁甲》《热血街舞团》

4. 哔哩哔哩

从 2015 年以来，哔哩哔哩（俗称 B 站）的活跃用户逐步上升。该平台伴随着大量的"90 后"、"00 后"成长，积累了一批忠实粉丝，其不仅传递着二次元文化，甚至还影响了这批 Z 时代人的价值观。2020 年 5 月，《后浪》的播出使得 B 站获得了社交媒体的广泛关注。2020 年 6 月，迪奥在 B 站开设了账号，投放了几款视频，但效果一般。

5. 小红书

小红书是一个生活方式平台和消费决策入口，创始人为毛文超和瞿芳。截至 2019 年 7 月，小红书用户数已超过 3 亿。截至到 2019 年 10 月，小红书月活跃用户数已经过亿，其中 70% 新增用户是"90 后"。在小红书社区，用户通过文字、图片、视频笔记的分享，记录了这个时代年轻人的正能量和美好生活，小红书通过机器学习对海量信息和人进行精准、高效匹配。小红书旗下设有电商业务，2017 年 12 月 24 日，小红书电商被《人民日报》评为代表中国消费科技产业的"中国品牌奖"。2019 年 6 月 11 日，小红书入选"2019 福布斯中国最具创新力企业榜"。2019 年 7 月 29 日，小红书在多家安卓应用商店遭到下架；8 月 3 日上午，继安卓应用商店后，小红书在苹果商城也无法搜索下载；10 月 14 日晚间，小红书在华为、OPPO、应用宝等应用商店重新上架；10 月 22 日苹果商城上也再次上架。恢复上架一个月后，小红书月活跃度突破 1 亿。2019 年 11 月 5 日，小红书再次亮相上海进口博览会，并将与全球化智库（Center for China and Globalization）共同举办《新消费——重塑全球消费市场的未来形态》论坛。如今，路易威登等精品企业纷纷在小红书上开设官方账号，意图吸引众多的女性粉丝。

> **精品小知识：精品微商为什么"炫富"**
>
> 小红书俨然成为了"炫富圣地"，曾经到处充斥了诸如工作一年喜提玛莎拉蒂（Maserati）轿车，或者是在别墅里晒自己美图，甚至前几年还流行与美国总统奥巴马（Obama）合影。其实，玛莎拉蒂轿车和别墅都是微商企业租过来，轮流给微商代理拍摄用的。对于微商公司而言，以这种方式可以吸引更多的代理，通过他们来影响身边的人，要比传统的广告费用更低。毕竟一个产品由身边的人发出讯息，要比企业自己发产品广告更有效果，而且能够吸引更多的代理加盟。

六、联名品牌在社交媒体的传播

精品一直保持着自己的独特性，除了和设计师、皇室贵族联盟传播之外，很少通过其他联盟的方式进行传播。但如今，随着市场竞争的加剧和精品企业的业绩压力，精品采用越来越多的跨界营销的方式，增加自己在社交媒体的曝光度，吸引消费者的目光。

（一）精品和电子竞技的组合

1. 路易威登的电子竞技 + 体育战略

2019年9月23日，路易威登和著名的美国游戏开发商拳头游戏（Riot Games，该公司2015年12月被腾讯100%控股收购）合作，联手为今年的《英雄联盟》全球总决赛冠军打造一款冠军旅行箱（Trophy Travel Case），以放置冠军队伍所获奖杯——"召唤师杯"。除此之外，路易威登还将推出冠军专属皮肤和全新胶囊系列，由路易威登女装设计师尼古拉·盖斯奇尔设计。此外，《英雄联盟》也考虑加入路易威登设计的游戏人物皮肤、装备及人物炫彩等。通过微信公众号、邮件等方式，英雄联盟的玩家们迅速了解了路易威登的品牌及其核心价值，使得路易威登获得一大批潜在客户。

2. 爱马仕发布 Hermès H-Pitchh 游戏

爱马仕作为一家以马具起家的公司，自然不会放过任何与马具有关的题材。2018年，爱马仕带来了 Hermès H-Pitchh 这个游戏，该游戏是流行于欧美的一个传统户外游戏。玩家将马蹄铁投掷到目标上获得分数，分高则赢下比赛。该游戏可以通过邀请好友一起参与，极大地增加了游戏的趣味性。爱马仕也通过这种方式传递了品牌价值，增加了自己品牌的吸引力。

3. 古驰

古驰官方应用程序（Gucci App）推出全新游戏版块——古驰复古游戏厅（Gucci Arcade）。该游戏的灵感源自20世纪七八十年代风靡一时的电子游戏厅，用户可在其中与古驰标志性的角色符号进行游戏互动。

（二）精品和体育赛事的组合

体育赛事有相当多的观众，这些观众中也存在精品的潜在购买者。同时，如网球、台球等体育运动的粉丝大都有着不错的收入水平，精品品牌可以通过赞助，或者提供联名奖杯的方式进行传播。体育赛事拼搏向上和超越自我极限的精神，也和许多精品所宣传的精神相符合。

1. 路易威登和美国职业篮球联盟

2020年1月，路易威登宣布了一项与美国职业篮球联盟（NBA）的合作计划。这项合作计划使得路易威登成为 NBA 首家官方奖杯旅行箱供应商。这也是路易威登第一次和北美体育联盟合作，推出合作产品。在近几年来，美国职业篮球联盟在中国的知名度与日俱增。

2. 劳力士和网球

劳力士（Rolex）支持知名网球赛事、顶尖球手和重要组织。网球运动历史悠久、同时又不惧变革，追求与时俱进精神，这些特质恰与劳力士尊崇传统、致力创新、追求卓越的理念不谋而合。秉持着对精益求精的共同追求，两者的合作可谓水到渠成。劳力士与网球运动的合作已经超过四十年。最早可追溯至1978年，从温布尔登网球锦标赛（The Championships, Wimbledon）开始，劳力士就全面介入了与网球赛事的合作。此外，通过与网球赛事的合作，劳力士与多位网球明星展开了深度合作，并邀请这些明星为其产品代言，使得其粉丝也成为产品代言人。

（三）精品和慈善的组合

积极参与慈善事业是许多精品企业塑造品牌形象的选择。每年举办的芭莎明星慈善夜就是旨在通过明星和精品企业的影响力，对公益项目进行定向捐赠。商家和名人也可以借此扩大曝光度，践行品牌的社会责任。除此之外，路威酩轩在新型冠状病毒疫情期间，向中国红十字会捐赠1 600万人民币；在巴黎圣母院火灾发生时承诺捐款2亿欧元；在巴西亚马逊森林火灾期间，捐款1 000万欧元。开云集团也表示捐款1亿欧元支持巴黎圣母院的重建工作。开云集团的皮诺家族曾在2009年佳士得拍卖中拍下圆明园流失文物12生肖兽首中的鼠首和兔首，并于2013年将它们归还中国。

（四）精品和时尚潮牌的组合

对于千禧一代的消费者而言，潮牌较精品品牌更有吸引力。他们可能不会在就读大学期间选择精品，但一定会考虑购买一两件潮牌产品。潮牌的诞生和街头文化分不开。潮牌卖的不是单品，而是一种文化。[①]Supreme、Stussy、Undefeated、Off White这些潮牌被视为最正统的继承者。这四个潮牌的设计理念都源自于美国的街头文化，融合嘻哈乐、街舞、滑板、篮球、DJ等元素，表达出来的是美国年轻人的反抗、独立和追求个性的时代精神。此外，日本也有不少潮牌，如川久保玲（Comme des Garcons）、猿人头（Bape）、惠美寿（Evisu）。和20世纪80、90年代的纯粹美国街头风格不同，如今的潮牌融入了运动元素、快时尚元素和街头风格元素，极大地拓展了潮牌的多元性。许多名人也开设了自己的潮牌品牌，匡威、李宁等中国运动品牌也在着力推出自己的潮牌，李宁悟道品牌就获得了消费者的青睐。

潮牌无论从销量，还是从口碑，都迅速走红。虽然精品提倡的是一种高端、独特和华贵的气质，与潮牌时尚、叛逆和街头的形象完全格格不入。但事实上，精品看重的是潮牌在千禧一代的良好形象，希望通过和潮牌合作的方式，逐步走进消费者的视野。精品企业希望通过与潮牌的合作款中，让消费者认可精品品牌，从而培育潜在消费者；而潮牌企业也依赖和精品企业的合作，提高自己的品牌形象和品牌

---

① https://baijiahao.baidu.com/s?id=1615279037751876800&wfr=spider&for=pc.

溢价，增强品牌黏性。

（五）精品和高科技企业的组合

许多精品企业开始和高科技企业合作，推出联名款产品，吸引消费者。苹果与爱马仕合作，开发了配有爱马仕表带的智能手表。中国精品企业可以尝试和华为、荣耀、小米等数码企业合作，共同开发具有中国特色的数码产品。

七、高科技在社交媒体营销的运用

随着科技的发展，增强现实技术（AR）、虚拟现实技术（VR）和混合现实技术（MR）被精品企业大量使用，俨然成为体验营销的新玩法。许多精品企业加大高科技在企业品牌建设和产品营销的力度，为消费者提供更优质的体验感受。

（一）增强现实技术

这项技术是利用电脑技术将虚拟的信息叠加到真实世界，通过手机、平板电脑等设备显示出来，被人们所感知，从而实现真实与虚拟的大融合，丰富现实世界。简而言之，就是将本身平面的内容"活起来"，赋予实物更多的信息，增强立体感，加强视觉效果和互动体验感。增强现实技术的常见应用，是利用手机摄像头，扫描现实世界的物体，通过图像识别技术在手机上显示相对应的图片、音视频、3D模型等。如一些软件的"AR红包"功能等。而更深层次的增强现实技术应用仍在探索中。

2019年古驰对其IOS客户端进行了更新，新版本最大的特点就是加入增强现实技术试鞋功能，目前已支持试穿古驰的Ace系列运动鞋。古驰在色拉布（Snapchat）平台推出了一款虚拟的热带海岛风格的增强现实技术滤镜。据悉，通过这个增强现实技术滤镜可将你带入一个虚拟的热带海岛沙滩，沙滩上陈列着船、古驰包包以及部分配件、礼盒等，还有一个"沙质雪人"，甚至还有鲸鱼一跃而起。2020年2月29日，博柏利在一份公告中宣布与谷歌（Google）达成合作。购物者在智能手机上使用谷歌搜索商品时，可以点击结果中的图像来查看覆盖在真实背景上的产品3D图像。

迪奥在增强现实技术应用上的步子更大。迪奥，芬迪和雨果博思等世界知名奢侈品牌在2017年推出迪奥智能眼镜。霞飞诺是迪奥和雨果博思等多个国际知名品牌的眼镜授权生产商，许多精品企业打算与之合作，开发增强现实技术产品。与 Snapchat 那款眼镜不同，这款增强现实技术眼镜主打的不是娱乐而是心理健康，所以不会配备摄像头。据悉，这款眼镜能够监测用户的脑电波，并将数据传送到手机或者平板电脑上，从而让用户可以评估自己的情绪并帮助放松。这要比 Snapchat 那款要高大上得多。时装秀场的后台通常是"闲人免进"，只有名流、模特等才能参与，也算是时尚界的一个"谜团"。这次，迪奥和法国电子商品实验室（DigitasLbi Labs）合作推出迪奥之眼（Dior Eyes），在迪奥公布的视频宣传中，佩戴上特制的虚拟现实设备，你就仿若置身迪奥秀场后台，可以看到模特、化妆师在后台如何准备走秀。路易威登也进入了智能可穿戴行业，推出了一款叫做坦布尔水平线（Tambour Horizon）的高科技腕表。这款智能腕表搭载安卓穿戴（Android Wear）2.0 操作系统，兼容安卓（Android）4.3 和 iOS 9 以及更高版本的智能手机，支持 30 米深的防水，电池平均寿命最长可达 22 小时，并采用触屏技术，分辨率为 390×390。从外观来看，这款腕表还配备精钢针式表扣和可替换表带。

（二）虚拟现实技术

虚拟现实技术，又称灵境技术，具有沉浸性、交互性和构想性特征。虚拟现实技术集合了计算机图形学、仿真技术、多媒体技术、人工智能技术、计算机网络技术、并行处理技术和多传感器技术等多种技术，模拟人的视觉、听觉、触觉等感觉器官的功能，使人恍若身临其境，沉浸在计算机生成的虚拟世界中，并能通过语言、手势等进行实时交流，增强进入感和沉浸感。通过虚拟现实技术，让人在感受真实世界逼真的同时，还能突破时空等条件限制，感受到进入虚拟世界的奇妙体验。虚拟现实技术的应用十分广泛，如宇航员利用虚拟现实技术仿真技术进行训练；建筑师将图纸制作成三维虚拟建筑物，方便体验与修改；房地产商让客户能身临其境地参观房屋；娱乐业制作的虚拟舞台场景等。

纪梵希推出的一款虚拟现实技术概念眼镜走起了复古风潮，造型上追求机车护目镜的外观，结合先进的虚拟现实技术和增强现实技术，佩戴者可实时切换，感受科技带来的震撼。2017 年迪奥时装屋已经购入了虚拟现实头盔，以让用户观看其米兰、巴黎的 T 台秀。借助该头盔，人们不需要长途飞行、不需要邀请函，就可以看到那些秀场头牌客们所看到的内容。迪奥甚至给自己使用的头盔起了一个名字，叫做迪奥之眼。巴黎世家（Balenciaga）和汤美费格（Tommy Hilfiger）等品牌也使用虚拟现实技术来迎合消费者。这些品牌认识到，虚拟现实技术能够提升其消费者的体验，尤其是对于新兴的互联网一代来说。

迪奥、巴黎世家、汤美费格等品牌都认为，进入精品品牌旗舰店的消费者，不仅仅是想购物而已，他们更想寻求娱乐、放松，并借助品牌凸显自己的生活方式。随着消费者们越来越依赖网络世界，新的技术手段是能够让他们与品牌产生共鸣的必要手段。2018年夏天，雨果博斯（Hugo Boss）在微信上进行了一个虚拟现实技术体验的宣传活动，作为其男装假日系列宣传的一部分。通过微信的页面，消费者可以进入一个虚拟的雨果博斯精品旗舰店。"年龄较大的女性特别喜欢试衣间里自带交互功能的镜子，所以如果你的品牌消费群体正好是这群女性，对这种镜子的投资就一定会有回报。"分析公司明特尔（Mintel）的时尚行业分析员唐马拉·桑德尔（Tamara Sender）给出了这个例子。

（三）混合现实技术

混合现实技术是虚拟现实技术的进一步发展。它是通过在虚拟环境中引入现实场景信息，将虚拟世界、现实世界和用户之间搭起一个交互反馈信息的桥梁，从而增强用户体验的真实感。混合现实技术的关键点就是与现实世界进行交互和信息的及时获取，也因此它的实现需要在一个能与现实世界各事物相互交互的环境中。如果环境都是虚拟的，那就是虚拟现实技术；如果展现出来的虚拟信息只是与虚拟事物的简单叠加，那则是增强现实技术。混合现实技术和增强现实技术的区别，简单而言：增强现实技术只管叠加虚拟环境却不需理会现实，但能通过一个摄像头让你看到裸眼看不到的现实。譬如，在增强现实技术环境中，你可以捕捉宠物小精灵，但皮卡丘不会和真实世界中的元素互动；在混合现实技术（MR）环境中，如果你在餐桌上发现皮卡丘，它可能正在偷吃你的汉堡；如果你在沙滩上发现皮卡丘，它可能半埋在沙堆里日光浴。混合现实技术（MR）技术的虚拟与现实的交互反馈能够使人们在相距很远的情况下进行交流，极具操作性。

（四）其他技术

精品企业还采取了照片合成的方式来服务客户。资生堂创新服务——欧普图平台可以为客户配制专属的护肤品，用户将自己皮肤的照片上传到欧普图平台后，应用程序会利用人工智能分析照片，并结合天气、湿度、环境等外部数据设计专门的个性化配方，互联设备随后可据此自动配制护肤品。该公司不要求消费者购买价格高昂的设备，而是仅收取护肤品补充液和平台的月度订购费用，从而最大限度地提高平台使用率。科幻技术也被精品企业所使用。2018年，普拉达专门拍了一部科幻系列短片《尼龙牧场》，目的是给自家尼龙材质打广告，吸引了许多观众的目光。《尼龙牧场》描述了一个半合成、半自然的世界，尼龙电子羊既有生物特征，又是机械和生物物种的混合。片中的取景地也并非虚设，而是真实取景于普拉达位于意大利瓦尔维纳的工业总部。凭借影片中展示的场景，普拉达也借这一道道复杂精密的生产工序、高科技器械和程序，展示自身产品的精致和质感，获得了不错的用户反响。

八、精品品牌社交媒体营销的负面案例

社交媒体营销是一把双刃剑，既可以为企业获得弥足珍贵的曝光度和名声，也可能对企业产生负面影响，维多利亚的秘密（victoria secret）等品牌都曾经受到影响。负面消息往往比正面消费更容易传播，对品牌的损伤程度也更大，甚至可能会引发用户对于品牌的厌恶，或者被勒令退出市场。

（一）客户歧视：维多利亚的秘密

维多利亚的秘密是一个精品内衣品牌，在2014年之前的维秘内衣秀被公认是非常成功的营销模式。模特魔鬼般的身材加上媚人的脸蛋，其话题效应占据了各大时尚版面的头条。在那个时候，评判一个模特是否是超模的标准也变得非常简单，就是有没有上过维秘大秀。但是，2014年，维秘发布了一篇广告，将自己推到了风头浪尖，在这个广告中十个不同肤色的性感名模被贴上了"完美身材（The perfect body）"的称号。这些名模大多身材高挑且纤瘦，但是引起了英国网友的一致抵制。英国的肥胖率排名世界第四，许多女性并没有如维秘超模一般的身材，大部分人的身材较为肥胖且臃肿。抗议者发动了 #iamperfect 的抵制活动，并在请愿书中写到"女性的生活中每天都充斥着这样的广告标语，这些标语设立了对女性身材的狭隘的

评判标准,让女性对自己的身材越来越不自信,从而促使女性花钱购买他们的产品,以让自己更快乐、更美丽。让女性为自己的身材感到羞愧是不负责任的、有害的行为,这些广告助长了饮食紊乱等健康问题的存在。"[1] 除了请愿书之外,抵制活动还号召网友上传各种照片,以表达他们认为胖的、瘦的、矮的、高的、残疾的、丑的等都是正常且完美的。模特为了保持身材,需要刻苦的训练、严格的饮食,以及在走秀前突击的减脂等,甚至许多女明星为了保持身材,不惜采用催吐的方式来减少热量的摄取。对于一般大众,这是根本无法做到的。这个案例也告诉我们,广告应避免伤害普通大众的心情,更不能忽视负面新闻在互联网的传播影响。这要求精品企业的广告商在宣传产品时,一定要重视舆论的感情,避免"踩雷"对自身品牌产生影响。

(二)环境保护:博柏利的存货问题

2016年,博柏利一年就烧掉了超过2 860万英镑(约合人民币2.5亿元)的衣物、饰品和香水。《赫芬顿邮报》(Herald post)称"这家总部位于伦敦的奢侈品牌宁愿将剩下的风衣和手袋烧成灰,也不愿打折出售。"有网友在博客称:"如果奢侈品牌的潜在客户看到一个下等人穿了件价格2 000英镑的雨衣,那么这件衣服就卖不出去了。2 000英镑的大衣实际生产成本很低,但顾客要为它的排他性付钱,奢侈品的价值在于品牌本身,而不是衣服本身。你之所以穿着它,是因为明白它显示出你有多有钱。如果流浪汉免费得到了衣服,那么还有谁会花这2 400英镑。所以,这就是可悲之处。"有环保协会表示,焚毁这些衣服会造成大量的大气污染。

(三)动物皮革:香奈儿弃用存货问题

2018年12月4日,香奈儿发布公告称,该公司今后将不再使用稀有动物的皮革。香奈儿停止生产鳄鱼和蜥蜴皮等皮革奢侈时尚品牌商品的举动,受到国际动物保护组织的欢迎。香奈儿在发布公告的同时,蟒蛇皮包等皮革类奢侈品已从香奈儿官方网站移除,该款二手皮包在线上拍卖网站标价超了过5 500欧元。蛇皮、鳄鱼

---

[1] http://www.sohu.com/a/461024_105728.

皮和魟鱼皮制成的手提包、外套和鞋子也要价不菲，据报道，香奈儿动物皮革的手提包售价高达9 000欧元。香奈儿表示，其决定不使用稀有动物皮革，并非是受到了外界的舆论压力，其完全是公司自主行为。国际动物保护组织对香奈儿不再使用稀有动物皮革的做法表示欢迎。美国善待动物组织（PETA）称赞香奈儿，为其他精品厂商起到了积极的带头作用。

九、精品社交媒体营销的建议

虽然社交媒体营销对各行各业带来的巨大的影响，但2016—2019年之间，社交媒体上用户的内容参与度整体下降了50%。尽管如此，92%的营销人员仍然认为社交媒体是他们重要的营销渠道，因为与传统的买卖相比，社交媒体更接近用户本身，并且能够覆盖更多的用户，实现社交裂变和信息的快速流通。社交媒体上的互动增强了客户与品牌的关系，使得客户与品牌可以随时随地，通过图片、语音、视频，甚至表情包的方式进行沟通，增强品牌忠诚度，提高了产品的感知价值，推进了品牌的口碑宣传，这是比传统单向的平面广告更有效的传播途径。社交媒体软件甚至可以通过用户创造内容（UGC，User Generated Content）的方式鼓励用户以分享产品体验的方式进行营销。但问题是，是什么原因导致了近几年社交媒体上的用户内容参与度下降呢？原因如下：（1）在西方国家，包括脸书的新闻推送减少了页面的覆盖范围，使得品牌的曝光度不够；在中国，由于微信、抖音等大量信息的存在，导致消费者的信息过载；（2）精品品牌推迟或不愿真正参与社交对话，以及企业误以为仅仅存在于社交媒体单向交流就够了。许多精品品牌以为，只要内容制作精良，用户就会主动转发，并十分喜爱。如今的客户对于泛滥的内容已经麻木了，以至于品牌需要找到新的方式主动接触潜在消费者，而不是被动地等待他们参与。关键在于参与——双向的、有意义的、高价值的对话，抓住本质——"社交媒体"的"社交"。因此，建议精品企业应当做到如下几点。

（一）积极回应评论和信息

社交媒体参与成功的关键在于与顾客和粉丝建立长期、有意义的互动关系。精品的许多用户和民众渴望的是有回应的对话互动，而不是品牌高贵而冷漠的态度。尽管多达 65% 的品牌拥有社交媒体账号，但它们通常都是单向的宣传——它们把社交当作扩音器和秀场，而不是对讲机。精品企业应该积极与用户交流，而不应该认为这是一种降低身份的表示。多数精品购买者购买的精品，除了卓越的产品品质之外，品牌文化与社交属性也是其购买精品考虑的重要因素之一。社交媒体宣传应该积极与用户建立互动，如果品牌不回复评论或信息，那么它们真正传达的信息是："我们其实真的不太在乎你，我们不认为你是我们的潜在用户。"精品企业应该建立机制，与大部分消费者产生互动，也可以借助关键意见领袖的方式建立互动。如果效果得当，这可能会产生连锁效应，提升社交媒体广告的有机影响力，增加信息流的推送，获得更高的受众参与度等。精品企业应该尽量快速、一致地回复尽可能多的"个性化"评论，尽可能不要使用"复制粘贴"进行回复。对于私人信息来说，标准统一的答案是可以被接受的，但可以适当根据用户的背景与提问内容进行略微的个性化，这样能够非常迅速的提升品牌形象。一些潜在客户，哪怕没有和品牌互动，当他看到许多帖子回复的时候，也会被品牌真诚的态度所吸引。

（二）定制化内容

定制化内容会给消费者带来非常多的好处。消费者都需要自己得到专属化的服务，而精品企业也希望通过定制化的服务提高自己的产品溢价。精品企业应该在客户允许的前提下，通过获取客户的主要信息，如性别、年龄等，向客户提供其想要的定制化内容，并定时推送，设定奖励机制，鼓励消费者转发。定制化内容可以有四种方式：（1）让消费者在现有的商家内容里进行选择；（2）商家对现有的内容和服务进行打包，以套餐的形式提供给客户；比如芬迪推出了定制化，消费者可以在这里在线创造具有自己个性的包包手袋，平台将提供 120 多种不同的材质、颜色、标致和其他细节的选项，同时还可以任意搭配肩带；（3）可以定时收集消费者的需求，特意为客户创造某种内容；（4）转发其他消费者或粉丝的定制内容。

（三）鼓励用户产生内容或粉丝创造内容

用户产生内容（UGC）和粉丝创造内容（FGC）的出现是互联网时代平权化、去中心化特征的重要体现。随着博客、微博、微信等平台的出现，个人的话语权越来越多，逐步形成了比品牌本身更有说服力的媒介。一些早期通过自身独特的内容产出而成为新媒体或者自媒体中的佼佼者们，利用自身建立起来的平台，通过具有自身特色的图片、文字、音视频等内容构建了一个集信息分享、阶层定位、情感维系等于一身的场景。自媒体利用自身在粉丝群体中的强大号召力和话语权，进行话题或者有关某一主题的内容征集，收集反馈，平台进行二次筛选并整合发布，由此形成一种新的内容产出。这种内容产出多为强烈涉及个人人生经验、大众普遍关注的话题。能引起受众和读者共鸣，常常拥有可观的受众参与度和传播效力。而这种构建场景、吸引粉丝后利用粉丝进行内容生成的信息生产方式，就是用户产生内容在自媒体发展新阶段中的新的表现形式——粉丝生产内容。如今，随着多媒体频道机构等涌现，还产生了专业用户产生内容，其精致的内容收到了用户的喜爱，也成为品牌方投放广告的重要渠道。

（四）给品牌塑造一种"个性"特征

一位社交媒体专家说："不要只是给你的客户一些讨论话题，让他们讨论品牌本身。"品牌必须要展示一种个性，吸引消费者。人们往往会因为这个一个品牌缺乏某种特征而减少对该品牌的关注。创新是展示品牌个性的良好手段，可以尝试用表情包、表情来回复消费者，使得消费者感到交流的乐趣。要让观众觉得转发精品的内容是具有个性的事情。路易威登和英雄联盟、NBA合作，就是一种个性的体现。普拉达在不经意间发现，尼龙面料经久耐用且价格也不像皮革那样昂贵，这激发了她的创作灵感，设计出了一款黑色尼龙背包。

（五）借鉴潮牌商业模式

快闪店和天降店模式都是潮牌特有的玩法。快闪店是一种不在同一地久留的品牌游击店，指在商业发达的地区设置临时性的铺位，供零售商在比较短的时间内（若干星期，甚至几天内）推销其品牌，抓住一些季节性的消费者。精品品牌可以借助快闪店的模式，收集消费者真实的需求，创造舆论宣传的温床。在2018年，一种新的商业业态——天降店在大洋彼岸的美国诞生。天降店的上新模式是指品牌在特定时间、特定地点发售特定数量的单品，通常品类的数量和品种远远少于快闪店，通过重塑美食、艺术、音乐、娱乐等业态下相关品牌的实体店，带来"远超传统实体店"（Beyond the Bricks）的体验。除了线下的快闪店和天降店之外，线上模式也被广泛使用，取得了不俗的宣传效果。

（六）添加合适的图片和视频

专业营销研究机构布兹苏摩的研究表明，在网上内容中添加视觉内容会使用户的参与度提高2.3倍，而带有图片的内容转发量比纯文本高出150%。微博相关数据也显示，图文和视频可以产生更多的消费者互动。此外，精品企业可以考虑和时事热点结合，达到更好的复合型宣传效果。常见的热点主要在微博"热搜"中可以找到。

（七）寻求用户反馈并回复评论

用户希望自己在企业社交媒体的留言得到回复。因此，企业需要派专员搜集关注者对于产品或服务的反馈，并回复他们的每一条评论（尤其是负面评论）。就一个热门话题展开一段对话，问他们想在下一篇博文或网络研讨会上看到关于那些问题的回答。询问他们如何应对某些人生挑战，或者他们在某个产品或平台上的最佳体验是什么（这对于一些研究用户体验的人来说是很好的方法）；或者，发起一场投票，让消费者选出希望得到的产品特性或服务。企业对听众了解得越多，就越容易提出好问题，发布更好的内容。社交媒体的互动参与需要从获得点赞、分享和评论转移到与消费者建立真正的联系。

（八）发布最新的和与热点事件相关的内容

热点事件永远是营销的重点之一。品牌应当对突发新闻或者趋势做出及时的反应。当社会出现一个热点，比如冰桶挑战，品牌应当积极与消费者进行互动。此外，品牌也可以邀请关键意见领袖或代言人进行品牌联动，覆盖更多的消费团体。

（九）明确真诚地表达信息和诉求

根据调查，66%的观众在意识到自己被引诱阅读付费或赞助内容时，会感到受骗和被冒犯。我们认为，品牌最重要的是向自己的客户开诚布公地说明品牌想要的东西。使用"下载"、"关注"或"转发"这样表达清晰的词汇，与没有表述清楚的文章相比，这可以使参与度提高 23 倍。如果你直接发表文章，你的潜在用户可能会更愿意与你的文章进行互动，而且这能够清楚地表达你的诉求。[①]

（十）计划每日的内容

通过内容日历或类似的工具制定计划是十分重要的步骤，这能确保你在社交媒体上发布的内容具有一致性和及时性。巴菲（Buffer，一个社交媒体集成管理平台）创始人凯文·李（Kevan Lee）认为，假设企业已经有了很多高质量的内容，那么分享别人的内容也是一个提高用户关注度的好办法。比如精品企业可以考虑发布同一集团的不同品牌的信息，代言人的最新动态，品牌所在地的旅游信息和时事新闻等，或者通过与其他品牌互动或关键意见领袖的方式提升活跃度，不必要每天都发布自己的原创内容。

（十一）更换发布内容，尝试不同的内容形式

每一篇博文在不同的受众中会得到不同的反馈。视频可能会给观众留下更深的印象，但他们不一定会参与互动，也可能并不会去转发。因为观众更容易将视频视为一场表演，而非一场对话。类似地，对于一个与技术相关的社交媒体的受众可能注意力在于重要的信息图表，而非轻松活泼的动图。笔者建议精品企业可以去尝试各种内容或形式——新闻、引用文章、幽默风趣的内容、调查研究、视频、图片、信息图表、甚至抽奖等，来增强与消费者之间的黏性。因此，企业应该定期地更换发布的内容，并且尽量提高频率。

（十二）倾听受众需求，而不是只发布自己想要发布的内容

正如纽约巴鲁克学院（Baruch College）市场营销学副教授罗柏·赫克特（Robb Hecht）所说："如果发布的内容策略过度依赖于品牌策略，而不是目标客户的需求，那么这些内容并不会被受众分享、转发。"这就是为什么社群聆听（Social Listening）如此重要。社交媒体的互动是一种对长期关系的投资社交媒体，是用于建立人际关系的，所以需要和其他任何社会关系一样，遵循一定的原则——做一个好的倾听者，

---

① https://new.qq.com/omn/20180808/20180808A0FW07.html.

真诚待人，始终如一，但也要时不时地进行改变。建立关系是需要时间的，所以如果你的受众参与度没有在一夜之间就快速涨起来的话，不要灰心，要适时地调整策略，坚持投放。

（十三）建立风险公关机制

精品应当建立风险公关机制，当负面新闻发酵时，应当毫无保留地无条件道歉，千万不要敷衍或者消极应对，这会被看成是傲慢的表现。如果消极应对，网民往往会据此发表更多的消极言论，对品牌造成非常大的负面伤害。在负面新闻发生后，要对相关责任人进行"零容忍"查处，并在各大社交媒体第一时间公布结果，坦诚接受网民的监督与道歉。俗话说，"浪子回头金不换"，中国消费者对于诚恳道歉的企业，仍然会给予其悔过的空间。考虑到国际精品企业不熟悉中国国情的因素，因此，这些企业应当建立本土化的公关部门，邀请经验丰富的本土经理担任公共关系部门主管，而不应该由那些不懂中国国情的外国经理人担任，尤其是不能让他们来主管社交媒体营销。同时，精品企业应该收集风险数据库，收录各种过去各大精品企业在华的公关危机情况，以便在面对危机的时候，能及时做出正确的决策。

（十四）善用事件营销

节日是事件营销的重大窗口。精品企业应当利用好每一个节日。节日本身就是精品消费的一个重要场合。精品企业应当利用好每个购物节，推出相应的整合营销措施，吸引消费者关注其产品。中国的三种营销节日见表2.23。

表2.23 中国的三种营销节日

	节日类型	具体的节日名称
1	情人节	5月20日、七夕
2	传统节日	春节、清明节、端午节、中秋节、国庆节
3	购物节	5月5日、6月18日、11月11日、12月12日

（十五）与中国传统文化结合

千禧一代的中国消费者他们生长在中国经济快速发展的阶段，对中国文化的认可程度较高。最近流行的国潮和汉服文化，就是植根在这种文化自信和对国家认可度上。精品企业应当增加对于中国文化元素的理解，并将其应用于产品营销活动中。

（十六）以球鞋和配饰做突破口

对于现代的高中生和大学生而言，其接触的第一款精品就是球鞋。阿迪达斯、耐克、椰子的球鞋被高中生和大学生追捧。精品企业应当考虑与运动企业合作，推出运动球鞋和配饰，吸引年轻消费者的注意；也可以考虑和运动明星合作，推出联名限量款；或者考虑在商场开设球鞋类的快闪店。

第三章

精品电子商务（上）
——搜索电商

学习目标

- 了解中国电子商务的历史发展
- 熟悉中国精品电子商务市场的发展现状
- 熟悉中国精品线上快闪店、二手精品市场及精品租赁市场的发展
- 熟悉高科技在电子商务的应用
- 认识精品搜索型电子商务的风险

被誉为中国精品电商第一股的寺库成立于2008年，在经历将近十年的发展之后，寺库在2017年9月于美国纳斯达克证券交易所上市，成为"中国精品电商第一股"。在2008年至2010年期间，第五大道、珍品网等垂直类精品电商如雨后春笋般诞生。但在2012年精品电商遭遇困境，品聚、尊尚网、新浪奢品陆续关停，行业开始洗牌。2019年7月下旬尚品网破产清算。要客研究院2019年8月11日发布的《2019中国精品电商报告》显示，2019年中国精品线上官方直营市场容量为500亿人民币，并预计在不久的将来总市场规模将超过2 000亿人民币。但是，面对精品行业市场规模的扩大，精品电商的发展却并不是一帆风顺的。事实上精品电商的倒闭不是市场容量饱和的问题，而是精品电商发展的模式存在不符合市场规律的问题，因此出现了寺库一枝独秀，而有些精品电商却仍然处于艰难求生的局面。有人认为，精品的一大重要价值就是服务，电商的存在阻碍了服务的发展；另一些人认为，消费者只会在购买小件物品的时候才会考虑互联网购物，在购买昂贵商品的时候反而不会考虑使用电子商务。

您认为精品电商是否能够在未来获得成功？电子商务的发展历史是什么样的？精品电子商务和一般电子商务的异同点在哪里？本章节会给您一个答案。

一、电子商务的发展

中国电子商务的元年始于1999年。阿里巴巴公司在1999年成立,腾讯公司QQ的软件和天涯BBS在1999年面世。自此,中国电子商务迅速发展起来了。精品行业的电子商务起始于2011年。根据欧洲数据监控公司(Eurostate monitor)的数字,精品线上销售的比例逐年攀升,从2011年的1%上升到了2019年的10%。虽然精品线上销售份额在短期内不会超过线下销售,但是精品电商的发展势头较快,尤其是2020年后,众多电子商务网站都获得了不错的发展。因此,精品企业必须重视电子商务的建设,以应对不断发展的经济社会形势(图3.1)。

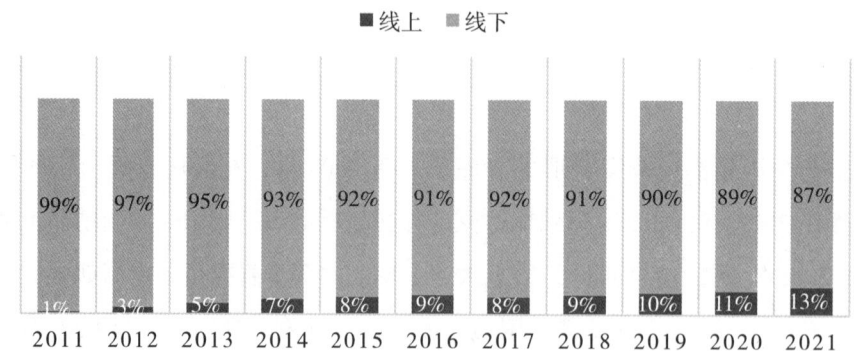

数据来源:Euromonitor international

图3.1 全球精品电子商务线下和线上支付比例

(一)电子商务的发展简史

1. 1999—2003年:萌芽期

中国电子商务起始于20世纪90年代。随着互联网技术的发展,中国电子商务和社交媒体营销纷纷兴起,在中国经济中扮演了重要的角色。1999年9月10日,阿里巴巴集团成立。集团的首个网站是(致力于建设线上)全球批发贸易市场,之后推出专注于国内批发贸易的中国交易市场(现称"1688")。同样在1999年,腾讯QQ和天涯BSS成立,它们是社交媒体营销平台的最初媒介。2000年开始,易趣、当当、携程和前程无忧相继成立。当当的图书(B2C业务)、阿里巴巴的企业黄页(B2B)、易趣的电子交易平台(C2C)、携程的电子机票票务凭证和前程无忧的电子简历等商业模式纷纷形成。百度在 2000 年成立,借助家庭电脑和宽带的普及,标志着内容搜索流量时代来临。

在 1999 年,著名的"互联网 72 小时网络生存测试"在上海举行,对当时的社交产生了巨大的轰动效应,人们开始意识到互联网和电子商务将对未来的经济产生巨大的改变(表 3.1)。

表 3.1　1999—2003 年的营销方式

	方式	媒　介
1	线下业务	线下电台电视台、报纸杂志、路牌
2	线上业务	内容媒体门户广告、社交网络广告、搜索广告

小知识:互联网 72 小时网络生存测试

　　1999 年,对国人来说,家用电脑还是奢侈品。因为当时国内人均收入仅为 1 000 元,而一台电脑的价值在 5 000 元以上。在海外,亚马逊市值超过了 280 亿美元,雅虎的搜索和邮箱业务已经非常完善。在美国,网上购物和远程办公已经成为一些人的一部分。1999 年 9 月,由当时的国家信息产业部推动,《人民日报》及梦想家中文网在内的多家媒体主办的"72 小时网络生存测试"在北京、上海、广州三地范围内招募志愿者。这次测试中,主办方提供一个有一张床板的房间,拨号网络、一卷手纸、以及 1 500 元现金和 1 500 元电子货币,要求测试者 72 小时内不许离开房间。舆论普遍不看好本次测试,认为他们"一滴水也买不到"。大部分的测试者在最初 15 分钟后陆续购买了食物和生活用品,但由于银行卡支付系统的不完善,认证银行卡、付款到划账时间较长,最早下单的测试者经过 5 个小时才拿到货物。测试者"雨声"找到了一些购物网站,并填好了订单,但由于不会收发邮件,一直未能购买成功。当然本次测试有人认为是主办方 8 848,以及赞助商永和豆浆的一次"营销",但本次活动无疑对中国互联网行业的发展有着举足轻重的作用。首先,各大

> 银行看到了网络支付的巨大潜力,建设银行在2个月后就推出了网络银行服务,成为首家推出了互联网业务的国有银行;其次,一大批互联网人才看到了巨大的商业潜力,纷纷投入到如火如荼的互联网事业中。

在物流方面:现在的快递业的主要商家,"四通一达"(申通快递、圆通速递、中通快递、百世汇通、韵达快递,简称四通一达)和顺丰纷纷成立。然而受限于当时的条件,商品物流不像现在那么快捷。一件物品短则3天,长则一个月才能运到客户手中。最重要的是,物流不仅经常丢失东西,而且人们也无法通过物流编号对其进行追踪,导致用户体验非常差。

在金融方面:1999年9月,招商银行推出一网通,方便大家网上支付和网上转账。在著名的"72小时网络生存测试"后,建设银行宣布在北京开设网银服务,成为首个拥有网银服务的国有银行。但是,由于电子银行并不普及,民众对于互联网普遍采取不信任的态度,导致了电子商务发展缓慢。

在技术方面:电子商务企业普遍使用"网页+JAVA中间件+Oracle数据库"以及小型机服务器。为了保证事务一致性、金额计算精确性、并发性能、架构体系、安全保障、运营和维护不间断可用性,电子商务网站往往从信息技术应用最成熟的金融银行机构、电信运营商中招募经验丰富的研发工程师。

2. 2004—2008年:高速发展期

2003年对于电子商务而言,绝对可以说是具有深远意义的一年。在2003年,淘宝成立,58同城、线下如家、线下分众等纷纷诞生,为中国电子商务行业注入了新的动力。

在零售方面:2003年7月淘宝成立,也标志着阿里巴巴的业务从"B2B"正式进入"B2B+C2C"的时代。但在当时,淘宝的主营业务收入来自电商营销广告。当年淘宝店小二们准备了1 000件商品(相当于1 000个SKU),而卖出的第一件商品,居然是一把有着悠久历史的龙泉宝剑。当时,它们售价是300元。2004年,美国《连线》(Wired)杂志主编克里斯·安德森(Chris Anderson)出了一本书,名为《长尾理论》。《长尾理论》认为,未来大部分企业的收入和利润来源,将通过大量不起眼的商品积累起来。在销售成本急速降低的情况下，哪怕需求再低的产品，也可以通过互联网等手段售出。这些低需求的产品积少成多，销售额和利润便足以和主流商品所匹敌。《长尾理论》的基本思想是当商品存储和流通的渠道足够大，需求不旺或销售不佳的产品所共同占据的市场份额可以和少数热销产品所占据的市场份额相匹敌。产品的长尾理论思想是基于统计规律得出的。人们将产品与销售量曲线标注在二维坐标轴上就会看到（图 3.2），少量热门产品占据了坐标轴的头部，而需要更多精力和成本才能关组的产品销售曲线则拖出一条长长的尾巴。长尾市场也称为"利基市场"，即主要针对某个细分市场提供产品和服务。

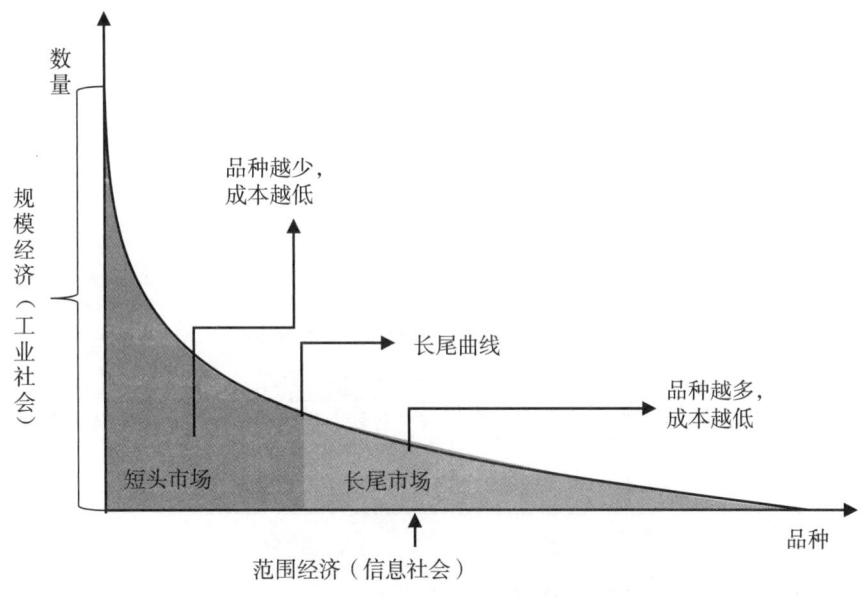

图 3.2　长尾理论示意图

在营销方面：2003 年，分众传媒的成立具有跨时代的意义。分众传媒独辟蹊径开辟了楼宇广告。随之，各种公共部位的广告纷纷推出。分众传媒经过几轮的兼并和重组，逐步在这个领域获得了领先的地位。分众传媒自己并不出内容，但是通过和写字楼等合作，占有了广告展示位置。然后，他们在这些广告展示位置发布自己的广告去吸引企业投放。2004 年，第一届网商大会开幕，第一批淘宝品牌产生。随着百度 2005 年上市和腾讯 2007 年上市，中国互联网企业获得更为丰沛的资金。2006 年，服务业黄页 58 同城创立。2006 年，以影音书点评为主题的社交网络豆瓣创立，为书籍、电影等提供了营销的场合。

在物流方面：2008年，京津城际铁路正式运行，大大加速了中国消费人群的流动规模和效率。此外，火车时速大提速也加快了物流的速度。除了铁路之外，高速公路网的发展也使得物流能够快速地在各地流通。物联网也在这个阶段获得了初步发展。

在金融方面：2004至2008年，中国居民对网上购物还很陌生，商家怕买家不给钱，买家怕商品收到后不满意不能退款，所以成交效率不高。支付宝最初是淘宝网公司为了解决网络交易安全所设的一个功能。该功能为首先使用的"第三方担保交易模式"，由买家将货款打到支付宝账户，由支付宝向卖家通知发货，买家收到商品确认指令后支付宝将货款放于卖家，至此完成一笔网络交易。从2005年开始，一大批互联网企业开始向美国和中国香港等地交易所申请上市。百度、阿里巴巴和腾讯的上市时间见表3.2。

表3.2　百度、阿里巴巴和腾讯上市时间

	上市企业	上市时间	地点	备注
1	百度	2005年	美国纳斯达克交易所	公司整体上市
2	阿里巴巴	2007年	中国香港证券交易所	仅B2B业务包含进上市公司，淘宝、支付宝等未进入上市公司体系
3	腾讯	2007年	中国香港证券交易所	公司整体上市

3. 2009—2014年：精细发展期

在零售方面：2010年，以自营电商为主的京东也开始运营第三方卖家平台，其既补充了自己的品类，也补充了自己的现金流和成交总额（俗称GMV，Gross Merchandise Volume）。然而，京东一直以自营信用保证、品牌商品信用保证作为主打特色。所以它对搞第三方卖家平台、是否放大第三方卖家成交总额，一直处于左右手互搏状态。直到2018年，京东自营增长放缓，为了继续支撑成交总额的强劲增长，保留自己电商第二的地位，才放开心结，大胆发展第三方商家。2011年，小米成立，主打的是年轻人的第一部手机、互联网手机，以区别其他竞争对手。小米也是充分借助社交网络进行营销的公司，其借用了所有主力BBS、博客、微博的流量和影响力，强调自己官方社区运营以及自有官方商城的经营。2013年，社交导购平台和海淘零售电商相结合的网站小红书成立。2014 年，网易考拉海淘零售电商成立。

> **小知识：出口转内销转向进口内销**
>
> 对于许多"00 后"学生而言，出口转内销是个非常陌生的名词。在计划经济的时代（1950 — 1978 年），"出口转内销"这个词有时候是用来形容质量比较好的中国产品的。在当时，中国往往把质量比较好的产品用于出口，质量不太好的产品留给中国国内消费。"出口转内销"的货物往往质量比较好，而且由于货物已经生产，且外贸产品一般不在企业库存之列，企业有时还会低价抛售兑现。在中国计划经济时代，"出口转内销"的商品有时候是价廉物美的代名词。如今，随着中国国力的增长和人民币汇率的上升，国外商品，尤其是食品和精品的价格已经低于国内。跨境电商源源不断的将国外的水果、肉类，甚至家电和皮包等进口到国内，满足国内消费者日益增长的物质需求。

在营销方面：2009 年，淘宝创立了第一届"双 11"大促，对于零售业，每年有两个大节点，一个是夏季消费疲软，一个是年底甩库存好拿返点。所以京东占住了夏季"618"大促，阿里占住了冬季"双 11"大促。

在物流方面：2008 年是京东非常关键和危险的一年，因为京东在这一年差点资金链断裂。如果没有一笔后续大融资，京东也许就没有以后了。2009 年 1 月，京东获得来自今日资本、雄牛资本以及亚洲著名投资银行家梁伯韬先生的私人公司共计 2 100 万美元的联合注资，也是 2008 年金融危机爆发以来，中国电子商务企业获得的第一笔融资。有了这笔资金，京东赌上全部身价，把仓储物流做好、做实了。反观阿里巴巴，2013 年才联合"四通一达"和顺丰成立了菜鸟网络。直到如今，京东的物流仍然处于行业领先地位。

在金融方面：2012 年，京东收购了网银在线，获得了支付牌照，把交易—仓储物流—金融这个链条补齐了。2014 年，京东和阿里纷纷成立京东金融集团、阿里蚂蚁金服集团，立足消费金融板块。在未来，京东白条和蚂蚁花呗产品会得到消费者的青睐。

2009年是精品电商的元年，寺库在这一年宣告成立。2010年至2013年，精品电商的发展突飞猛进，当时有数十家精品电商平台，如走秀网、第五大道、唯品会、佳品网等蜂拥而入，走秀网还在2011年拿到了当时国内电商史上最大的B轮融资，额度1亿美元，估值5亿美元，这段时间是精品电商发展最好的时期。

4. 2015—2019年：成熟发展期

2015年后，中国电子商务市场加速发展。2007年中国的网民规模为2.1亿人，2017年中国网民规模为7.72亿人（图3.3）。随着智能手机的流行和网络技术的发展，手机网民数量及占比逐年升高（图3.4），到2017年，中国人的手机网民比例达到97.50%，人数达到7.52亿人。换句话而言，全国只有200万的网民仅使用PC终端上网，而不使用手机等智能终端。

图3.5显示的是2014—2019年中国的第三支付规模和增长率数据。从图中可以看出，第三方支付交易规模逐年增长，但增长率已经从2015年的55.42%降低到2019年的7.79%。这意味着市场容量接近饱和，未来市场将保持和人均国民收入增长率相近的增长率。

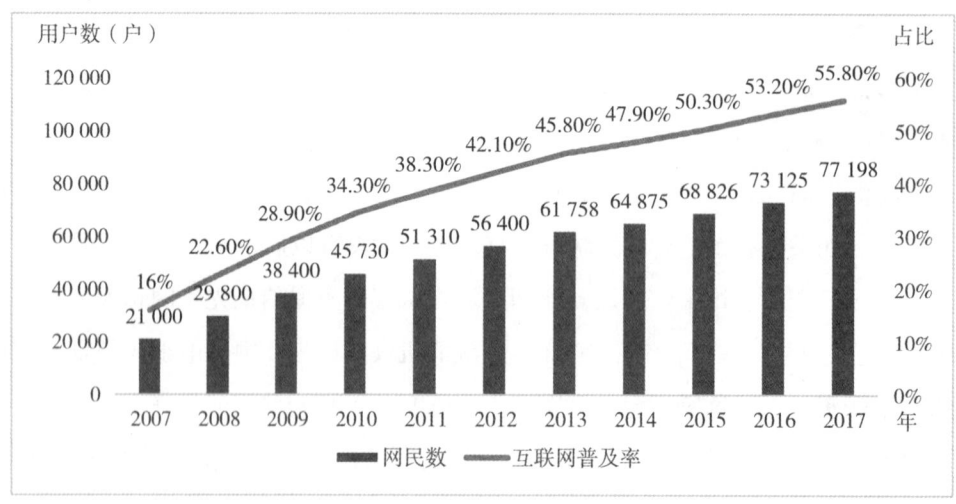

图3.3　中国网民规模和互联网普及率

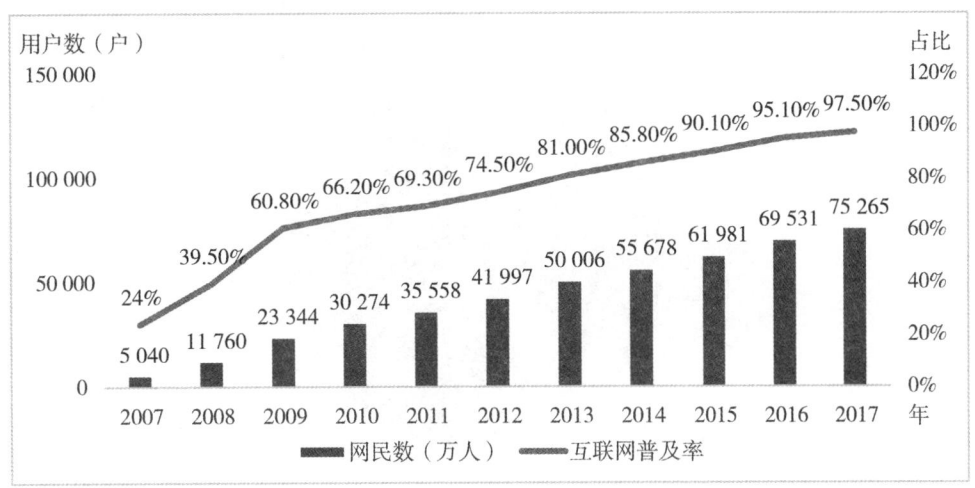

图 3.4　中国手机网民规模及其占网民比例

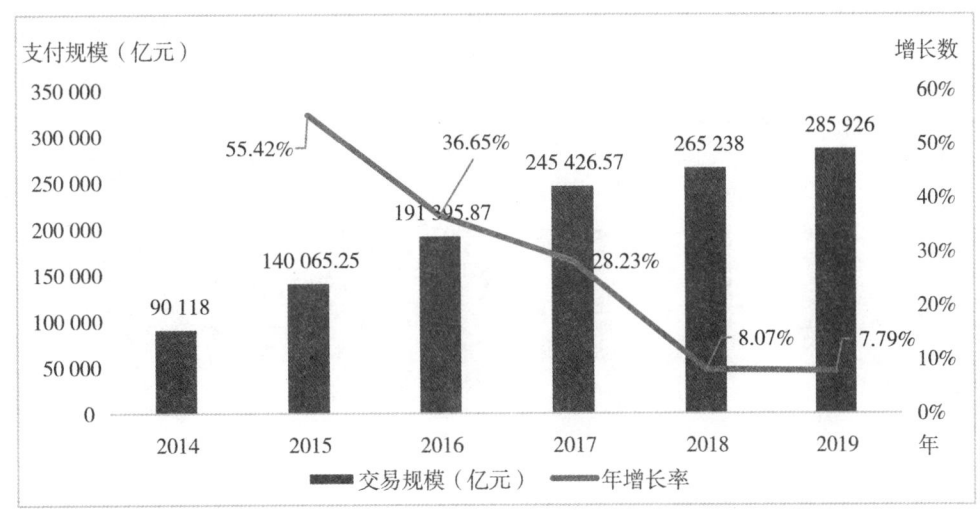

数据来源：易观

图 3.5　2014—2019 年中国第三方支付规模和增长率（亿元）

据图 3.6 可知，支付宝、财付通（微信支付）占据了第三方支付的绝大部分份额，分别为 54.50% 和 39.50%；而壹钱包、京东支付、快钱等占据了余下 6% 的市场份额。因此，精品电子商务必须开通支付宝、财付通（微信支付）、银联等支付渠道，从而更好地支持消费者进行线上支付，甚至可以提供分期付款服务。

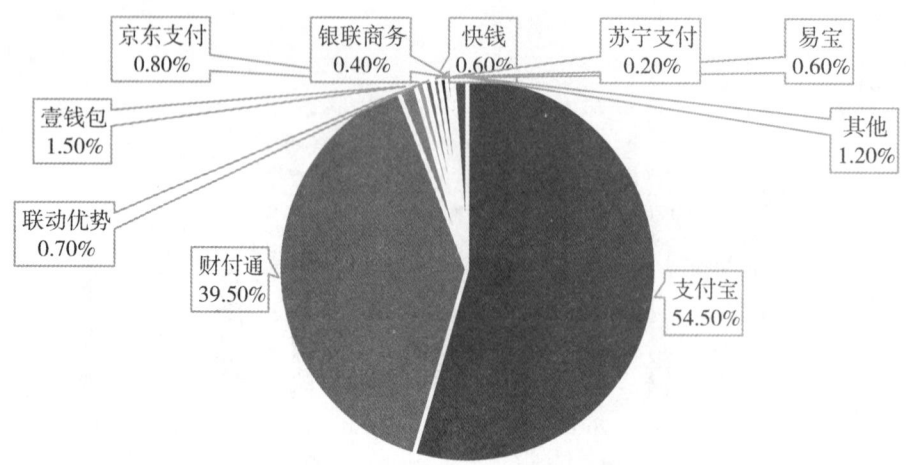

数据：艾瑞咨询

图 3.6　2019 年第三季度第三方支付交易规模市场份额

图 3.7 显示，2019 年第三季度个人应用仍然占据第三方移动支付交易规模结构之首，达到 57.5%，但较之 2018 年第一季度的 66.9% 下降了 9.4%，而个人移动消费则从 13.7% 上升到 22.2%。

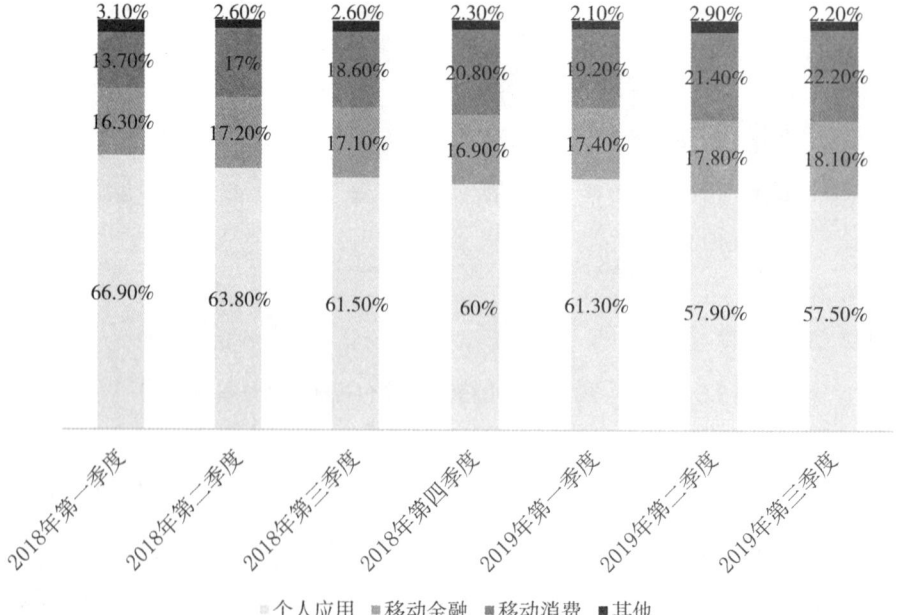

图 3.7　2018 年第一季度—2019 年第三季度中国第三方移动支付交易规模结构

在营销业态方面：2015 年是线下业务爆发的一年，2015 年，以海鲜水产＋超市＋堂食的盒马鲜生创立。2015 年瑞幸咖啡创立，2018 年瑞幸咖啡就成功上市。虽然 2020 年由于财务丑闻，瑞幸股价暴跌，但是我们也看到了互联网社交营销的巨大潜力。

在服务业态方面：服务业态在 2015 年后发生了非常多的事情。比如美团餐饮外卖大战、滴滴打车大战、摩拜共享单车大战等。2015 年也是 O2O 模式的高潮，出现了很多家政到家、洗车到家、汽车保养到家等服务，也相继出现按摩到家、理发到家、美容到家、大厨到家等服务。但最终它们因交通效率、交通时间成本和交通成本、客单价等问题，上述 O2O 模式被证明不可行。

在营销方面：2015 年，以拍卖玩法产生了不少平台，如二手拍卖转转、闲鱼成立，以鞋品类为主的毒 App 成立，以文玩品为主的微拍堂成立。这也是典型的社交网络玩法。你会发现，它们全深谙"互联网思维"之道：社交网络连接、社交网络传播卷入。受 2014 年视频直播影响和 2016 年抖音快手短视频影响，2019 年的市场零售行业，大部分开始采用社交网络视频营销的方法。我们在第二章和第四章对社交营销和社交电商做具体的描述。

在金融方面：以电商主播为主的社交电商爆发在 2015 年。主要是线上支付经过春晚红包大战、滴滴打车大战、摩拜共享单车大战、超市补贴大战等方式，微信和支付宝支付等形式逐步渗透到了消费者终端手中。微信支付的出现，拉通了营销—交易—支付这条链。这场旷世战争可是非常惨烈，经过了四大战役：春晚红包大战、滴滴打车大战、摩拜共享单车大战、超市补贴大战，微信支付才终于站稳脚跟，和支付宝平分天下。这场补贴参战双方以腾讯、阿里为首，有一大群其生态系的企业参与，共投入了几百亿美金才使得微信和支付宝支付站稳脚跟。

5. 2020 年：展望期

图 3.8 是 2020 年 B2C 商城业务的经典形态，从中我们可以看到客户从浏览电子商城到最后收到货物所经历的所有流程。随着电子商务行业的发展，电子商务的分工已经非常仔细，客服、财务、结算中心、配送中心等部门各司其职，保障客户能够以最快的速度获得商品，并且保障客户获得最好的服务。

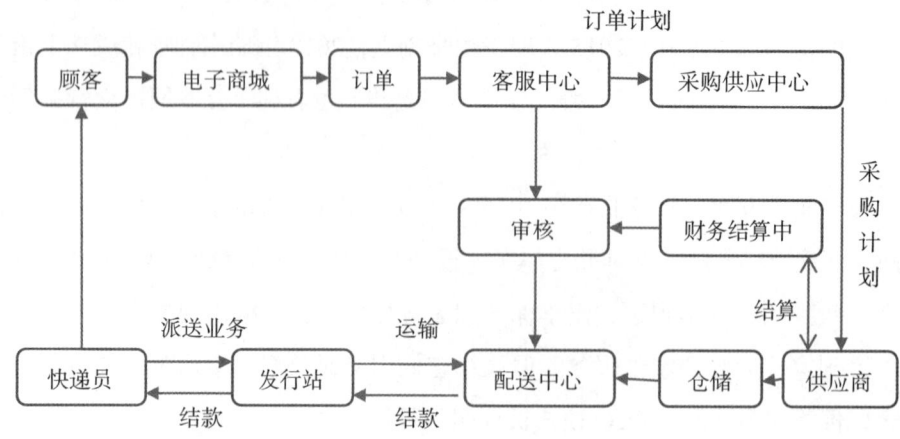

图 3.8 电子商务业务（以 B2C 为例）

随着智能手机、无线网络和电商 APP 的发展，电商展现出了以下特征——时空碎片化、信息碎片化、需求碎片化、渠道碎片化和生产碎片化。（1）时空碎片化：客户随时可以上网，接受信息异常方便；上网的费用越来越低廉，使得短视频和长视频成为营销的主流模式。这就需要精品企业掌握消费者最有可能打开手机界面的时间，推送相关的信息。（2）信息碎片化：网络信息纷繁冗杂，消费者处理的时间和接受信息的方式支离破碎。过去由于手机屏幕、应用和网速等原因，商家只能推送文本、视频等内容。但现在，随着社交媒体和网络速度的增强，精品可以通过"短视频+事件营销"等方式，迅速吸引客户。（3）需求碎片化：过去消费者多数通过网络，或者熟人推荐的方式来产生购买需求。但现在，产生网购的原因可以来自于朋友推荐的直接推送或朋友圈的间接推送，其他粉丝的点评等。（4）渠道碎片化：门店、电商平台、微博、微信、直播，购买渠道多元化明显。传统消费者购买精品只能通过线下门店进行购买，而如今消费者可以在互联网上非常方便地购买到精品。（5）生产碎片化：生产条件需要根据客户需求实时产生变化。客户群体小众化、个性化、需求多样、C2C、定制发展。

博恩斯坦市场调查报告（Bernstein Research）显示，从全球数据来看，有 74% 的精品消费都受到了线上信息的影响，但是精品市场线上渠道的销售比例却仅为 6.3%，略低于中国的水平。报告提到，成衣和美容商品是线上销售比例最高的两个领域，达到了 7.2%，而手表和珠宝的比例最低，仅为 4.1%。此外该报告也提到，商品的平均价格与其线上销售的占比呈反比。平均价格越高，线上购买的比例就越低。

（二）电子商务的类型

1. 按照业务特点进行分类

按照业务特点，中国电商行业分类分为综合电商、跨境电商、社交电商、垂直电商和生鲜电商五种，如图3.9所示。本章主要对精品综合电商、跨境电商和垂直电商会进行分析，并在第四章对社交电商进行详尽的阐述。

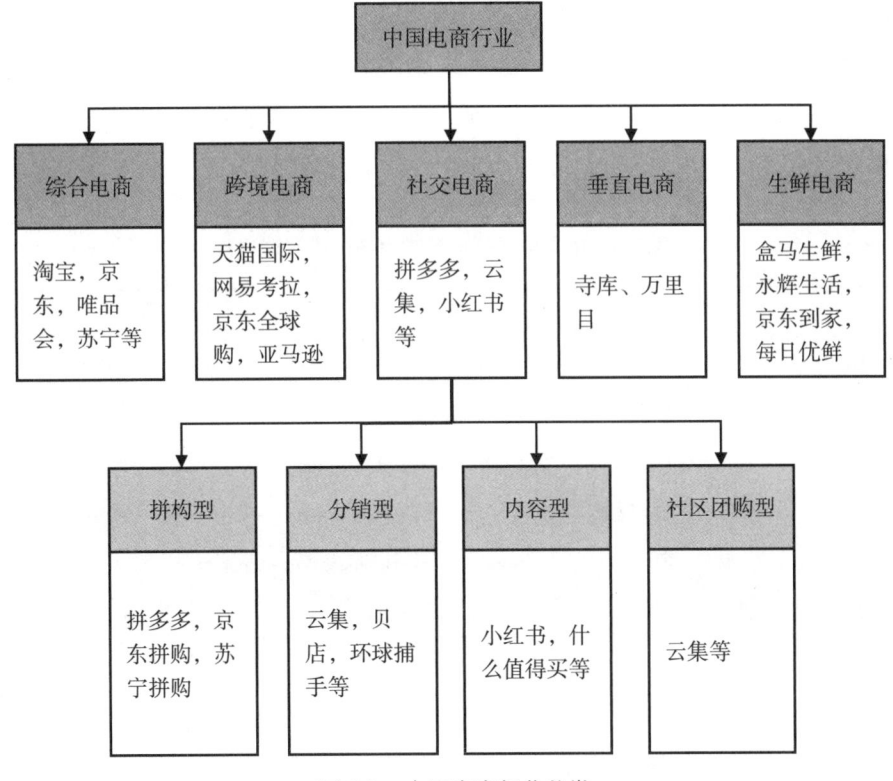

图3.9 中国电商行业分类

截至到2019年7月，中国最活跃的综合电商分别是淘宝、拼多多、京东、天猫、淘集集和当当，如表3.3所示。值得注意的，中国的电商竞争非常激烈，排名第五的淘集集已经在2019年末宣告破产，排名第六的当当也因为两位创始人之间的权力争斗而前景不明。

表 3.3　综合电商月活跃度排名（截至 2019 年 7 月）

单位：万人

	APP 名字	活跃数量		APP 名字	活跃数量
1	淘宝	45 260	4	天猫	1 586
2	拼多多	23 059	5	淘集集	1 300
3	京东	9 227	6	当当	751

数据来源：网络资料整理

社交电商由于涉及关键意见领袖、网红和明星，较为复杂，故单独在第四章展开讨论，在本章我们仅仅讨论基于搜索型的电商。

2. 按照交易对象分类

按照交易的对象，中国电商可以分成 B2B、B2C 等 5 个部分，如表 3.4 所示。其中 B2B 的代表为阿里巴巴，B2C 的代表就是京东和天猫，C2C 的代表是淘宝。

表 3.4　中国电商行业分类（按照交易对象）

	中文		英语全称	典型代表
1	B2B	企业与企业间	Business—to—Business	阿里巴巴
2	B2C	企业与客户间	Business—to—Customer	京东，天猫
3	C2C	客户与客户之间	Customer—to—Customer	淘宝
4	C2B2C	客户与企业与客户	Customer—to—Business—to—Customer	咸鱼
5	S2B2C	供应商—企业—客户	Supply—to—Business—to—Customer	小红书
6	P2P	个人与个人	Person—to—person	微商

（1）B2B

B2B 是指企业与企业之间通过专用网络，进行数据信息的交换、传递，并开展交易活动的商业模式。常见的有阿里巴巴、中国制造网、中国供应商、慧聪网和中国网库等。

（2）B2C

B2C 是企业对消费者的电子商务模式。这种形式的电子商务一般以网络零售业为主，主要借助于互联网开展在线销售活动。如天猫商城、亚马逊、凡客诚品。图书音像类如当当网、卓越亚马逊、99 网上书城等。综合百货类如麦网、逛街网、1

号店等。3C数码类如京东、戴尔等。团购网站有淘宝聚划算、美团、拉手、糯米等。

（3）C2C

C2C是电子商务的专业用语，意思是个人与个人之间的电子商务。比如一个消费者有一台电脑，通过网络进行交易，把它出售给另外一个消费者，此种交易类型就称为C2C电子商务。

（4）C2B2C

C2B2C电子商务模式是顾客通过企业电子商务平台，实现顾客与企业之间、顾客与顾客之间的信息交流。二手电商则属于C2B2C的模式。精品的二手电商主要是C2B2C模式：电商平台负责撮合买卖双方的交易，负责物流、鉴定和收款，保证交易的顺利进行，并从交易中抽取一定的佣金，具体如图3.10所示。

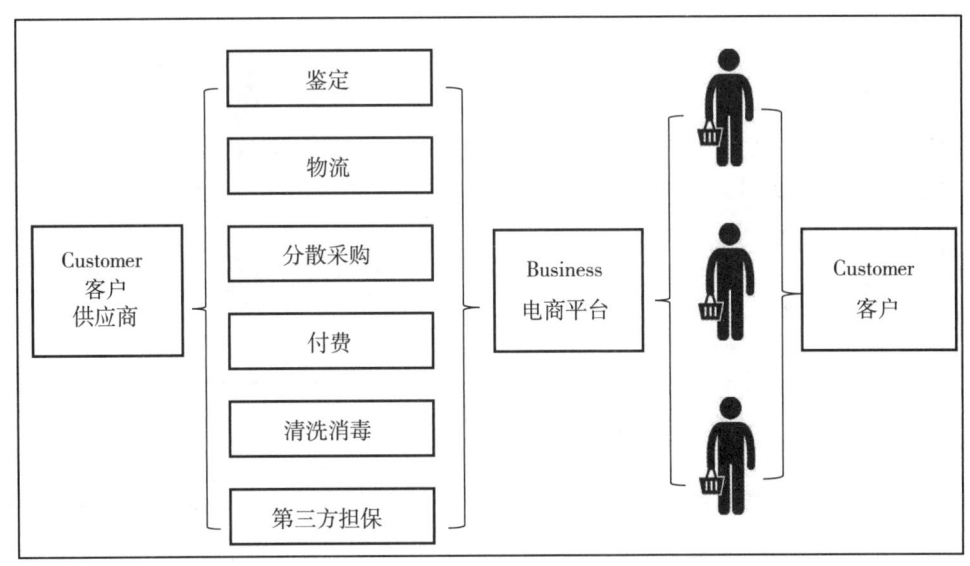

图3.10　C2B2C流程图

（5）S2B2C

S2B2C是一种集合供货商赋能于渠道商并共同服务于顾客的全新电子商务营销模式。在S2B2C中，S即是大供货商，B指渠道商，C为顾客。S2B2C模式中，一方面，将优秀的供货商筛选出来供渠道商集中采购，另一方面，提供SaaS工具[①]、技

---

① 注：SaaS提供商为企业搭建信息化所需要的所有网络基础设施及软件、硬件运作平台，并负责所有前期的实施、后期的维护等一系列服务，企业无需购买软硬件、建设机房、招聘IT人员，即可通过互联网使用信息系统。SaaS是一种软件布局模型，其应用专为网络交付而设计，便于用户通过互联网托管、部署及接入。

术支持、培训给渠道商使其能更好地为顾客服务。简而言之，S2B2C 的重点是，大供货商（S）一要整合上游优质供应商，二要提供给渠道商（B）各种技术、数据支持，三要辅助渠道商（B）完成对顾客（C）的服务。而渠道商（B）在其中的作用则是一对一沟通顾客（C），发现需求并定制需求，同时将这些信息反馈给大供货商（S），以便落实顾客（C）所需的服务。现在越来越多的多媒体频道越来越多地参与到精品品牌活动中，尤其是化妆品之类的电商之中，如图 3.11 所示。如在 2020 年 8 月，葆蝶家与某主播合作，进行了直播售卖限量款手包的活动。

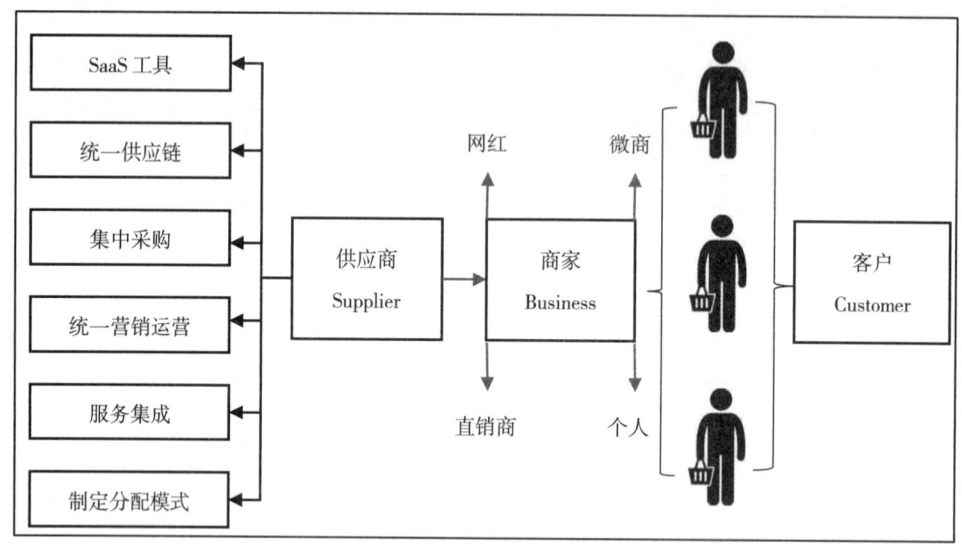

图 3.11　S2B2C 流程图

大部分的社交电商都属于 S2B2C 的模式。网红、微商、直销商和个人就属于 B 端，自己不负责生产，甚至不负责物流，只负责品控、营销和促进销售；而消费者则属于 C 端，在信任 B 端输送出的内容或关系营销下，接受 B 端从 S 端所挑选的商品。比如包先生就联合颇特女士（Net—A—Porter，简称 NAP）推销包包。多媒体频道（MCN）就属于 S2B2C 的模式。

（6）C2B

C2B 是互联网经济时代新的商业模式。这一模式改变了原有生产者（企业和机构）和消费者的关系，是一种消费者贡献价值（Create Value），企业和机构消费价值（Customer Value）。C2B 模式和我们熟知的供需模式（Demand Supply Model，简称 DSM）恰恰相反。真正的 C2B 应该先有消费者需求产生而后有企业生产，即先有消费者提出需求，后有生产企业按需求组织生产。通常情况为消费者根据自身需求定制产品和价格，或主动参与产品设计、生产和定价，产品、价格等彰显消费者的个性化需求，生产企业进行定制化生产。C2B 的核心是以消费者为中心，商家推出符合消费者的产品。C2B 产品应该具有以下特征：第一，相同生产厂家的相同型号的产品无论通过什么终端渠道购买价格都一样，也就是全国人民一个价，渠道不掌握定价权（消费者平等）。第二，C2B 产品价格组成结构合理（拒绝暴利）。第三，渠道透明（O2O 模式拒绝山寨）。第四，供应链透明（品牌共享）。

（7）O2O

O2O 指从在线到离线或从线上到线下，是指将线下的商务机会与互联网结合，让互联网成为线下交易的平台，这个概念最早来源于美国。O2O 的概念非常广泛，既可涉及到线上，又可涉及到线下，可以通称为 O2O。主流商业管理课程均对 O2O 这种新型的商业模式有所介绍及关注。2013 年，O2O 进入高速发展阶段，开始了本地化及移动设备的整合和完善，于是 O2O 商业模式横空出世，成为 O2O 模式的本地化分支。

（8）P2P

P2P 即个人对个人（伙伴对伙伴），又称点对点网络借款，是一种将小额资金聚集起来借贷给有资金需求人群的一种民间小额借贷模式。属于互联网金融（ITFIN）产品的一种。属于民间小额借贷，借助互联网、移动互联网技术的网络信贷平台及相关的一种理财行为、金融服务。

（9）O2P

O2P 商业模式是针对移动互联网商业浪潮的背景，瞄准传统渠道将向"电商平台＋客户体验店＋社区门店＋物流配送"转型的时机而推出的一种新型互联网商业模式。盒马鲜生就属于这种模式。

3. 按照流量的导入方式

流量是社交媒体营销的核心需求。流量，在规定期间内通过一指定点的车辆或行人数量，在网络指在一定时间内打开网站地址的人气访问量，或者是手机移动数据的通俗意思。在互联网企业，流量是一个企业核心价值，关系其企业价值。互联网营销流量，经历了这 20 年，主要有三种形式，分别是搜索流量、内容流量和社交媒体（裂变）流量。

搜索流量：通过查询关键词可以找到想要的产品，代表是天猫、京东等传统电商平台。比如，消费者需要护肤，但没有化妆品，故消费者会产生需求，然后会去天猫超市选购，这就是触点。而消费者选到了商品，看了评论后购买，便产生了信任。

内容流量：通过内容吸引粉丝，让粉丝为分享的连带产品买单，代表平台如小红书社区、头条自媒体等用户内容生成（UGC）或专业用户内容生成（PUGC）平台。

社交流量：通过圈层的裂变，人与人的传播获取流量，代表平台如社交电商、知识付费的社群营销裂变、微商的社群裂变等。消费者看到信任的电商在直播"安利"一款护肤品，便觉得有必要买一款满足自己的需求。消费者在使用了后发现其效果不错，便决定继续购买，对此类护肤品产生了触点。

搜索流量、内容流量和社交流量的购买行为特征如图 3.12 所示。

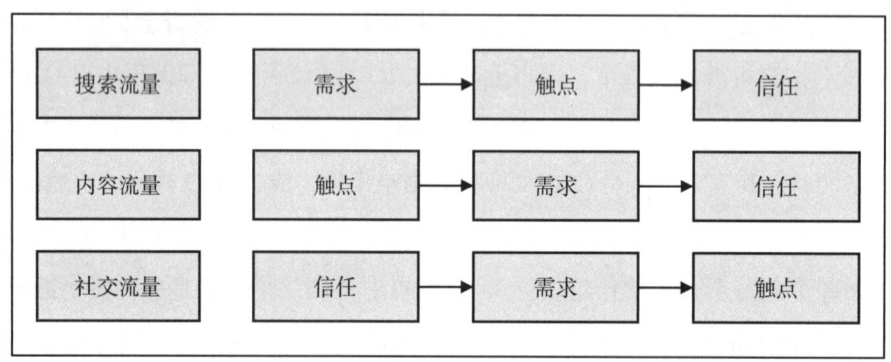

图 3.12　搜索流量、内容流量和社交流量的购买行为特征

（三）精品电子商务与一般电子商务之间的区别

精品电子商务与一般电子商务有所不同。我们从营销、交易、仓储物流、金融、电子技术和信任度等 6 个方面提出了中国精品电子商务的特点，具体如表 3.5 所示。

表 3.5　中国精品商务的特点

	关注点	特　点
1	营销	线上和线下结合的营销方式、消费者较为有限、营销方式较为丰富
2	交易	服务溢价、较为标准化产品、低频次交易、高客单价
3	仓储物流	难包装、易仓储、难物流
4	金融	分期付款的信用风险控制

(续表)

	关注点	特点
5	电子技术	大数据甄选客户、AR 和 VR 的使用
6	信任度	较难构成信任，因此还是实现线上搜索线下销售模式居多（ROPO）

1. 营销

（1）线上和线下结合的营销方式

在第二章我们已经详细阐述过了，电商高度依赖社交媒体、内容搜索等渠道。实际上，精品电商的获客成本非常高。通常来讲，货品单价越高，获客成本也越高。这也是为什么精品企业仍然会质疑线上营销的效果。精品还是在权衡线上和线下营销哪个更适合品牌资产的发展，但对于许多行业而言，线上营销的权重已经接近80%~90%。对于精品企业而言，还是更多希望线上和线下结合的营销方式，毕竟精品的服务占到了其溢价的绝大部分权重。

（2）有限用户

精品的客户比较有限。电商的客户主要为千禧一代消费者，他们更多是将电商作为特卖店，希望能够以较低的价格购买到精品。许多精品公司将电商作为导流的工具，还是希望通过线上快闪店的方式吸引客户，然后引导消费者到线下消费。

（3）营销方式较为丰富

精品电商会采取自主营销、社交网络营销和用户创造价值营销的组合进行效应。表 3.12 详细叙述了自主营销、社交网络营销和用户创造价值营销的区别。

精品的营销方式、内容来源及扩散方式见详表 3.6。

表 3.6 精品的营销方式、内容来源及扩散方式

	营销方式	内容	扩散方式
1	自主营销	精品企业自创	通过消费者的口碑（口头宣传）
2	社交网络营销	精品企业自创	转发（朋友圈、微信群）
3	用户创造价值营销	消费者创造内容	社交裂变（小红书、微博等）

2. 交易

（1）服务溢价

精品有着较高的服务溢价，和传统电商不同，精品电商要求电商从业人员有着良好的服务意识和专业知识和客户通常需要快速、专业的服务，这对客服提出了非常高的素质要求。

（2）较为标准化的产品

精品产品多为标准化产品，除了时装产品之外，其标准产品单位（SPU）和最小存货单位（SKU）一般不会很多。

（3）低频次交易

精品的交易频次并不高，除了日常精品和可负担精品外，多数消费者在一年一次左右。因此，许多精品电商都面临着用户活跃度较低的问题，不但影响销售额和复购频率，而且还影响了估值水平和融资能力。

（4）高客单价

精品价值从低至几百的口红，到几万的珠宝，客单价格都非常高。和传统的京东和天猫的商品相比，精品绝对价值较高，且基本不会出现打折的现象，因此客单价相对较高。

3. 仓储物流

（1）难包装

相对于其他的商品，精品商品的包装难度较高。因为现在的物流量较大，精品很有可能在运输途中损坏。因此，精品的包装必需要考虑到是否容易在运输中损坏。因为精品价值较高，消费者必然要求高大上的服务，"开箱仪式"本身就是精品价值重要的一部分。

（2）易仓储

绝大部分的精品产品是较容易存储的，这也是精品代购横行的原因。许多代购都将货品放在居民区，就实现了"零库存费用"。

（3）难物流

精品企业的物流成本较高，因为商品的包装不能有破损，因此要用抗挤压的快递包装。

4. 金融

在京东、天猫等平台通过分期付款的方式来吸引消费者购买，本质上是为消费者提供信贷消费。但是，分期付款的信用风险较高，需要平台方注意分散风险。因此，京东和天猫通过资产证券化的方式发行资产支持证券，将分期付款的收益和风险转嫁给了部分投资者。

5. 电子技术

（1）大数据甄选客户

电子商务企业需要利用大数据来分析用户的肖像，甄别其偏好，从而推送相应的产品。"黏度"是衡量用户忠诚度的重要指标，消息推送在一定程度上可以成为网站内容服务的一部分。

（2）AR 和 VR 的使用

增强现实技术（AR）和虚拟现实技术（VR）已经被越来越多的精品企业所使用，我们会在本章第四节做详尽的阐述。

6. 信任度

由于精品的价值很高，因此消费者需要更多的时间进行决策。消费者在见不到实物的情况，且在互联网精品假货比例居高不下的情况下，很难快速地进行流程决策。

（四）影响消费者购买精品的在线渠道

从影响精品消费者在线上购买精品的因素来看，如图 3.13 所示：品牌社交媒体官微（27%）、品牌官网（26%）、名人/时尚博主（20%）是主要影响消费者购买精品的在线渠道。从国外精品消费者来看，主要是品牌官网（29%）、品牌社交媒体官微（18%）和杂志广告或文章（16%）为消费者购买精品的主要在线渠道。可以得出结论，中国精品消费者更加容易受到社交媒体以及名人效应的影响。

（五）消费者对精品电子商务的满意度模型

如何更好地在线上服务消费者，最终触发购买行为呢？表 3.7 是笔者根据文献综述，总结而出的中国消费者电商满意度模型。该满意度模型从服务、物流、价格、页面、声誉和质量 6 个一级层面和 16 个二级层面详尽分析了消费者对电商的满意度模型。

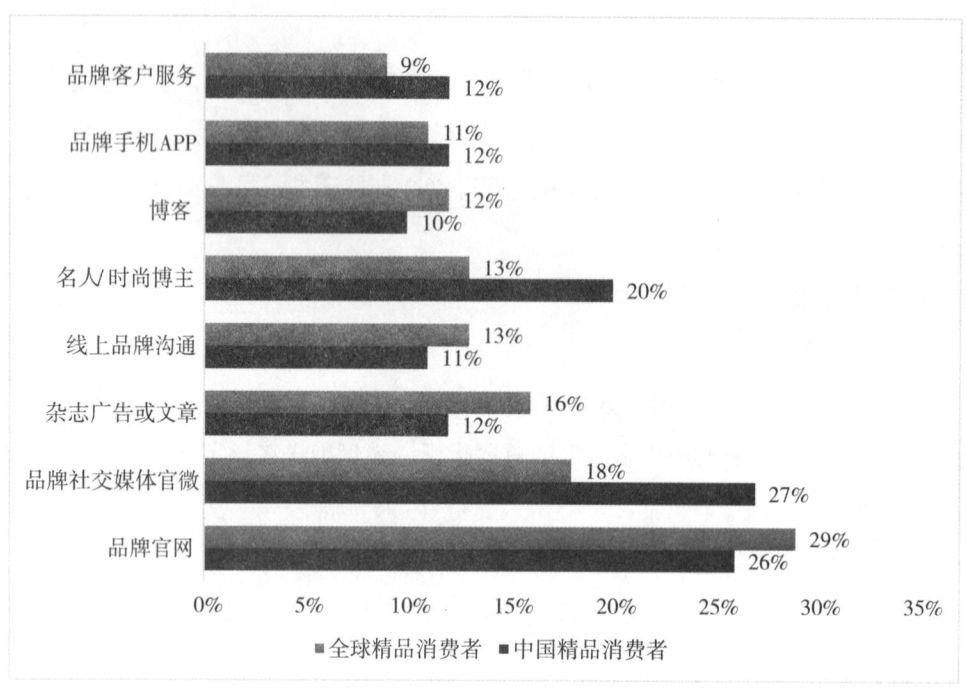

图 3.13 影响消费者在线上购买精品的因素

表 3.7 精品电商客户满意度模型

编号	阶段	表单
1	服务	售前介绍
		售中指导
		售后服务
2	物流	信息的追索
		物流的速度
		快递的包裹质量
3	价格	信贷工具（分期服务）
		优惠程度
4	页面	产品的表达
		浏览的舒适度
		信息的准确程度

(续表)

编号	阶段	表单
5	声誉	真品
		平台的知名度
6	价值	再购买
		转推荐
		支付更高价格的意愿

1. 服务

（1）售前介绍

电商和实体店不同，消费者只能通过图片、文字、视频，或者其他消费者的评论来判断该商品的价值。为了提高页面浏览，电商企业需要在售前阶段提供足够多的服务来鼓励消费者购买。

（2）售中指导

售中指导指的是在购买过程中，客服人员能够提供精准和贴心的服务，帮助客户甄选到合适的商品。

（3）售后服务

售后服务对精品消费者至关重要，比如物流的追索、退换货等。一般而言，现在的电商企业都会采取7天无理由的方式退货。但是，由于精品的单价过高，消费者可能会用买真货，退假货的方式来欺骗商家，这也是精品企业需要注意的事项。

2. 物流

（1）信息的追索

精品的原产地信息比较详实，有发货状态、所在地、托运公司及快递员姓名等。有些企业甚至通过物联网的手段，让消费者能够实时追踪商品的具体位置。

（2）物流的速度

精品的垂直电商肯定不如京东的自建仓储来的便利，必须依赖第三方物流。不过从目前的物流水平来看，现在的物流速度都非常快，甚至能够做到上午下单，晚上到达的程度。

> **精品小知识：精品的包装**
>
> 　　精品对于包装是非常挑剔的。买椟还珠是指将买来装珍珠的木匣留下了，退还了珍珠。比喻取舍不当，次要的东西比主要的还要好。但精品企业对于产品的要求非常高。一个好的包装要具备审美性，但如果真正打动人心的包装很可能会引导顾客改变初衷，从而购买该商品。精致的包装有以下作用：①精致的包装有助于以有吸引力的方式展示珠宝或价格昂贵的物品；②精致的包装有助于安全地保护物品；③精致的包装是卖家的绝佳品牌推广机会；④精致的包装可帮助买家识别设计。例如，大多数著名设计师以其出色的包装和与奢侈品盒制造商的合作而闻名；⑤精致的包装为珠宝或产品增添价值，同时具有一定的魅力。不仅是精品，数码产品、外卖的包装也日趋精美。打开精美的包装，消费者的满足感也油然而生。

（3）快递的包裹质量

快递的包裹质量对于精品的物流具有较重要的影响。首先，精品非常讲究产品的包装，毕竟消费者多属于高收入人士，对产品的要求较高。此外，快递的包装精致和考究，则进一步影响了消费者的感知价值（试想消费者买了一款2万多元的皮包，如果包装非常破旧，则对电商的服务质量产生怀疑；哪怕商品是正品，消费者也会觉得受到冒犯，甚至怀疑商品的真伪）。

3. 价格

（1）信贷工具

随着京东白条、蚂蚁花呗等信用工具的广泛使用，分期购买精品也被越来越多的企业所接受。现在一般常用的是3个月、6个月、12个月和24个月的分期贷款。在2019年8月7日（七夕节），周大福打着"珠宝可分期，幸福不分批"的口号语，推出创新珠宝分期产品——福贷。官方资料显示：该产品贷款额度为3 000～15 000元；贷款10 000元，分12期支付，月利息约为97元，折合年利率约为11.64%；其中单笔提用金额需大于等于1 000元。周大福也是希望通过这个方式，打开消费金融和资产证券化的市场，从而从产品和消费金融两个领域扩大收入。在2020年，京东和淘宝就推出分期购买精品商品，消费者可以享受到免息，使得精品消费更加的便捷。

（2）优惠程度

许多人到电商买货是为了寻找价格便宜的产品，并把电商当成了折扣店（Outlets，俗称奥特莱斯）。一些消费者希望从精品企业开设的线上/线下快闪店，采购价格优惠的套装及个性化产品。

精品小知识：消费金融和资产证券化

京东白条和蚂蚁花呗是现在千禧一代最常用的信用工具。那么，他们提供给消费者的资金从哪获得呢？难道是京东白条、蚂蚁花呗的资金吗？

答案是这些资金是京东白条、蚂蚁花呗向外发行金融产品，获得资金后贷款给消费者。换句话而言，京东白条和蚂蚁花呗扮演了银行的角色，向投资者（类似银行储户）发行了金融产品，然后贷款给消费者。这个过程就称之为资产证券化。虽然现在京东白条和蚂蚁花呗有许多免息的产品，但实际上都是在培养消费者的使用习惯。1%的月分期手续费实际年率高达20%；0.5%的月分期手续费实际年率高达10%。一般投资者购买这些金融产品的实际年利率仅为4%。这就是消费金融的理念，购买的理财产品又叫做资产证券化。

图3.14介绍了资产证券化的过程。我们以京东金融为例，首先将所有的白条纳入一个资产池，假设资产池的利率为8%，有4%的违约概率。如果这样的产品推广到市面上，相信很少有消费者愿意购买。但是我们可以将这个池分为三种产品，标准化产品1（优先级）、标准化产品2（次级）和标准化产品3（劣后级），分别发行给对应的投资者1~6。如果有白条用户发生违约，则次级产品率先吸收损失，因此给予次级产品的利率最高，为12%；劣后级的收益和风险其次；优先级最小，但是没有风险。这样就可以满足不同

投资者的风险收益率比。

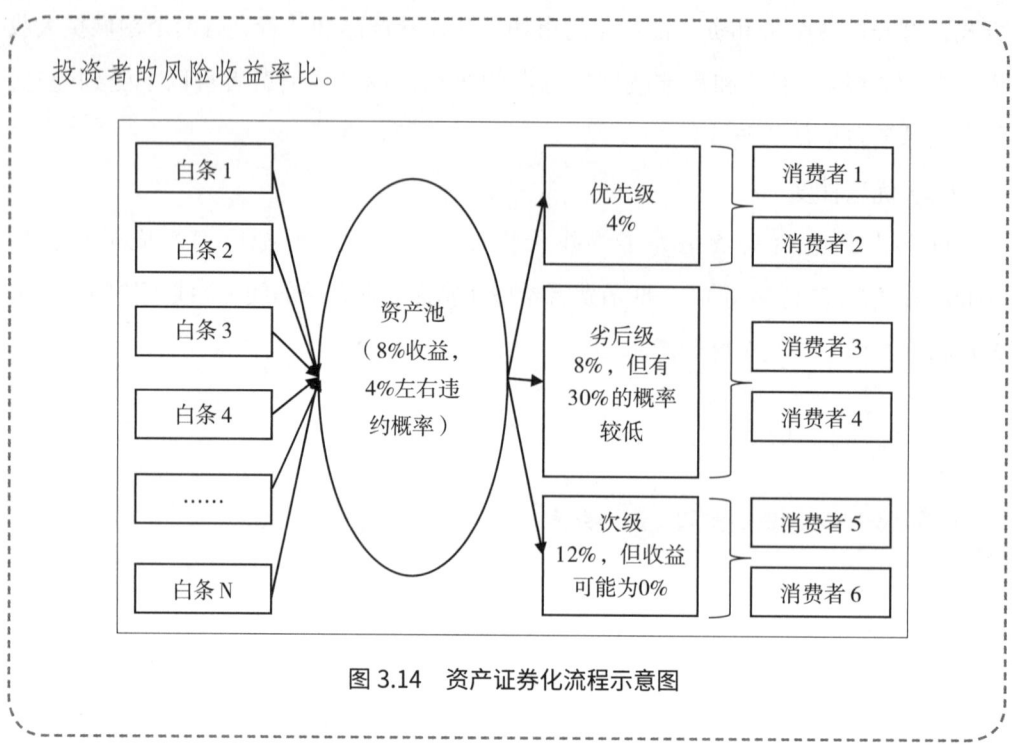

图 3.14　资产证券化流程示意图

4. 界面

（1）产品的表达

目前的智能手机屏幕不大，如何利用狭小的屏幕来充分表达产品是成功的电子商务建立的关键。

（2）浏览的舒适度

满足了产品表达，页面的舒适度也至关重要。字体、色调、大小、代言人照片等都影响了浏览的舒适度。

（3）信息的准确程度

精品消费者在网络购买，最担心的就是购买到假货。因此商家必须要提供发票、鉴定证书等消除消费者的忧虑。

5. 声誉

（1）真品

电商平台假货横行，消费者真假难辨。消费者只能信赖所收购的平台。

（2）平台的知名度

对于客户而言，电商平台的知名度非常重要。它关乎消费者是否会愿意再购买、转推荐，甚至愿意支付更高的溢价。

6. 价值

（1）再购买

再购买体现了消费者对于一个平台的忠诚度，也是该平台最有价值的客户群体。如果消费者只是为了优惠（俗称"薅羊毛"）而选择该平台，则该平台消费者的忠诚度并不会很高。

（2）转推荐

社交裂变是电商平台是否成功的重要指标，也是企业获得新客户的一个重要来源。转推荐是最低廉，但也是最难的获客方式。电商平台除了要自身产品过硬，价格优惠之外，可能需要提供现金鼓励来吸引消费者将该平台推荐给其他用户。

（3）支付更高价格的意愿

电商被众多人认成是奥特莱斯，是购买廉价精品的首选来源。对于一个电商平台来说，如何提高人均消费量，关乎到电商未来的盈利能力。

二、精品电子商务的发展现状

精品电子商务开展于 2010 年。购买精品成为当时富裕阶层追逐的风潮，但购买渠道主要集中在线下门店和海外代购。2010 年至 2013 年，数十家精品垂直电商平台陆续诞生，走秀网、第五大道、尊享网、品聚网、唯品会、佳品网等纷纷成立。2011 年，走秀网曾经拿到了当时国内电商历史上最大的 B 轮融资，额度为 1 亿美元，估值 5 亿美元。但是精品垂直电商的发展并不顺利，转型、破产成为这些电商的主要旋律。天猫和京东等综合电商大鳄的进驻，也进一步蚕食了这些精品垂直电商的生存空间。如今，许多精品垂直电商纷纷转型，开始逐步布局高端消费者的其他生活场景，如酒店预订、高端家具和理财服务等。

此外，随着中外精品价格逐步趋近，势必会导致国内精品消费的份额上升。2020 年 3 月 21 日，财政部、税务总局、海关总署三部门联合发布《关于深化增值税改革有关政策的公告》，2020年4月1日起，增值税一般纳税人（以下称纳税人）发生增值税应税销售行为或者进口货物的税率、境外旅客购物离境退税物品的退税率等均有不同程度下降。例如，纳税人发生增值税应税销售行为或者进口货物，原适用16%税率的，税率调整为13%；原适用10%税率的，税率调整为9%。与之相对应的跨境增值税也同步下降，也就是说，从2020年4月1日开始，消费者买同等价值的进口商品，会更省钱。精品品牌古驰中国官方也证实，为响应国家增值税减让政策，惠及更多中国消费者，品牌在中国内地商品的零售价格将于2020年4月1日起调整，下降幅度约为3%。总体来看，中国和国外的精品价格差将逐步趋近，也使得消费者最终会选择在本土购买精品。

精品小知识：股权融资

阿里巴巴、腾讯、百度、寺库、知乎等移动互联网都是依靠股权融资发展起来的。所谓股权融资，就是金融投资企业通过投资企业股权，帮助企业做大做强，从而实现股权增值，并在二级股票市场抛售给其他投资者，实现财富增值。以阿里巴巴为例，软银通过两次投资，用8 000万美元，换来了大约30%的阿里股份。等到2014年阿里在纽交所上市时，软银持有的阿里股份价值翻了大约2 900倍。到了2020年6月25日，阿里巴巴收盘市值近6 000亿美元的市值计算，软银持有的25.9%阿里巴巴股份价值超过1 500亿美元。同期，软银在东京交易所的最新收盘价5 533日元，总市值约1 087亿美元。这也意味着，软银持有的阿里巴巴股票市值比软银本身的市值还高。股权投资的种类按照时间分类，可以被分为种子轮、天使投资、A轮融资、B轮融资、C轮融资和二极市场融资。

1. 种子轮：项目往往只有一个概念。一般一些明星经纪人离职后，如果有创业的打算。许多投资人会愿意给他们一笔钱，希望通过他们在老东家积累的经验和人脉，建立新的企业。

2. 天使投资：天使投资所投的一般是初创早期的项目，公司有了产品初步的模样（原型），有了初步的商业模式，积累了一些核心用户（天使用户），甚至有些还没有一个完整的产品和商业计划，这个时候一般就是要找天使投资人、天使投资机构了。天使投资是风险投资的一种，投入资金额一般较小。投资量级一般在100万~1 000万元人民币。最初的天使投资人简称3F，即Family、Friends、Fools。天使投资一般在A轮后退出。

3. A轮融资：公司产品有了成熟模样，开始正常运作一段时间并有完整详细的商业及盈利模式，在行业内拥有一定地位和口碑。此时，公司可能依旧处于亏损状态。资金来源一般是专业的风险投资机构（VC），投资量级一般在1 000万~1亿元人民币。一般而言，A轮融资前，企业还在初创阶段，是不太可能实现盈利的。

4. B轮融资：公司经过一轮烧钱后，获得较大的发展，一些公司已经开始盈利。商业模式、盈利模式没有任何问题，需要推出新业务、拓展新领域，因此需要更多的资金流。资金来源大多是上一轮的风险投资机构跟投、新的风投机构加入、私募股权投资机构（PE）加入，投资量级在2亿元人民币以上。

5. C轮融资：公司已经发展到非常成熟的阶段，已经开始盈利，基本离上市不远了。这轮除了拓展新业务，也有补全商业闭环、写好故事准备上市的意图。资金来源主要是私募股权基金（Private Equity）、风险投资机构，有些之前的风险投资机构也会选择跟投。投资量级10亿元人民币以上，一般C轮融资后就是上市了，也有公司会选择D轮融资，但不是很多。

6. 二级市场融资：公司在登陆市场，会进行一次向所有投资者公开募集股票的过程，被称为IPO（Initial Public Offering，首次公开募集股票）。IPO之后，股价一般会上市，股权也被称为股票。股票的价格一般会因为公众的关注而大涨，之前提到的私募股权基金就会在二级市场上抛售股票，这个过程就叫做"退出"。为了稳定股票的价格，一般公司会承诺不抛售股票，这被称为锁定期。锁定期后，企业就可以在二级市场进行融资。

股权融资流程详见图 3.15。

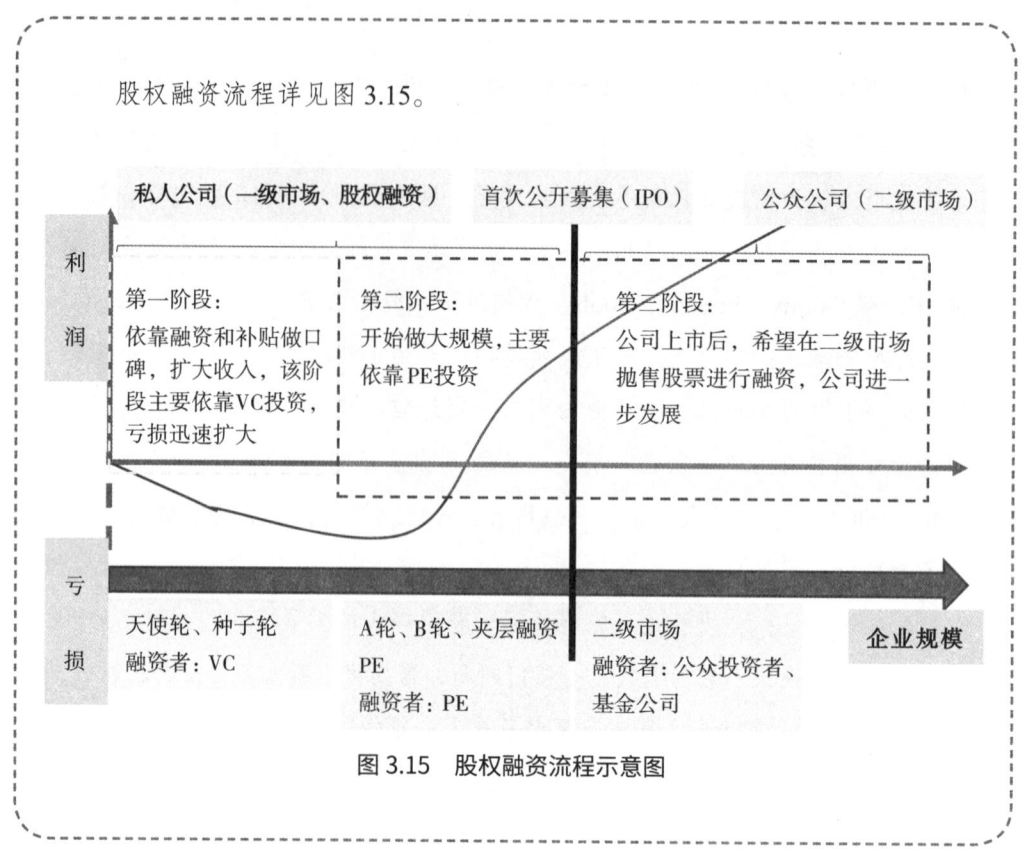

图 3.15　股权融资流程示意图

（一）精品电子商务的类型

从 Mob 研究院发表的《2019 奢侈品行业洞察》中，其按照精品电子商务的特点和特征，共分为六种平台，分别是综合电商平台、国内精品垂直电商平台、国外精品垂直电商平台、奢侈品集团自有电商平台和各大精品自有电商平台。在本教材中，我们按照精品电商的平台属性，共分为三个一级分类和八个二级分类。具体的电商平台如表 3.8 所示。

表 3.8　精品电商分类

	一级分类	二类分类	活跃商家
1	综合电商平台	品牌旗舰店	天猫、京东
2	精品垂直电商平台	一手国内精品平台	唯品会、聚美优品、万里目、洋百货、寺库、走秀网、珍品网、万表、优奢易、美丽说、尚品、魅力惠、第五大道、美西等
		一手国外精品平台	颇特女士（全称 Yoox Net—a—Porter，简称 YNAP）、发发奇（Farfetch）
		二手国内精品平台	只二、红布林、胖虎奢侈品、想享奢品、妃鱼等
		精品租赁	星洞、抖包包、包租婆、心上
3	自有电商平台	品牌官方网站	开云电商、路威酩轩电商
		精品集团官方网站	/
		微信小程序	/

图片和数据来源：Mob 研究院 2019 奢侈品行业洞察

从图 3.16 来看，消费者在线购买精品的时候，仍然较为偏爱综合电商平台，比如 31% 的消费者会考虑手机淘宝，22.70% 的消费者会考虑京东，15.10% 的消费者会考虑小红书。

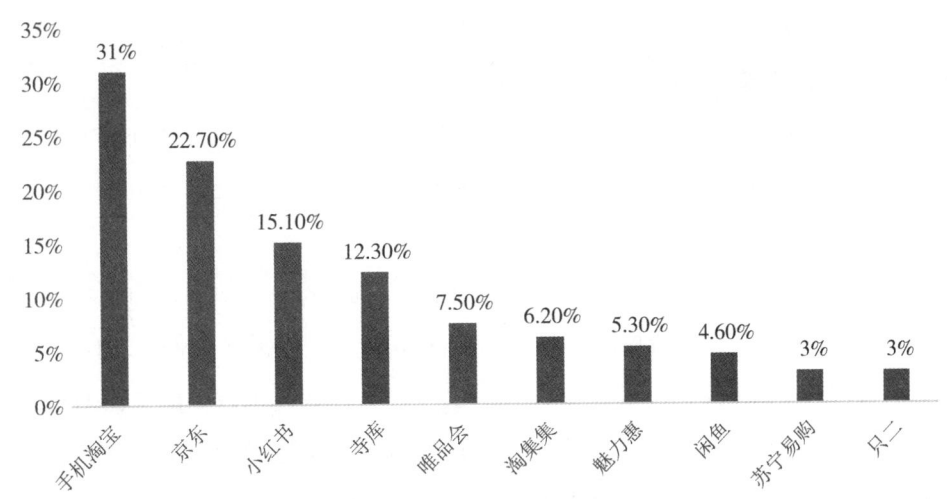

图 3.16　费者偏爱的电商购物平台

奢侈品集团电商平台：路威酩轩和开云都开设了自己的精品集团电商，售卖自己旗下品牌的精品。2020年，开云结束与颇特女士延续了七年的电商合作关系，将旗下品牌官网的电商业务全部收归集团自己运营。

各大精品自有电商平台：许多精品企业都有自己的电商平台，也在微信小程序开设了电商。从精品企业的战略来看，自有电商平台能有效保证产品的利润，提高消费者的黏性。但从数据上来看，消费者仍然偏好在淘宝等品牌选购精品，而不是从各大精品自有电商平台上采购精品。

（二）综合电商平台

阿里巴巴的天猫，以及京东商城属于综合电商平台。商家不直接销售商品，而是提供电商平台服务及营销。这种类型类似于传统零售的购物中心模式。商家提供场地及其他服务，负责吸引客流，招募零售品牌进驻。以收取租金或者联营方式获得收入。这两家电商的基本情况和区别如表3.9所示。在销售份额来看，天猫仍然占据综合电商的头把交椅，2019年成交总额约为2.62万亿；京东和拼多多紧随其后，占据了第二和第三名，成交总额分别约为2.08万亿和1万亿。

表3.9 中国前二大综合电商平台对比

		天猫	京东
1	创始人	马云	刘强东
2	创始时间	2012年	1998年
3	物流	依靠第三方物流	自有的物流系统
4	成交总额（2019年）	26 210亿元	20 854亿元

由于市场的竞争以及电子商务市场趋于饱和。现在每一个电商都面临新增用户增长的瓶颈，获客成本不断提高，具体如表3.10所示。以天猫为例，2014年其平均获客成本为70元，2018年则为306元。这也是为什么越来越多的电商通过"盖楼""抢红包"的方式来争夺新增用户。此外，天猫通过淘宝直播，大力主打社交电商，使得获客成本在2016年后逐步下跌，而京东的获客成本却上升到了2016年的10倍以上。

表 3.10 各大综合电商 2014—2018 年的获客成本

	天猫	京东
2014 年	70 元	82 元
2015 年	150 元	124 元
2016 年	412 元	142 元
2017 年	333 元	226 元
2018 年	306 元	1 503 元

数据来源：作者整理

1. 天猫

2017 年 8 月，天猫开设了精品频道"精品走廊（Luxury Pavilion）"，其市场表现详见表 3.11。2018 年"双 11"前夕，天猫还和历峰集团合作，与该集团旗下的全球最大奢侈品电商平台颇特女士（YNAP）成立中国合资企业。2020 年三八妇女节期间，天猫平台上精品箱包旗舰店销售同比增长高达 300%，天猫平台精品销售增长的原因在于消费者人数的增长和人均消费额的增长。此外，得益于卡地亚在天猫平台的线上销售，历峰集团 2020 年第一季度珠宝的销售额不跌反涨，同比增加了 2%。

表 3.11 天猫精品走廊的市场表现

日期	事项	日期	事项
2017 年 8 月	虚拟应用精品走廊（Luxury Pavilion）上线	2019 年 6 月	华伦天奴、杰尼亚、葆蝶家等精品品牌相继入驻天猫
2018 年 4 月	天猫宣布精品领域"小目标"：未来三年服务 亿新中产。入驻奢侈品牌数增至 50 多个	2019 年 9 月	历峰集团旗下奢侈品电商入驻天猫。囊括近 100 个精品品牌、设计师品牌和美妆品牌，是全球最受欢迎的高端电商之一
2018 年 9 月	蒂芙尼与天猫奢侈品合作，开设快闪店，并在天猫全网首发 花韵系列。限量一件的花韵系列铂金镶钻花环项链在天猫售出 67 万元	2020 年 1 月	卡地亚、凯卓入驻
		2020 年 3 月	普拉达、亚历山大王、乔治阿玛尼入驻天猫

2020年开始,许多精品企业纷纷在淘宝、京东进行直播销售。比如特斯拉在2020年4月22日首次开始了淘宝直播,开创了精品汽车在线直播销售的先例。4月28日下午,特斯拉的淘宝直播在一小时内,引来近400万人围观。对比2019年上海车展首日20万客流量,相当于开了20场车展。

2. 京东

京东目前销售精品的模式,一种是在自身主站平台上进行销售,一种是品牌的官方旗舰店,品牌直接在京东上开店,通过京东的一些基础服务设施,例如京东金融,京东增强现实技术,京尊达高端配送服务等,让消费者在线上购物也能享受到尊贵的购物体验,让消费者足不出户就能购买到品牌新品和限量款。还有一种是京东特有的,叫自营官方授权旗舰店。这个模式是京东和品牌方直接签约,货品直接来自于品牌方,京东帮助品牌进行店铺的运营,商品入京东仓,通过京东物流发货。普拉达品牌采取的就是这种模式。京东的增强现实技术同时发挥了重要作用,让消费者通过屏幕即可360°全方位感受商品。法国顶级皮具品牌卡米·富尔奈(Camille Fournet)曾在与京东的合作中,就通过增强现实互动的功能,将品牌专属的定制服务同步拓展到线上,消费者可以在线点击挑选自己喜爱的材质和色彩随心搭配。如此一来,每个人都可以成为一名手工艺人,创造独一无二的专属定制物件。

此外,京东和国外精品垂直电商发发奇展开了战略合作。2017年7月,京东向后者投3.97亿美元成为其最大股东。刘强东也作为京东集团董事局主席兼首席执行官加入了发发奇董事会。2019年2月,京东的奢侈品电商平台"顶级生活"将合并到发发奇中国。此外,发发奇获得了京东APP的一级入口,通过发发奇覆盖超过1 000个精品品牌商和精品店伙伴的网络,使得京东超过3亿活跃用户可以便捷选购超过3 000个精品品牌的商品,并且能够享受到京东快速优质的快递服务。除了京东和天猫之外,亚马逊在2020年也上线了"精品商店",在欧美市场开展精品线上业务。

(三)精品垂直平台

和综合平台类似,垂直平台提供场地和引流,吸引品牌入驻,但是垂直平台更多关注于精品及周边领域,比如唯品会、聚美等都聚焦在美妆平台,当然这些品牌也会聚焦在其他精品或服务领域。如前所述,国外的精品集团主要有颇特女士(YNAP)和发发奇,并不单独在中国运营业务,而是分别与国内的天猫商城和京东商城强强联手，这使得这些国内精品垂直平台的发展步履维艰。

1. 一手国内精品平台

由于天猫和京东的挤压，精品垂直电商的发展较为艰难。走秀网曾是2008年经济危机过后，第一波嗅到跨境电商商机而创立的企业。它以精品跨境交易为主，比唯品会、寺库更早占据市场。虽然后来它也从单一垂直的奢侈品电商转型为全品类平台，可命运多舛，拿下三轮共计1.5亿美金融资的它，后因一些原因而错过了上市，此后变得不温不火。从表3.12中幸存的精品企业名单来看，多数都经历了转型、规模难以发展等问题。由于天猫、京东等强势电商，任何品类的垂直电商都面临了发展难题。

表3.12 现存的精品垂直电商名单

公司名称	创始人	融资状况	成立时间	现状
寺库	李日学	多轮融资达数亿美元	2008年10月	登陆美国纳斯达克，转型多元化发展
第五大道	孙亚菲	仅一轮天使融资	2009年初	收获超高复购率和稳定会员量
魅力惠	韦弈博	多轮融资达数亿元	2010年4月	品类上转型轻奢品牌
珍品网	曹允东	获得A轮6000万融资	2016年1月	新三板上市
优众网	孙彤宇	300万美金天使投资，1100万美金A轮投资，4000万美元B轮融资	2008年	转型时尚轻奢潮牌
走秀网	纪文泓	多融融资逾1亿美元	2008年	受相关事件影响已经大不如前

因为，垂直电商与综合电商相比，知名度和影响力存在巨大差距。有营销专家认为，造成这种差距的原因最主要在于消费习惯——对于普通购物者而言，并没有心思记住名目繁多的电商名号。他们更习惯于在综合性的、品类齐全、知名度较高的网店购物。这也是很多垂直类电商区域衰落的原因，由于他们提供的价值不够，所以很难独立存活。垂直电商想要在夹缝中求生，甚至发展得更好，需要找准自己的独特定位，寻找差异化优势。在此基础上，还需进一步精细流量运营，提升用户黏性及有效转化，同时紧跟行业趋势，才能获得更多生存空间。

下面来简单介绍一下主要的精品垂直电商平台。

(1）唯品会

唯品会成立于 2008 年 8 月，总部设在广州，旗下网站于同年 12 月 8 日上线。唯品会主营业务为互联网在线销售品牌折扣商品，涵盖名品服饰鞋包、美妆、母婴、居家等各大品类。2012 年 3 月 23 日，唯品会在美国纽约证券交易所上市。唯品会在中国开创了"名牌折扣＋限时抢购＋正品保障"的创新电商模式，主要专注于时装、鞋子等领域。

（2）聚美优品

聚美优品是一家化妆品限时特卖商城，其前身为团美网，由陈欧、戴雨森等创立于 2010 年 3 月。聚美优品首创"化妆品团购"模式：每天在网站推荐十几款热门化妆品。目前，业务范围已逐步扩展到共享充电、影视剧制作、智能硬件等领域。

表 3.13 列举了运营不畅的 10 家精品垂直电商，其原因主要在于公司内部、供应链问题等。我们可以看到，这些电商的失败多在于内部运营问题及资金链断裂，这应当引起国内其他精品企业的重视。

表 3.13 截至 2019 年 12 月运营不畅的精品电商名单

公司名称	创始人	融资状况	成立时间	关停时间	关停原因
呼哈网	连庭凯	500 万美元的首轮融资	2006 年 6 月	2011 年 2 月	内耗严重，被曝欠薪内讧，CEO 跑路等问题
网易尚品	丁磊	未披露	2011 年 1 月	2011 年 12 月	公司内部战略调整
尊酷网	文颐	未披露	2007 年 4 月	2012 年 5 月	CEO 学历门事件，假货
新浪奢品	曹国伟	未披露	2011 年 8 月	2012 年 6 月	新浪支持力度小，进入行业时机不对
佳品网	杨培峰、董策、杨宏杰	多轮融资，总金额超过 6 000 万美元	2009 年 9 月	2013 年 3 月	因供应链问题错失转型良机，假货，领导内部斗争严重
俏物悄语	蓝石	两轮融资，总金额超过 5 000 万美元	2008 年 12 月	2014 年 3 月	盲目复制法国模式，供应链问题
天品网	大熊	未披露	2012 年 6 月	2014 年 6 月	自身定位不清晰，假货
尊享网	任柯霏	超多千万美元的一轮融资	2011 年 8 月	2014 年 5 月	供应链问题，流量压力

(续表)

公司名称	创始人	融资状况	成立时间	关停时间	关停原因
聚尚网	牛利奔	前后两轮融资共4 000万美元	2009年7月	2015年3月	转型失败，自身模式摇摆不定，没有明确战略
尚品网	赵世诚	多轮融资，金额不详	2010年5月	2018年1月	假货问题，战略失误

2. 一手国外精品平台

（1）英国珐菲琦（Farfetch）

品牌总部位于伦敦，珐菲琦致力于打造崇尚自我表达和与众不同的时尚概念，旗下拥有全球约550家合作买手集合店和200个合作品牌入驻，提供逾100 000件的时尚单品，品类涵盖女装、男装、童装、生活用品与精品衣着等，以广泛的产品选择以及多元化的设计师品牌脱颖而出。

（2）英国颇特女士（YNAP）

2000年，英国人娜塔莉·马斯内筹措资金创办了颇特女士，该网站为时尚精品网上专卖。经过稳步发展，现在，颇特女士已经成了精品垂直电商的头牌企业之一。

（3）法国闪购（Vente privee）

Vente privee是欧洲著名的闪购网站。闪购的意思是商家折扣清仓，用低价销售品牌产品，获得消费反馈的信息。如一些品牌在新品上市前，品牌商可以用闪购的模式试一下渠道和消费者对于新品的反应，以此对于新产品的销售趋势进行研判。2001年，闪购鼻祖网站（vente—privee.com）在雅克-安东尼·格拉勇（Jacques—Antoine Granjon）及7名同伴的推动下诞生于法国巴黎。闪购鼻祖网站成立后该公司在欧洲多国展开了并购，通过这些收购，该集团如今在法国，意大利，西班牙，德国，英国，奥地利，比利时，荷兰，卢森堡，瑞士，丹麦，波兰，巴西和墨西哥等国家开展业务。

（4）英国弗拉内尔（Flannels）

弗拉内尔除了网站零售外，还是英国知名的高端时尚百货连锁店，它们在伯明翰、利物浦、曼彻斯特等城市都有实体店，其中位于伦敦牛津街的旗舰店最大。弗拉内尔代理很多一线知名大牌和英国独立设计师品牌，如古驰、圣劳伦、麦昆、华伦天伦、加拿大鹅等，产品种类涵盖男女服装、鞋子、手袋、饰品等。

（5）意大利路易萨罗马大街（Luisa Via Roma）

路易萨罗马大街是意大利顶级时尚精品多品牌店。其实体旗舰店自 1930 年成立至今一直坐落于佛罗伦萨市中心罗马路上。路易萨罗马大街，经营形式主要是精品时尚买手店和网络零售店。

3. 二手国内精品平台

随着精品市场的发展，许多消费者开始关注二手精品（表 3.14）。二手精品电商平台在未来将扮演更为重要的地位。二手精品在国外已经是一个非常成熟的行业。根据优奢易拍发布的 2020 年《中国二手奢侈品市场发展研究报告》显示，发达国家二手精品占整个精品市场的比例超过了 20%，其中日本为 28%，美国为 31%，法国为 22%，英国为 26%，而中国仅为 5%，说明二手精品在中国有着巨大的发展潜力和空间。随着千禧一代成为精品消费市场的主力，他们更倾向于购买体现个性与差异化的产品，更注重产品的隐形价值而非物质价值。与流水线工业化大产品相比，更偏向选择独一无二不可复制的产品。二手精品符合年轻人的消费概念，可以用有限的金钱实现最大化的物质占有。二手精品价格也比较合理，实用性强。伴随着这一中国消费者的消费习惯改变，以及限量版和市场炒作的原因，一些精品款式甚至出现一手和二手商品价格倒挂的趋势，催生了二手电商的发展。

表 3.14 中国二手精品

	状况	描述
1	全新	商品状况完好的未使用商品
2	9.9 新	商品状态完好，因陈列或运输导致轻微污渍、划痕、磨损的未使用商品
3	9.5 新	商品状态完好，因陈列导致轻微污渍、划痕、磨损的未使用品
4	9.0 新	局部有少量划痕、污渍、磨损，品相良好
5	8.0 新	局部有明显划痕、污渍、磨损，品相不好
6	7.0 新	局部有较严重的划痕、污渍、磨损，不能正常使用

据统计，在二手精品的鉴定种类中，箱包占到精品鉴定的 64%，其余是服装

（11%）、鞋履（9%）、配饰（7%）和腕表（5%）。在鉴定品牌的数量上来看，路易威登排名第一，古驰排名第二，博柏利排名第三，香奈儿排名第四。从中我们可以发现，鉴定数量和精品销量大致呈现出正比例关系。精品市场的发展有其宏观、中观和微观等因素，如图3.17所示。从宏观环境看，主要是因为这十几年以来中国消费者消耗了大量的精品，有着巨大的精品存量市场，而如今消费者开始关注二手精品，因此供需市场形成；从中观环境看，移动支付、物流和信用保障，为二手精品市场提供了良好的契机；从微观来看，分享经济概念的传播和精品鉴定技术的发展，为二手精品行业提供了重要的保障。

因此，多家二手精品企业（电商）获得了风险投资的融资，如表3.15所示。但和精品垂直电商一样，这些企业是否能够在二手领域获得足够的用户流量，是摆在二手精品电商面前的重要课题。此外，阿里巴巴旗下闲置交易平台咸鱼也开始进入二手精品领域，未来这些二手精品电商如何发展，有待时间的检验。

二手精品电商有三种业务模式：（1）为买卖双方搭建桥梁的C2C模式；（2）买断货源的B2C模式；（3）作为中介商的S2B2C模式。

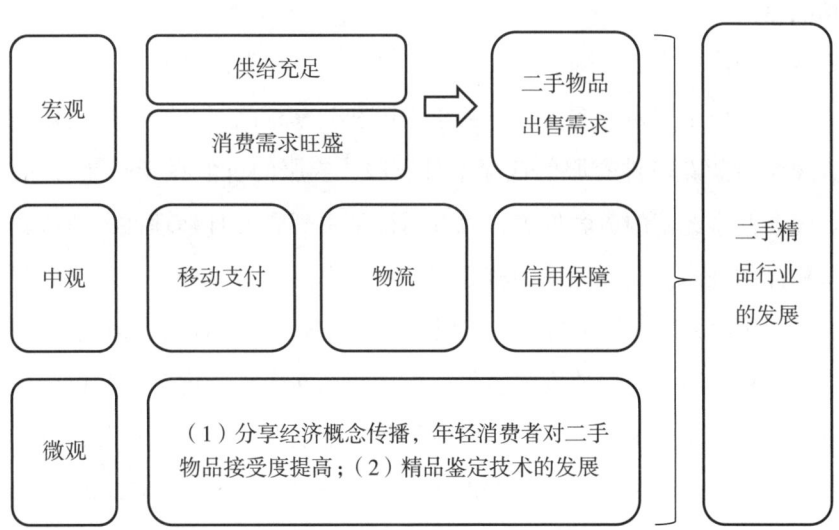

数据来源：贵士信息（Quest Mobile），2017年9月

图3.17 二手精品市场的发展图

表 3.15 二手精品融资概况（截至 2019 年 12 月）

	项目名称	融资时间	轮次	金额	投资方
1	奢交圈	2019 年 11 月	天使轮	千万元人民币	德迅资本，千行资本
2	包大师	2019 年 10 月	A+ 轮	近亿元人民币	华映资本，玖创资本
3	红布林	2019 年 8 月	B+ 轮	2 000 万美金	某著名美元母基金，Recruit
4	只二	2019 年 7 月	B 轮 1	数千万美元	赫斯特资本、元璟资本、华创资本、红点创投中国基金
5	包拯	2018 年 11 月	A 轮	未透露	心爱之物，小通宝科技，扛把子，真格基金
6	胖虎科技	2018 年 1 月	A 轮	1 亿人民币	三行资本，1898 创投，易赞资本等
7	心上	2018 年 1 月	C 轮	5 000 万美元	GGV 纪源资本，愉悦资本，北极光创投

4. 精品租赁

随着共享经济的发展，除了"实用派"——共享单车、共享充电宝，共享经济的出现，还催生出了"精致派"——共享衣橱和共享精品。共享衣橱出现的逻辑很简单：大家都希望花一件衣服的钱穿十件衣服，衣服的价值在于"穿"，而不在于"拥有"。随着共享经济的蓬勃发展，以及居民消费理念的日趋理性，消费者也开始认可租赁精品的理念。共享经济的核心在于将社会上海量、分散、闲置的资源借助平台化、协同化地聚合、复用与供需匹配，从而实现经济与社会价值创新的新形态。近年来，豪车租赁市场的快速发展就是实例。相信在未来，皮草、背包等租赁也会变得非常常见。截至 2019 年 12 月，在精品租赁市场上，活跃着星洞、抖包包、包租婆、心上等精品共享平台。在租赁市场上个人—平台—客户（C2B2C）的电商模式被许多商家所利用，即拥有精品的个人通过平台租借给需要的客户，平台抽取部分佣金。

（四）自有电商

自有电商平台是精品企业自己建设的平台。对于精品这样昂贵的商品而言，精品企业在自有电商平台上可以更好对价格进行管控，防止第三方平台低价倾销。有些第三方平台为了提高电商的品牌形象和成交额（GMV），从而提高企业估值，会补贴消费者购买高价格商品，更有甚者还会纵容假货在自己平台上售卖。因此，精品企业都希望建立自己专属的自营渠道，保证对供应链及价格的控制。如今，精品企业通常采用两种模式：在微信上建立微商城和自建电商。

1. 微商城

如第二章所述，微商城，又叫微信商城，是第三方开发者基于微信而研发的一款社会化电子商务系统，同时又是一款传统互联网、移动互联网、微信商城、易信商城、APP 商城、支付宝商城、微博商城七网一体化的企业购物系统。精品企业开设微商城的动机主要是扼制代购在微信圈的横行。因为这些代购都声称自己是官方渠道，导致精品企业必须设立官方微信商城来给自己"正名"。

随着移动支付的发达和社交媒体的发展，一些精品企业也开设了线上的快闪店。表 3.16 是部分精品企业线上快闪店的开设情况。

表 3.16　部分精品企业线上快闪店

品牌	平台	简　介
蔻驰	京东	2018 年 9 月 13 日，蔻驰限时快闪店上线京东，上线期限为一个月，是为庆祝 COACH x Selena Gomez 全新 2018 秋冬系列的发售
芬迪	Toplife（京东旗下）	FF Reloaded 胶囊系列产品
罗意威	天猫	针对中国市场定制设计的七夕心爱巴塞罗那手袋在天猫全球独家限量发售，这也是罗意威首度在中国尝试线上销售，其线下门店仅作陈列展示

2. 官方网站

精品企业更倾向于让消费者通过官方网站购买精品，具体原因如下。

（1）了解消费者的用户画像

由于官方网站的电子商城都采取了用户注册的环节，因此精品企业可以通过自有电商收集现有消费者的数据，从而为其决策提供依据，并且可以通过邮箱、手机等发送相关的产品资讯和活动信息。此外，通过性别、出生年月、职业、收入等信息，精品企业可以了解到用户画像，为其产品研发和活动举办提供科学决策依据。

（2）管控价格

精品企业和第三方电商平台合作的时候，必须配合电商平台进行促销活动（比如"双11""618"等）。作为精品企业而言，频繁促销会稀释品牌价值，影响后续的价格升幅。因此，越是昂贵的商品（比如钻石）和越是高档的品牌（比如爱马仕），就越容易拒绝和第三方电商平台的合作。

（3）增加利润

在第三方电商平台或直播平台销售任何产品，都需要支付给这些平台一笔不菲的佣金，通常比例在5%~30%左右。但是在精品自有电子商场上，企业是不需要支付这笔佣金的。

（4）杜绝假货

假货问题，是许多精品企业最所顾虑的。在我国，发生过多起消费者在第三方平台上购买精品，却被检验出是假货的现象。因此，消费者如果都选择在自有电子商城上消费，消费者可以完全避免假货，企业也捍卫了品牌形象。

三、精品电子商务的满意度和影响力分析

电子商务和线下实体店不同，消费者可以在短时间内迅速地浏览多家商铺，这也导致了商家必须着重于使用体验，并且尽可能地增加客户的页面浏览数量，缩短购买决策的时间。

（一）精品电子商务的决策影响因素与影响力评分

在要客研究院发布的《中国奢侈品电商报告》中，我们也看到，有很多因素在影响着消费者购买精品。在所有影响消费者购买精品的决策因素中，94%的消费者认为会受到评价的影响，其次是产品（93%），最后是价格（89%）。但是值得注意的是，APP体验（80%）也是影响消费者线上购买精品的重要因素之一，具体如图3.18所示。

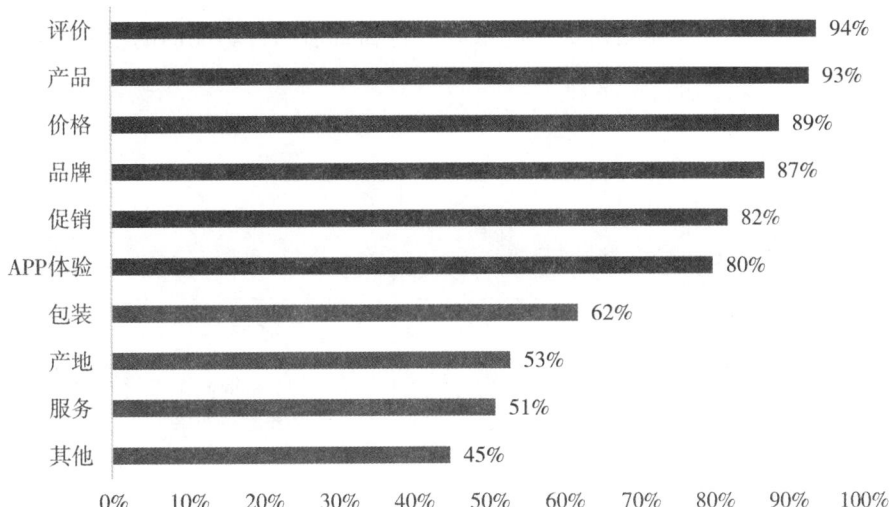

数据来源：要客研究院

图 3.18　影响中国消费者线上购买精品的主要决策因素

表 3.17 是要客研究院根据及 APP 的页面设计、响应速度、产品检索、支付方式、订单管理、客服模式、物流服务、产品品质、品牌等级等维度，通过同行评价以及客户评价所做出的精品电商影响力排行榜。从表单上来看，京东与发发奇的移动 APP 购物体验最受好评。

表 3.17　中国精品电商的影响

序号	品牌	分数	序号	品牌	分数
1	京东	80	6	小红书	59
2	发发奇	78	7	唯品会	58
3	天猫	77	8	魅力惠	58
4	寺库	65	9	洋码头	47
5	野兽派	60	10	嗨购	40

数据来源：要客研究院

（二）电商广告营销模式

品牌需要在电子商务网站做广告，从而更好地吸引消费者。根据艾瑞咨询《中国电商营销市场研究报告》显示，中国有五个品牌的电商广告营销模式，分别是搜索广告、展示广告、导购营销、信息流广告和直播广告。他们的定义、结算方式、优缺点和适用类型如表 3.18 所示。

表 3.18　中国电商广告营销模式对比

类型	定义	结算方式	优点	缺点	适用品牌主/商户类型
搜索广告	展示于商品搜索结果中、搜索结果页左侧及下方商品推荐位中的广告形式	CPC 进行收费	贴合强需求人群推送	品牌效应较弱，搜索商品以外的时间和场景触达效果较弱	能够通过竞价得到靠前排名的投放
展示广告	以图片形式形成的电商平台页面焦点图、Banner等广告形式	CPM 为主，辅以 CPM 和 CPC 的混合形式	醒目展示，加强品牌形象；展示图片可以跳转链接商品辅助消费转化	展示形式有限，转化效果有限	能够通过竞价得到靠前排名的投放预算较多的品牌主和商户
导购营销	通过转发商户在电商平台	CPS 模式	操作简单；付出成本必带来消费转化；随着转发者广泛触达电商站外流量	品牌效应弱，流量易流失至站外商品信息展示渠道	虽然高佣金更易得到导购转载，但因确保交易转化后才支付导购佣金，投放预算较少的商户也适用
信息流广告	在电商平台内容板块中以图、文、短视频等形式出现的各式内容化商品推荐广告	CPS 为主，辅以内容设计等其他费用	以丰富内容形式触达消费者；商品宣传信息具有一定的真实性与互动性；可借助达人粉丝效应	内容板块外的触达效果弱，需要消费者花费时间对内容进行消化及转化	对于没有长期稳定高销量的品牌主和商户来说，可以从内容化的角度长期培育消费者对品牌/商户的兴趣，继而转化
直播广告	在电商平台直播平台中以直播形式展示的商品推销营销模式	CPS 模式	限时优惠吸引转化；粉丝效应强；互动性强	高粉丝量、影响力并能带来高转化的直播者费用也高	预算少的商家可以选择腰部或者尾部的关键意见领袖。预算多则可以选择头部的关键意见领袖

备注：CPS，Cost per sales 按照销售额计费；CPM，Cost per mille，按照千人看到广告的次数收费；CPC，Cost per click，按照点击收费

对于精品企业而言，随着电商成为重要的流量入口，未来势必要加强在电商平台的营销力度，使得自己的商品能够优先被消费者注意。一般化妆品等日常精

品会使用阿里妈妈的营销平台。阿里妈妈是阿里巴巴公司旗下的一个全新的"跨平台，跨屏幕，跨渠道"的全域营销平台，即通过大数据整合各类可触达消费者的渠道资源，建立全链路、精准、高效、可衡量的跨屏跨渠道营销体系。基于阿里巴巴 5 亿真实用户和营销平台，阿里妈妈以数据和技术赋能，全面追踪消费者从品牌认知到兴趣，从购买到忠诚的全链路，实现品牌与消费者的全媒体互动。许多商家，尤其是在淘宝和天猫体系下的，都会选择阿里妈妈进行整合营销的服务。阿里妈妈的主要平台有 Uni Desk、淘宝直通车、智钻、超级推荐、淘宝客、品销宝和达摩盘等。

四、高科技技术在电子商务的运用

随着计算机网络技术的深入，营销手段也发生了重大改变，消费者接受信息的习惯也随着发生重大转折。对于计算机行业而言，第一代平台是从万国商业机器公司（的）IBM 个人电脑开启的，只是数字化了文档的处理；第二代是从苹果和微软开启的，通过图像显示器的电脑＋局部网络，以及新的软件体系包括数据库、事务处理，数字化了整个企业内部的信息流通和信息的管理，提高了办公室效率；第三代是个人电脑和互联网，它的前端是一个浏览器，后端是基于全球规模的光纤通信网络（包括海底电缆）。它的特点之一，全球的基于文字和图像的信息传播。特点之二，它不仅数字化了人的兴趣和意图，比如广告和电商，还数字化了人的社交关系，促使社交网站的诞生。同时企业数字化的渗透，让更多企业的信息处理和交流、管理可以通过网站、互联网做更多的连接。前三代有一个共同点，信息的获取都是鼠标键盘，信息的交付都是图像显示器。这就意味着人是起着核心作用，是人把对世界的观察用文字和图像来数字化。第四代移动互联网和之前不一样，因为信息的交互是手指、是摄像头、是定位器，我们数字化的范围大规模的扩张，开始数字化人的日常生活，包括社交、出行和支付。移动互联网大大推广了数字化的范围，同时云服务把计算的规模、计算结果的交付能力大大提升。企业数字化的深度和广度也被大规模推进了。第五代，是 AI 加上边缘计算、5G 的传输、增强现实技术、虚拟现实技术等的运用。

(一)产品来源清晰可溯:通过区块链防伪技术打击假货

区块链是一个信息技术领域的术语。从本质上讲,它是一个共享数据库,存储于其中的数据或信息具有"不可伪造"、"全程留痕"、"可以追溯"、"公开透明"和"集体维护"等特征。基于这些特征,区块链技术奠定了坚实的"信任"基础,创造了可靠的"合作"机制,具有广阔的运用前景。比特币所代表的电子货币,其实是区块链其中的一个应用,主要体现在产品来源清晰可溯。此外,通过区块链防伪技术打击精品假货,可以更高效地联结品牌和消费者;完善数据——完善奢侈品牌的战略发展数据。历峰集团首次涉足区块链:旗下奢侈腕表品牌江诗丹顿将区块链认证技术运用于古董表交易。瑞士精品集团历峰集团旗下品牌江诗丹顿使用区块链技术支持的认证流程,以打击假冒伪劣产品,并为表主们确保产品在整个生命周期内的真实性。江诗丹顿是历峰集团旗下区块链认证流程的首个试点品牌。

(二)高效沟通消费者和品牌——高效联结品牌和消费者

对消费者而言,区块链带来的体验重塑是全方位的。比如,企业通过将区块链上商品的可追溯性与消费者新的支付方式相结合,消费者就不用排队结账。此外,消费者也不再是一个个孤立无援的个体,而是形成了一张依托于数据的消费者网络,并且借助基于区块链的身份管理系统,消费者可以确定与谁共享个人消费和使用数据,甚至可以要求从共享数据获得奖励,比如获得折扣或积分等等。此外,区块链还能帮助商家更好的收集客户数据。位于纽约布鲁克林,生产智能布料的初创公司卢米斯(Loomia)通过对其生产的纺织品能够进行大范围的数据收集,嵌入面料中的传感器将数据传递到区块链,并获得消费者购买产品之后的使用情况反馈,比如一次穿了多久,穿着频率等。此外,使用这种布料做成的皮靴,能够感知外界的温度,当温度较低时,皮靴能够自动加热。随着这些穿着数据在区块链平台上的积累,卢米斯正在探索新的商业模式,为消费者提供更加个性化的服务。

（三）完善数据——完善奢侈品牌的战略发展数据

随着数据时代的来临，主数据越来越被企业重视。所谓主数据是指所有用于标识业务关键元素的静态信息，这可以包括产品名称、人员（客户、供应商、员工、负责人等）、特殊设备和工具、设施等。主数据不同于事务性数据，如发票编号、发票金额、日期、流程参数等。主数据的目的更多的是识别，而不是测量。事务性数据则根据主数据的情况进行测量（表3.19）。

表 3.19 主数据和事务性数据的定义

	数据类型	简述
1	主数据	产品名称、人员（客户、供应商、员工、负责人等）、特殊设备和工具、设施等
2	事务性数据	发票编号、发票金额、日期、流程参数等

五、精品搜索型电子商务的风险

风险无处不在，对于精品企业而言，物流、假货和合作风险问题时常困扰着精品企业。精品企业本身自己也在积极搭建平台，提高线上业务的利润率，这对精品搜索型电子商务企业提出了较高的要求。

（一）物流风险

精品的价值一般都较高，物流的风险非常大，这使得物流不顺畅。物流风险主要包括快递的挤压使得商品变形、商品的丢失等问题。精品由于价格较高，由此产生失窃和破损的问题时，容易产生各种纠纷。通常，在寄运过程，商家会通过购买商业保险的方式来规避风险。但即便如此，物流的问题也会使得精品消费者变得非常不愉快。因此，如何解决包装问题，使得顾客在收到快递的精品包裹时感到物有所值，是精品企业必须考虑的问题之一。

精品小知识：精品快递的物流问题

案例一：快递失窃、丢失问题

2020年2月26日晚，吴先生将一包价值35万余元的珠宝交给其妻子，让她寄给省外的一个朋友。次日，吴先生的妻子通过快递将珠宝寄出。然而，吴先生的朋友收到快递后发现里面没有珠宝，只有三包茶叶，随即联系了快递收件员咨询包裹是否出错。快递员张某非常积极地帮吴先生查找，快递公司也多次帮忙寻找，最终还是一无所获。由于吴先生的包裹在寄件时只保价5万元，与35万元的珠宝价格相差甚远，情急之下的吴先生向深圳市公安局福田分局香蜜湖派出所报警。民警在详细了解案情后，便立即开展侦查工作。经调查研判，发现收件员张某有重大作案嫌疑。随后，办案民警郑卓带队前往张某所在的快递点将其抓获归案，并将涉案的珠宝等赃物一并追回。还有如2019年9月19日，南宁市公安局南湖分局接到快递员蒋先生报警，称他在派送东博会参展展商的珠宝玉石时，有价值将近50万元的珠宝玉石掉落，后来经过监控发现，快递在掉落后2分钟左右，被一辆路过的白色车辆驾驶员捡走了，民警立即通过技术手段，联系上了白色轿车驾驶员，追回了掉落的珠宝。

案例二：快递破损问题

2019年，李先生通过他人代购的方式，购买了一款路易威登双肩背包，费用是1.35万元。由于使用率并不高，李先生决定把包转手卖出去。他把包挂在某二手物品交易平台，标价是1万元。前不久，该包被福建福州市一买家看中，谈妥的价钱是8 700元。2020年4月2日，李先生通过某快递公司将包寄往福建福州市。由于物品较贵，李先生购买了75元的保费，对物品保价15 000元。2020年4月4日，收件人收到快递后开箱验货，发现背包有两处破损，并拍照反馈。之后，收件人选择拒收。对于此次交易失败，李先生认为快递公司有责任，提出调查要求，并申请理赔。不过，快递方面认为，背包的破损并不是在邮寄过程中造成，因此不予理赔。"我们调取相关资料，包裹的外包装从始至终都是完好的，没有挤压、破损的痕迹，期间也没人拆过"。快递公司工作人员表示，不排除背包在邮寄之前就已经破损的可能性，因为当天投递员上门收件的时候已经是晚上，视线不好；加上破损小，位置隐蔽，投递员的检查没有收件人那么详细。

（二）假货风险

对于搜索型电商而言，最严重的危机就是假货问题。中国的电商在成立之初就饱受假货的困扰，一方面是因为无法约束卖家的假货行为，另一方面也因为电商迫于成交总额（GMV）的压力而放松了监管。当然，部分消费者希望在电商那里能购买便宜的假货来满足自己的虚荣心理，这也助长了不法分子侵犯精品品牌的知识产权。精品企业应当捍卫自己的产权力，并与知识产权局合作，保护自身品牌形象，并且通过社交媒体告知消费者正品的购买渠道，培养消费者在专卖店购买精品的消费习惯。

精品小知识：上海七浦路和北京秀水街

在2010年前，上海七浦路和北京秀水街的市场除了卖新潮的服饰之外，有些店还卖精品假货。LY、Cuggi等标示也是屡见不鲜。甚至在国外的旅游系列书籍《孤独星球》（*Lonely Planet*）上也曾经将这两个景点作为中国的必游之地，推荐外国游客去购买"价廉物美"的时尚产品和盗版物资等。这给中国的国家形象和城市形象带来一定的负面效应。最近，随着我国不断重视"打击侵权盗版，保护知识产权"，这些精品假货店已经销声匿迹。

（三）合作风险

天猫和颇特女士合作，京东则和发发奇合作，共同开展精品跨境电商服务。这些合作是否能够产生协同效应，还有待时间的考验。此外，颇特女士和发发奇的经营成果和诚信是否能赢得中国消费者的亲睐，也是一个较大的问号。此外，由于商务文化等原因，中外合作往往面临着许多困难。

第四章

精品电子商务（下）
——基于社交媒体的电商

第四章 精品电子商务（下）——基于社交媒体的电商

学习目标

- 熟悉社交电商的演变，了解传统电商和社交电商之间的区别
- 掌握基于关系链的传统社交电商方面的知识
- 掌握基于内容流的传统社交电商方面的知识
- 了解社交电商的潜在问题

小红书是一个生活方式平台和消费决策入口，截至 2019 年 7 月，小红书用户数已超过 3 亿，其中 70% 用户是"90 后"。在小红书社区，用户通过文字、图片、视频的分享，记录了这个时代年轻人的正能量和美好生活。小红书通过机器学习对海量信息和人进行精准和高效匹配。小红书旗下设有电商业务，2017 年 12 月 24 日，小红书电商获《人民日报》代表中国消费科技产业的"中国品牌奖"。2019 年 6 月 11 日，小红书入选"2019 福布斯中国最具创新力企业榜"。和其他电商不同，小红书是从社区起家的。一开始，用户注重于在社区里分享海外购物经验，到后来，除了美妆、个人护理的信息外，小红书上出现了关于运动、旅游、家居、旅行、酒店、餐馆的信息分享，触及了消费经验和生活方式的方方面面。

2019 年 5 月初，路易威登成为第一家在小红书平台上推出专页的精品品牌。在起初，这件事还引起了人们的争议，因为小红书的主要用户是以"90 后"和购买美妆物品者。实际上，路易威登看重的是小红书社区积累的 2.5 亿用户，其社群的口碑营销及社交裂变正是精品品牌所看重的。

此外，路易威登还非常热衷社交化营销。除了第二章我们讲的和英雄联盟、美国职业篮球联盟等合作外，路易威登还邀请了宇博为其运营其官方微博和微信公众号，甚至还邀请知名艺人为其品牌产品代言。大家肯定要问，作为一个全球著名的精品企业，拥有一大批高收入客户，为什么它还这么热衷于社交电商与代言人效

应？关于这些问题本章内容将给出解答。

一、精品社交电商的演变

传统电商依赖的是用户主动搜索，商家是被动接受客户的。但随着社交媒体的发展，代购模式首先在微信中出现，甚至出现了"全民代购"这一模式。2015年，拼多多的出现使得"拼购模式"层出不穷。伴随着电商营销师（就是电商主播）这一行业的发展，电商营销师可以利用自己的影响力，依赖消费者大数据，来为消费者提供服务。布鲁斯等（Bruce et al, 2018）认为直播主要有8个动机，分别是娱乐、信息搜集、见新朋友、社会交往、社交支持、社区感觉、社会解压和外部支持。[①]

（一）社交电商的发展阶段

电子商务自20世纪90年代诞生以来，已经演变了以下四个不同的业态，如今这四个业态同时存在于市场上（图4.1）。

（1）电商1.0阶段，是1999年开始的以易趣、淘宝等平台为代表的C2C模式，是传统企业初步触网时代，最终以淘宝的免费模式成就了淘宝的商业帝国。

（2）电商2.0是平台电商时代，是商业—顾客模式（B2C），以2008年天猫、京东两大电商平台的出现为代表，通过优质大牌商品、丰富品类、完善服务保障，迅速积累大批用户。

（3）电商3.0是2013年出现的社区电商O2O模式，移动支付的出现，线上线下两种模式的结合在社区得到了充分验证，各行业开始了线上线下的融合。

（4）电商4.0是以微商、拼多多、云集等社交电商为代表的社交电商，也是与传统电商有差异的社交时代，其改变了传统电商获取流量的方式，通过社交分享的途径迅速突围。

---

① Hilvert-Bruce, Z., Neill, J. T., Sjöblom, M., & Hamari, J. (2018). Social motivations of live-streaming viewer engagement on Twitch. Computers in Human Behavior, 84, 58–67. doi:10.1016/j.chb.2018.02.013

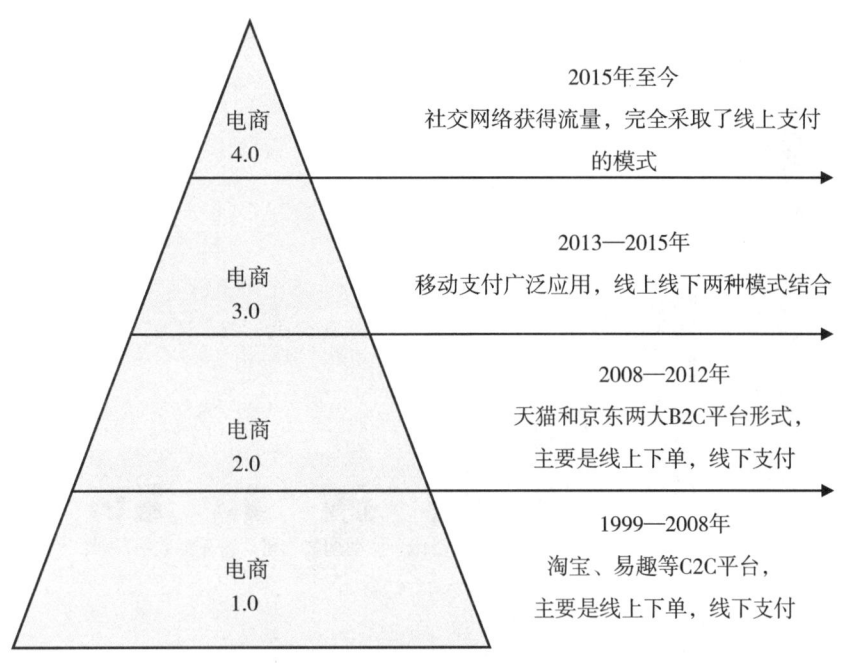

图 4.1 从"电商 1.0"到"电商 4.0"

凡是基于社交关系形成的线上交易行为，在广义上都属于社交电商，比如微信上的微商、公众号等关键意见领袖和关键意见客户的内容电商、淘宝系直播等。社交电商使得客户也成为推广者，实现了通过社交网络实现裂变式传播；并且为长尾商品提供了广阔的发展空间；从传统的搜索式购物变成了发现式购物，提高了转化量。随着物流的链接，社交媒体的发展，社交电商成为了许多商家扩大影响力和销售额的平台。从图 4.2 我们可以看到移动社交已经占据用户应用使用时长的第一，因此社交电商的发展也是顺应了消费者习惯的变化。

根据艾瑞股份公布的《中国社交电商行业研究》公布的数字，中国社交电商发展迅速，从 2015 年的 46.9 亿元增长到 2018 年 6 268.5 亿元，预计 2021 年可以达到 2.86 万亿元。2015—2018 年三年间，社交电商占整体网络购物市场的比例从占中国网络购物市场比例从 0.1% 增加到了 7.8%，预计未来将继续保持高速增长的势头，具体如图 4.3 所示。

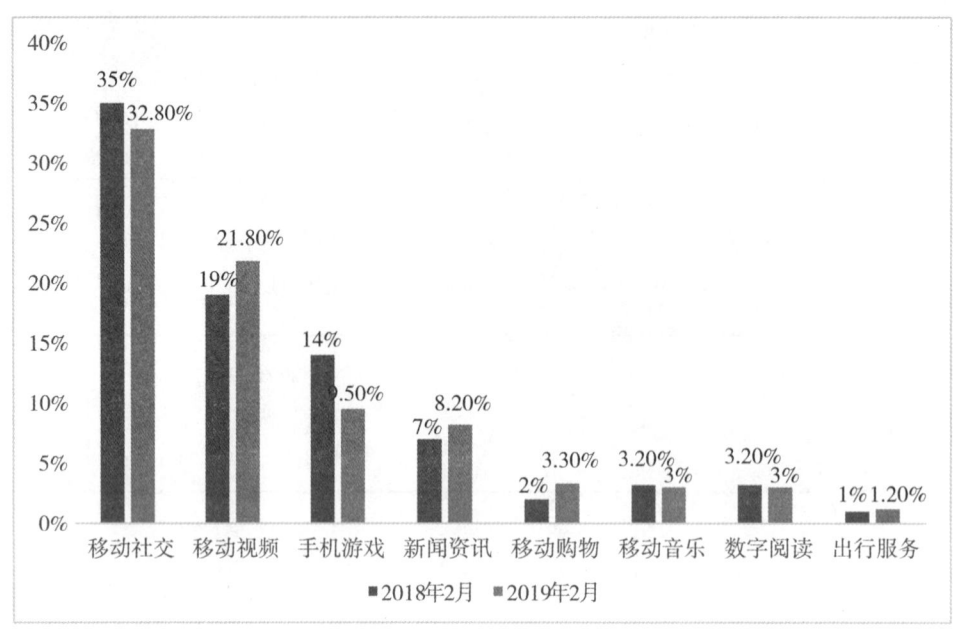

数据来源：QuestMobile

图 4.2　移动互联网典型行业总用时长占比（2018 年 2 月和 2019 年 2 月数据对比）

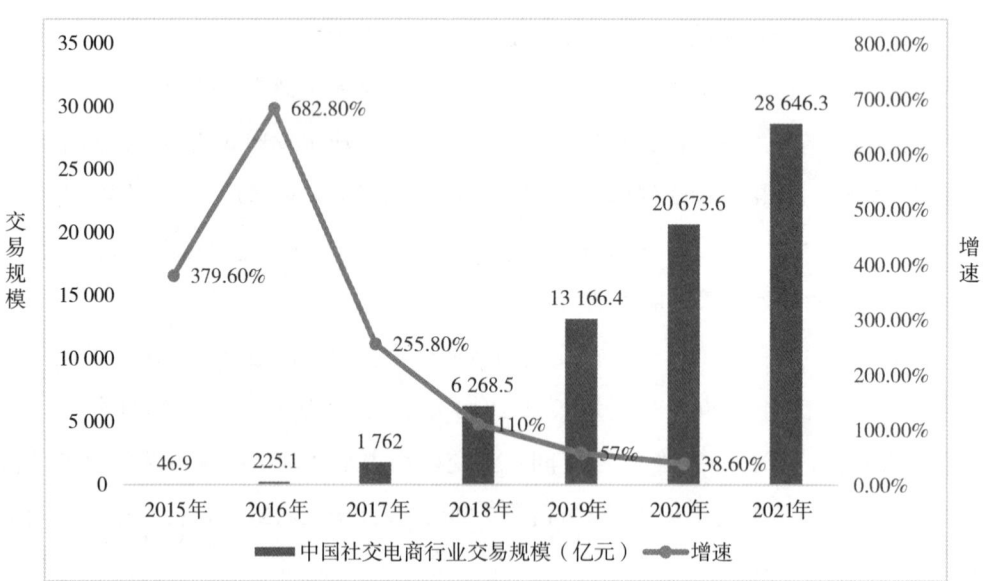

数据来源：艾瑞咨询

图 4.3　2015—2021 年中国社交电商行业规模及增速

（二）精品社交电商的比较优势

2019 年以来，直播电商受到了消费者和风险投资机构的热捧。首先，传统卖家的痛点一直存在，主要是：①流量入口稀缺昂贵，难以吸引客户流量；②客户的忠诚度与重复购买度降低；③卖货模式单一，转化率低下；④购买入口深，步骤繁琐，体验差；⑤没有好的卖货系统支持，转型线上卖货艰难；⑥不满足图文低流量传播，消费升级；⑦营销推广机制匮乏，难以沉淀用户；⑧用户消费路径长，用户价值低下；⑨未能抓住用户心理，难以精准营销。直播＋电商的系统，通过社交的方式，可有效解决这些痛点：①场景化购物：通过主播场景化展示、使用产品，让用户更全面地了解产品，刺激消费；②增加购物流畅度：直播与商城无缝对接，用户无需进行平台转换，通过链接直达进入商城购物；③提升店铺成交量：融入奖励模式，加快口碑传播，将品牌粉丝转化为购买用户；④营造消费气氛：支持点赞、打赏送礼、评论等实时互动，增加平台活跃度营造良好的购物氛围；⑤多流量入口引流：支持小程序、APP、H5、公众号、PC 端等多社交流量入口分享缩短 O2O 互动路径；⑥引导消费者消费：通过发放优惠券、购物币等营销玩法，刺激消费者的购买欲望。电商＋直播模式的火爆也意味着电商平台的发展更有前景。有学者通过对消费者的调研分析，确定了人们为什么偏爱社交电商，尤其是直播电商的八个动机：①直播电商的产品演示更好；②从主播的口中，能够更多的获取产品信息；③对这种直播电商的新颖性感到兴奋；④可以和主播、其他人进行实时互动；⑤可以很便利地获取信息；⑥知道哪些产品比较流行；⑦需要其他意见；⑧交易便利、直接支付即可。[1]

精品传统电商和社交电商的区别主要在以下几个方面。

① 传统电商是以商品为中心，社交电商以人为中心。传统电商只有当客户买了商品之后，才知道谁是你的客户，你和用户之间建立联系的纽带是你的商品和服务。社交电商不同，首先你要建立人与人之间的联系，随后再建立信任，之后再和对方形成交易。换言之，社交电商是你已经知道对方是潜在客户，但不知道何时会交易；

---

[1] Cai, J., Wohn, D. Y., Mittal, A., & Sureshbabu, D.（2018）. Utilitarian and Hedonic Motivations for Live Streaming Shopping. Proceedings of the 2018 ACM International Conference on Interactive Experiences for TV and Online Video - TVX '18. doi:10.1145/3210825.3210837

传统电商是知道何时会交易，但不知道谁来交易。

② 传统电商的用户是漏斗形态，从 1 万个访客转化 500 单；社交电商的用户是发散型的，用户会推荐更多用户，具体如图 4.4 所示。社交电商依托社交关系实现从拉新到留存全流程的降本增效，具体的流程则是（a）用户拉新：基于用户社交关系进行裂变，降低获客成本；（b）用户转化：基于信任关系提高转化效率，基于社群标签提供精准化的推荐与服务；（c）用户留存：用户既是购买者也是推荐者，在二次营销的过程中实现更多的用户留存。

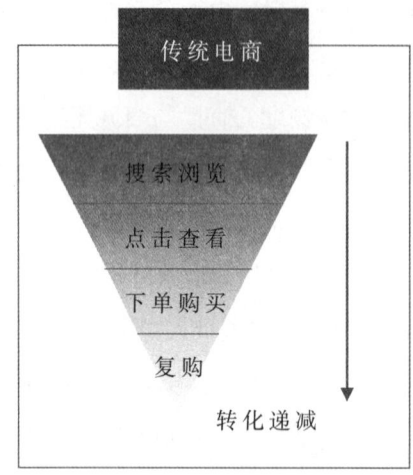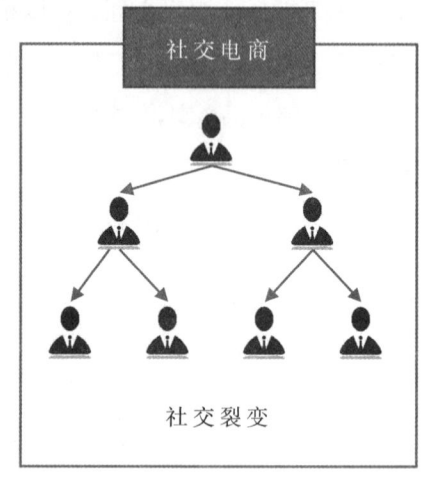

图 4.4　传统电商和社交电商的转化方式

③ 传统电商流量更依赖于搜索，社交电商的流量依赖于人与人之间的传播（图 4.5）。如果社交电商主播有一定的社会名气，其流量成本是非常低的。许多美国职业篮球联盟的明星退役后，都纷纷推出自己的潮牌，利用自己的名气给自己的品牌引流，取得了不俗的业绩。传统电商的用户是比较分散，传统电商的客户很难沉淀下来，必须不停地寻找新的流量；社交电商则是一张不断发散的网，可以通过社群中的客户不断地发散。从转化率来看，顶级网红电商的转换率为 20%，社交电商为 6%~10%，传统电商为 0.37%（购买转换率 = 产生购买行为的用户数 / 到达店铺的用户数）。

④ 社交电商的客户管理需要比传统电商做得更好，才能持续获得流量。尤其是直播电商，主播的淘汰率极高。此外，用户口碑对社交电商起着决定性的作用。传统电商高度依赖于电商平台，如天猫、京东和苏宁等，渠道掌握在电商巨头手中；社交电商则高度依赖于社交媒体平台，和电商平台相比，安全感较强。

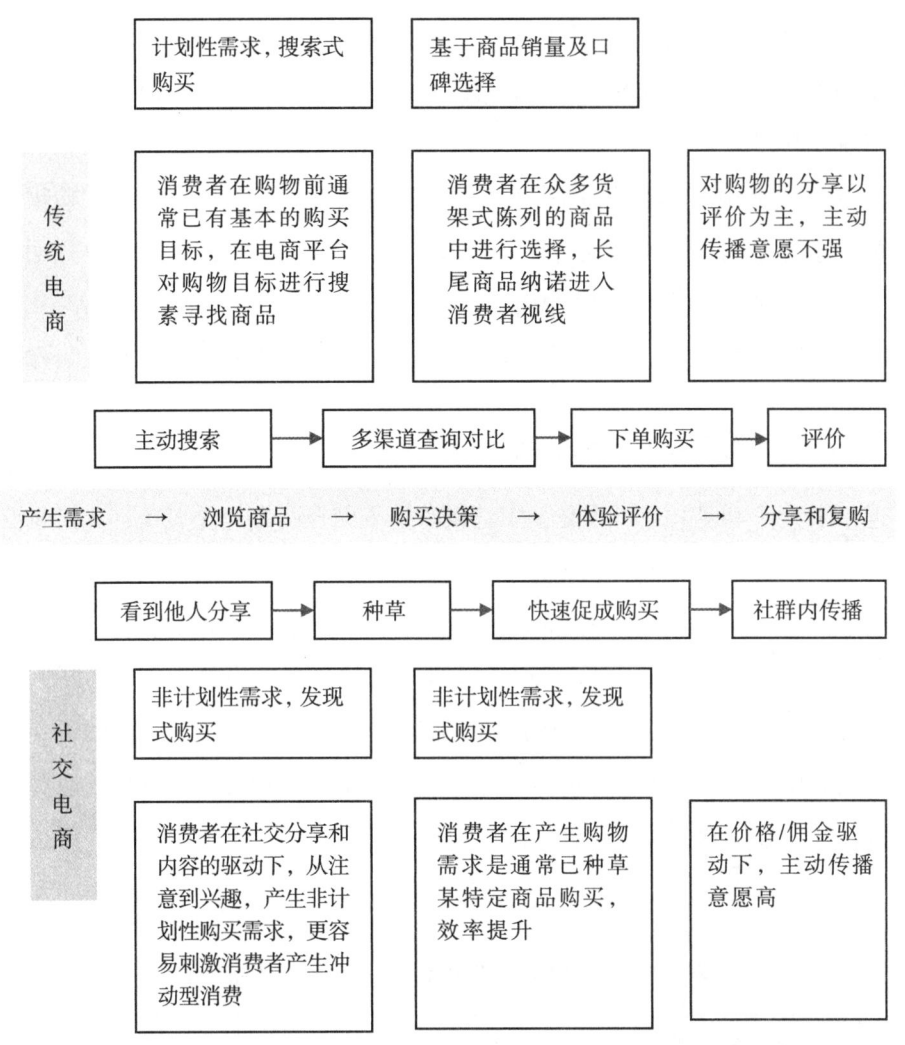

数量来源：国泰君安、艾瑞咨询

图 4.5　传统电商与社交电商用户购物路径对比

⑤ 传统电商用户信任的是平台和品牌，比如他们相信天猫和京东的商品是正货，再考虑平台上的商家的产品和服务；社交电商相信的主要是人，比如某网红，粉丝会考虑购买他们推荐的任何商品，从口红到电影票，从火锅到大米等。传统搜索型电商的门槛非常高，美工、运营、客服、供应链、仓库、品控；而社交电商则主要依赖于经营者的"人设管理"。因此，网红非常重视自己的人设管理。

⑥ 传统电商的经营者比较低调，需要研究供应链、视觉等；社交电商则不同，他们需要营造自己的"人设"，需要曝光度。如果社交电商主播的社交圈档次不够高

大上,消费者会认为她/他的商品是假货,而不选择购买。传统的电商的流量(此处流量是指新增客户的成本)已经非常昂贵,社交电商的流量相对比较低,但成本也在不断上升。

⑦ 传统电商中客户的状态是搜索式购物,社交电商则变成了发现式购物。传统电商的需求非常明确,比如我需要一个口红,我不可能会被引导去买一个电磁炉;但社交电商不同,你可能看到主播推荐一个口红,但如果她/他突然推荐一个拖把,也可能被引导购买,图4.5为传统电商与社交电商用户购物路径的对比,可作参考。

(三)精品社交媒体和电子商务的融合

近年来,搜索型电商和社交媒体营销产生了融合的态势(表4.1),如今没有不做社交的搜索型电商,以及不做电商的社交媒体软件了。原因在于,搜索电商面临着不断增大的获客成本;另一方面,社交媒体软件也需要传统电商的平台进行变现,增加与客户的黏性。因此,社交媒体和电子商务之间的融合体现出了不断上升的趋势。艾瑞咨询在2019年7月发布的《中国社交电商行业研究》中,归纳了一些社交媒体的内容电商化与电子商务内容化的一些经典案例。随着社会发展及消费者的需求开放,社交媒体软件(如钉钉、微信和抖音)大幅增加了使用时长,精品企业应当与时俱进,思考如何与消费者进行高效沟通,实现品牌可持续的收入增长。

表4.1 社交媒体的内容电商化和电子商务的内容化

社交媒体内容电商化		电子商务内容化	
2017年5月	美拍推出"边看边买"功能	2016年5月	"淘宝直播"上线
2018年3月	抖音与淘宝平台实现对接	2016年12月	京东上线京东达人
2018年5月	抖音上线自由店铺	2016年12月	淘宝上线多媒体渠道(MCN)管理系统
2018年6月	快手联合有赞推出"快手小店"	2017年5月	淘宝开始推行短视频机构联盟
2018年12月	快手启动"麦田计划",接入淘宝、天猫等第三方电商平台	2017年5月	淘宝召开内容创业者大会
2019年6月	快手接入拼多多和京东	2018年5月	京东达人平台正式更名"京东内容开放平台",并进行重大升级"

从 2016 年开始，众多社交媒体平台开始积极寻求通过电商交易的方式对其拥有的社交流量实现多元化的商业变现。如表 4.2 所示，在几乎所有的社交媒体平台，都增加了直播的渠道，实现流量变现，形式主要有"购物＋直播"、"视频＋直播"、"音乐＋直播"、"社交＋直播"和"知识＋直播"。

表 4.2 直播对不同电子商务平台的赋能形式

形式	赋能内容	典型 APP
购物＋直播	从"人→货"到"人→人"的高效带货方式	淘宝、京东、唯品会
视频＋直播	丰富视频内容形式，增强变现渠道	抖音、快手、微视
音乐＋直播	增强互动，提升客户黏性	搜狗音乐、唱吧
社交＋直播	增强社交互动性，培养社区意见领袖	微博、知乎
知识＋直播	增加变现渠道	喜马拉雅、知乎

（四）社交电商的特点

在社交电商中，搜索电商、社交电商和内容电商的特点、关系链、社交属性等大不相同，如表 4.3 所示。总体而言，传统搜索电商以用户主动搜索为主，而社交电商和内容电商则通过社交关系链和视频等影响用户。换言之，搜索电商属于被动等待客户搜索；而社交电商和内容电商则通过主动影响其粉丝或者其粉丝的社交圈来主动寻找意向客户。

表 4.3 三大电商的特点

	搜索电商	基于关系链的社交电商	基于内容流的内容电商
特点	搜索为主，图文形式	社交裂变，分享形式	人群细分，视频呈现
关系链	用户搜索关键词→找到商品→线上购买	熟人推荐→社交平台产品广告→吸引消费者咨询→线上购买	观看产品直播→线上向主播咨询→讲解→线上购买
社交属性	无社交属性	有社交属性	
产品展示内容	货架	货架与导购	

(续表)

	搜索电商	基于关系链的社交电商	基于内容流的内容电商
转换原因	线下转线上 线上红利	微信——社交 微信等生态红利	网红电商——直播电商和硬件升级红利
体验	逛街体验	社交体验	沉浸式体验
消费主动性	主动	较主动	被动
受众人群特点	大众	熟人	细分群体
信息对称情况	较低	较低	较高
演进方向	千人千面+达人商铺	店铺直播+团购直播	云逛街模式+AR+VR
核心竞争力	效率及供应链能力		

二、基于关系链的传统精品社交电商

传统社交电商是利用朋友之间的口碑相传，形成客户群体网状发展的一种模式。根据艾瑞咨询公司2019年7月发布的《中国社交电商行业研究》的分类，基于关系链的社交电商共分为以下三个类型，分别是拼购类社交电商、会员制社交电商和社区团购类社交电商，如图4.6所示。

1. 拼购类社交电商

聚集2人及以上的用户，通过拼团减价模式，激发用户分享形成自传播。拼购类社交电商的模式特点为以低价为核心吸引力，每个用户成为一个传播点，再以大额订单降低上游供应链及物流成本。

2. 会员制社交电商

属于S2B2C模式，平台负责从选品、配送和售后等全供应链流程。会员制社交电商通过销售提成刺激用户成为分销商，利用其自有社交关系进行分享裂变，实现"自购省钱，分享赚钱"。其模式特点为通过分销机制，让用户主动邀请熟人加入形成关系链，平台统一提供货、仓、配及售后服务。

3. 社区团购类社交电商

社区团购类社交电商以社区为基础，社区居民加入社群后通过微信小程序等工

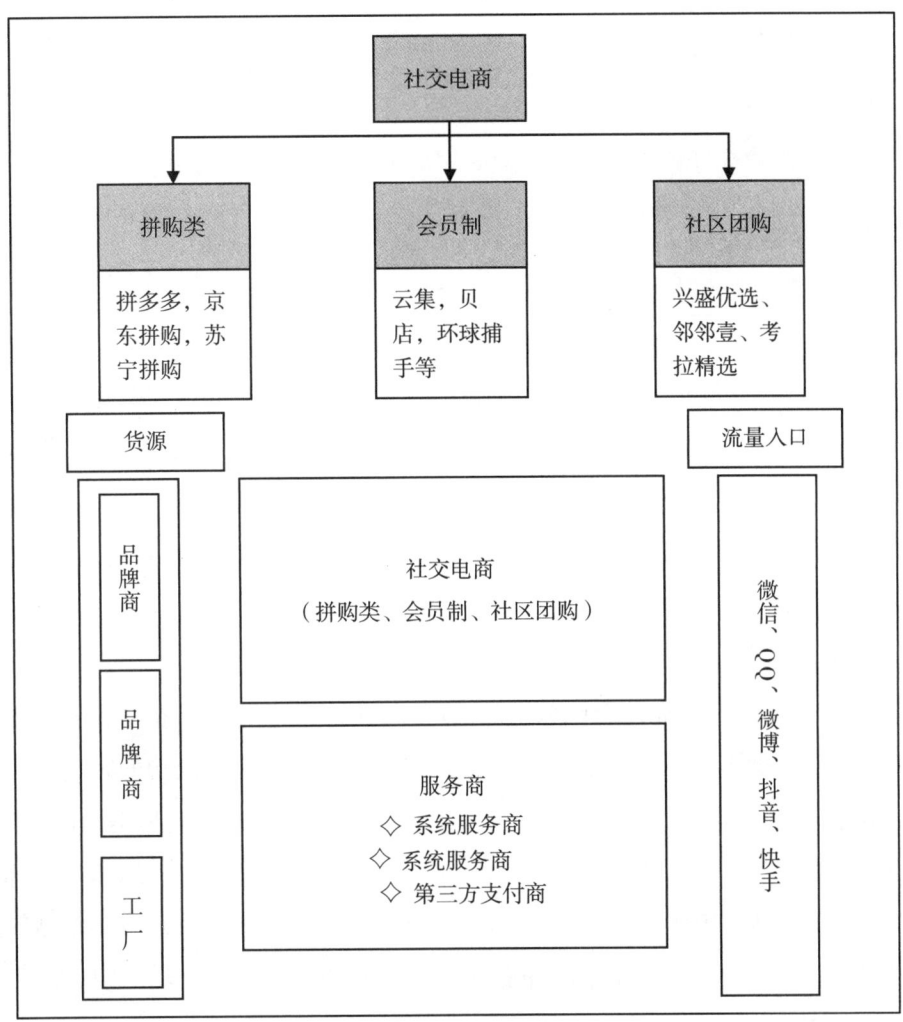

图 4.6 基于关系链的传统社交电商类型

具下订单,社区团购平台在第二天将商品统一配送至团长处,消费者上门自取或由团长进行最后一公里配送的团购模式。其模式特点为以团长为基点,降低获客、运营及物流成本;预售制及集采集销的模式提升供应链效率。

表 4.4 列出了 2019 年中国社交分类及模式对比。从流量来源来看,这三种都基于关系链(熟人社交)。

表 4.4　2019 年中国社交分类及模式对比

	拼购类社交电商	会员制社交电商	社区团购类社交电商
流量来源	关系链（熟人社交）	关系链（熟人社交）	关系链（熟人社交）
目标用户	价格敏感型用户	有分销能力及意愿的人群	家庭用户
适用商品	个性化弱、普遍适用、单价较低的商品	有一定毛利空间的商品	复购率高的日常家庭生活用品
适用精品	适合于价格较低的日常精品，或者二手精品		

然而，无论是拼购类社交电商、会员制社交电商，还是社区团购类社交电商，都没有受到精品企业的青睐，其主要原因是因为假货问题未解决。根据数据显示，精品的假货渠道中，微信渠道占到了 45%、微博为 23%、电商平台为 17%、微店为 9%、二手平台为 5%，实体店为 1%。许多精品企业开设官方网络旗舰店，其中很重要的原因就是向消费传递信息，在网络上只有一种官方销售渠道，其他渠道的产品是无法保证产品真伪的。此外，部分拼购类社交媒体电商为了增加自身成交总额（俗称 GMV），采取了补贴用户购买精品的措施，但该措施被部分精品企业所抵制。2020 年 8 月，特斯拉（Tesla）就拒绝交付在拼多多平台上拼购成功的客户；此外，爱马仕和路易威登都表示自己和拼多多平台没有任何的合作协议。但是，截至 2020 年 8 月，我们仍然看到在拼多多平台上有店铺在售卖上述品牌的产品。因此，精品社交类电商只能适用于那些价格较低的日常精品，或者二手精品。和一手精品不同，二手精品更可能成为基于关系链的社交电商。消费者购买二手精品，就是因为其价格相较于一手精品价格而言更低，因此消费者更加依赖于精品鉴定师，希望自己不要买到假冒伪劣商品。对于精品企业而言，更愿意看到其二手精品能够在市场上更多的流通，显示出自己的保值功能。比如爱马仕和路易威登的某些产品非常保值，在二手市场非常受欢迎，也被称之为中古精品。

目前，精品品牌与关键意见领袖和多媒体频道展开了密切合作，其主要原因是：①许多关键意见领袖有着很强的信誉度和粉丝基础，并且有较强的"带货能力"；②多媒体频道资质齐全，更符合精品企业内部控制的需求；③专业的关键意见领袖和多媒体频道可以更好地勾画产品的使用场景，也更好地理解用户画像，从而取得不错的销售效果。因此，本章节主要阐述关键意见领袖和多媒体频道的基本情况，及其在精品行业的应用。对于基于关系链的传统社交电商，目前精品企业多持有较为负面的态度。代购行业本身也属于灰色地带，多次受到了海关等机关的整治，该行业的发展前景受到了法律法规的管制。如今，随着境内对于精品税率的降低和跨境电商的发展，相信境内外精品价格将逐渐统一。代购行业可能随着时代的发展而逐步衰退，甚至消亡。

三、基于内容流的精品直播内容电商

直播内容电商通过形式多样的内容引导消费者进行购物，实现商品与内容的协同，从而提升电商营销效果。随着众多的多媒体频道（MCN）的入驻，内容电商行业发展纷呈，成为电商的未来发展方向。内容电商是以消费者为中心，运用知识产权、关键意见领袖、直播、热点事件等创造内容，实现电商与内容的同步流通与转化，从而提升电商营销效果的一种新型电商模式。基于内容流的社交电商和传统社交电商的区别主要在于，内容电商更看重内容，通过内容来转化消费者；社交电商则更看重与消费者的直接沟通，通过言语来说服消费者。

从形式来看，内容类社交电商通过形式多样的内容引导消费者进行购物，实现商品与内容的协同，从而提升电商营销效果。其模式特点为，形成发现—购买—分享的商业闭环，通过内容运营激发用户购买热情，同时反过来进一步了解用户喜好。这些内容都依赖于专业的多媒体频道公司和专业内容制造公司来完成，比如直播者短视频。这也是精品最常使用的营销方式之一，因此它已经从传统社交类电商中被独立出来，成为未来精品电商的发展方向（图4.7）。

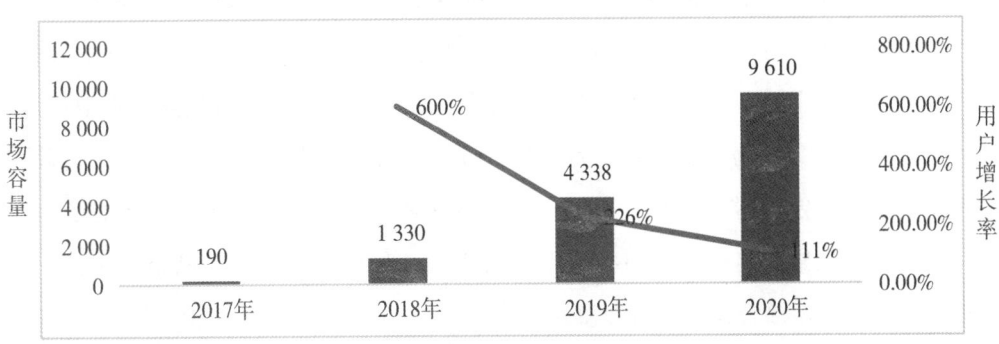

数据来源：艾媒数据中心

图 4.7　直播内容型电商市场容量（亿元）与用户增长率（%）

在电商平台上，我们一直会听到"人货场"的概念。"人货场"的概念是2017年张勇提出的，但实际上"人货场"并不是一个新鲜名词。人、货、场其实是零售行业中永恒的概念，不管技术与商业模式如何变革，零售的基本要素离不开"人货场"三个字。"人货场"的具体概念就是：选对的人（目标客群＋销售人员）、选对的货（风格＋品类＋价格波段＋上市时段）和在对的场（城市＋商圈＋地址＋楼层＋场景设计＋环境布置）。对于精品企业而言，零售行业未来的大趋势就是，企业利用互联网和大数据，以实体门店、电子商务、移动互联网为核心，通过融合线上线下，实现商品、会员、交易、营销等数据的共融互通，将向顾客提供跨渠道、无缝化的购物体验，同时将客户向线下实体店引导。

搜索电商、社交电商、直播内容电商的"人货场"差异见表4.5。

表4.5 三类电商"人货场"的差异

	类型	典型	人	货	场
1	搜索电商	京东、天猫	√	×	×
2	社交电商	拼多多	√	√	×
3	直播内容电商	淘宝直播、抖音直播等	√	√	√

如今，直播内容电商领域开始倡导"人"的多元化、"货"的多元化和"场"的多元化。

①"人"的多元化：以主播主体划分，可以分为商家自播和达人直播两种模式。前者以购物平台为主，主播多为品牌或店内自有员工，优势是成本低，自主性强，劣势是流量少，主播不具备专业素养。达人直播是在直播间汇聚各类商品集中销售，优势是依靠主播影响力吸引流量，且主播具备专业素养，劣势是直播成本较高且进入直播间具有一定门槛。但是，主播马太效应非常明显，平台对头部主播的依赖性强，肩部主播稀缺，且两者的直播场均观看人数差异巨大。对于精品企业而言，强烈建议其和头部主播合作，实现双赢。

②"货"的多元化：早期的直播电商以售卖穿搭和美妆为主。然而，现在以及未来趋势是销售产品将更加多元化。主要体现在各个行业的店铺都逐步进入直播间，

同时，之前以销售美妆为主的头部主播，其直播间商品的种类也已经扩展到各个领域，涉及食品类、生活类以及美妆类。随着直播电商的迅猛发展，目前直播商品种类已经基本覆盖了全部行业。2020年8月，某主播和葆蝶家合作，推出了一款手袋，尽管该款手袋售价高达1.23万元，且没有诱人的折扣，但产品链接在出来的瞬间便已经售罄，此次共上架230个手袋，销售额超过280万。

③"场"的多元化：目前最常见的直播场景为直播间，每个主播都有自己固定的直播间。随着市场认知度的提高，直播形式的丰富以及5G技术的逐步应用，直播间场景不在局限于直播间，而逐步衍生到实体店铺以及原产地、供应链等直播，甚至可以与综艺节目内容相结合，比如在某女主播将一场助农直播开在了热播综艺《向往的生活》中，当天观看人数破千万，全部商品瞬间秒空。未来精品企业可能采取邀请头部主播在店内直播的方式，进一步丰富应用场景。

因此，本章首先阐述关键意见领袖和关键意见客户、并且介绍多媒体频道，随后再对精品的直播内容电商做详细的阐述。

（一）关键意见领袖和关键意见客户

社交电商一个重要的优势就在于关键意见领袖和关键意见客户。名人、时尚博主、电商主播、客户等都成为了消费者与品牌商之间促成交易的纽带。对于精品企业而言，在消费者没有建立品牌忠诚之前，代言人是嫁接品牌与消费者之间最重要的桥梁。有学者认为，名人代言的主要作用在于其"信息来源可信度"可信的作用，主要包括吸引力、可信度和专业。

酒香不怕巷子深。过去只要产品足够好，哪怕在很偏远的地方，也会有客户慕名而来。在过去物资匮乏、信息不通的社会，客户会主动去搜索产品信息，满足自己的物质需要。但是在这个信息过载的社会，消费者被动去接受海量的产品和服务信息，对于任何一种产品，消费者可以通过网络轻而易举地找到相应的生产提供商。对于企业而言，埋头苦干等着顾客上门购买，已经变得基本不可能，邀请代言人和关键意见领袖是实现产品在消费者中曝光的最佳途径。对于消费者而言，他们已经认可这些明星和关键意见领袖，当然也会随之认可这些名人背书的产品。厂商当然愿意支付高价，来邀请这些名人来代言自己的产品，从而提高消费者心目中的形象。关键意见领袖类型举例见表4.6所示。

表 4.6 关键意见领袖类型及举例介绍

	关键意见领袖类型	举例
1	知名艺人、超模	如活跃在电影、电视剧中的人物
2	时尚博主	
3	直播电商	如电商主播
4	街拍	如小红书上的时尚博主
5	权威人士	

网红也是关键意见领袖的一种类型，但是在网红时代初期，网红的主营业务并不是网络销售，仅仅是类似网络娱乐明星，也会接一些广告代言。网红真正开始进行"带货"是在 2016 年。在网红时代刚开始的 2016—2018 年，网红代言广告也是起到了不错的效果，但如今随着网红的泛滥以及背后的数据造假，使得网红效应大打折扣。

精品小知识：直播的刷单现象

当前，直播带货在我国"火"了起来：1 秒卖光的销售速度，动辄破亿的销量榜单，让人恍惚以为"只要直播就没有卖不出去的货"的错觉，仿佛一个"全民直播带货"的时代已经来临。但是，我们也发现这个行业充斥着数据造假。宁波一家企业花 40 万元请网红带货，结果却仅有 3 000 元销售额。此外，名人带货效应越来越差。例如，某一线艺人直播卖酒只卖出去 20 多瓶，第二天退了 16 瓶；某一线艺人直播时显示观看人数 90 万人，结果 200 多元一套的茶具，最终卖出不到 10 套。刷单已成为电商直播的常态，数据造假早已成为行业公开的秘密。除了日常刷单，"618"和"双 11"等大型活动，都是刷单的重灾区。因此，在眼见的繁荣背后，其实很有可能就是营销公司打造出来的海市蜃楼。2020 年上半年直播带货的热潮在 2020 年下半年迅速消退，许多品牌商直言网络带货无法为企业带来利益，许多名人带货效果不佳。

1. 影视艺人代言

品牌的快速传播，名人代言是最有效的途径之一。尤其是演艺界人士和体育明星，受众粉丝众多，其穿戴自然受到公众瞩目，因此被许多精品企业关注。在纸质媒体衰落的今天，名人效应对杂志的销量仍然可以起到非常强的支撑作用。某著名男子偶像团体成员参与了某杂志的拍摄，其网络专属个人封面上线 48 秒便销售了 71 319 本，创下了行业内第一的记录。由此可见，名人效应对于时尚类和精品类销量的作用。在我国，自从 2010 年以来，精品品牌开始越来越关注本土的名人进行代言。除了本土化趋势之外，这些代言人的年龄普遍偏小，许多未满 30 岁。

广告能催化明星代言对粉丝的影响，尤其是那些购买力强大的年轻粉丝。从微博数据来看，"品牌带明星广告的博文"的曝光量较"品牌带明星博文"高 45 倍，较"品牌普通博文"高 621 倍；"品牌带明星广告的博文"的平均互动量较"品牌带明星博文"高 49 倍，较"品牌普通博文"高 899 倍。

中国代言人的本土化、年轻化和流量导向，无疑对精品企业的营销管理产生重大影响。首先，这些艺人的粉丝年龄较低，属于千禧一代，渴望拥有精品来彰显个性和满足虚荣心理；其次，这些艺人年少成名，高度依赖于经纪公司的"卖人设"对粉丝产生吸引力（"卖人设"就是人物依靠设定的人物性格，迅速圈粉，吸引受众），从而对流量产生巨大的虹吸效应，经纪公司便有机会通过吸引而来的代言费获得不菲的收入。

许多品牌采取了多代言人的策略，帮助自己在中国市场上获得更多的关注和话题。2019 年 7 月公布的《今日头条奢侈品行业洞察报告》也指出名人对品牌热度贡献榜单。

根据代言人的流量、名气等综合效应，代言人的等级会有所区分：从广告投放区域上看，一般是全球代言人 > 亚太区代言人 > 亚洲代言人 > 大中华区代言人 > 中国大陆（中华人民共和国非港澳台地区）代言人；从产品线上来看，一般是全线代言人 > 单类品（成衣、钟表、珠宝和美妆）代言人 > 单系列代言人 > 单品代言人；从代言影响力来看，一般是全球代言人影响力最高，形象大使、地区形象大使和系列大使次之，产品大使、活动大使和品牌挚友则属于影响力最低的大使。

① 品牌代言人系列：品牌代言人是指为企业或组织的赢利性或公益性目标而进行信息传播服务的特殊人员。大部分情况下，品牌代言人的形象会相应出现在品牌

广告中,并被品牌明确标识其为品牌代言人。另外,品牌代言人还会用全球或地区这种地域性的标签再度加以区分,从而诞生出全球代言人、亚太区代言人、中国区代言人等头衔。

② 品牌大使系列:品牌大使与品牌代言人在大部分情况下是各司其责,他们更多以自身的社会影响力与人格魅力为品牌针对不同的地区,开展相关的推广宣传工作。而品牌大使还包括品牌推广大使、品牌形象大使等头衔,而这就需要以品牌与名人之间的合作内容来区别。与代言人类似,品牌大使系列也有地域层面的区分,品牌会针对地区或产品系列从而选择相应的名人来为品牌发声,这在精品品牌中最为常见。比起代言人纯商务性质的合作,品牌大使更多是以明星本身的影响力来为品牌推广,以此来加深和巩固品牌形象。

③ 品牌挚友系列:在品牌中,也有不少明星与品牌之间有"品牌挚友"的关系。与品牌代言人和精品品牌大使的差别就在于,品牌挚友一般以年为单位与品牌之间有暂时的宣传合作。大部分情况下,带有品牌挚友头衔的名人会携带品牌的产品出席各类宣传活动,品牌通过名人本身的影响力达到品牌曝光,名人也借助品牌光环来积累人气,是一种双方互惠互利的合作方式。品牌挚友一般是非头部的流量明星,许多经纪公司为了提升手中明星的流量和形象,甚至会采取资助品牌的方式换取旗下艺人担任品牌挚友。用现在流行的术语来讲,就是给流量名人制造"人设"。

④ 品牌活动推广大使:简单地说就是品牌的某一次活动短时间内请某个名人帮助推广,比如某种特定节日或者某单品推广或者某次品牌活动等,等到活动结束之后,该名人和品牌的关系就暂时终结,品牌也不能继续在其他活动场合继续使用该名人的画像。比如路易威登每年会举办多场时装秀,就会邀请一些流量名人帮助宣传,时装秀结束之后双方就不会再展开新一轮的宣传。

此外,不同的人群关注的名人各不相同。精品企业要确定自己的目标人群,并选择目标人群所关注的名人作为代言。

2019年5月17日,天猫联合阿里数据对外发布《明星带货力排行榜》,用大数据来表述明星在商业上的人气和价值。但需要指出的是,明星的影响力变化特别快。精品企业应当合理选择代言人,挖掘潜在的合适的代言人。此外,需要对代言人的道德伦理事先做详细调查,更要规范其粉丝团体的行为。根据微博的数据显示,

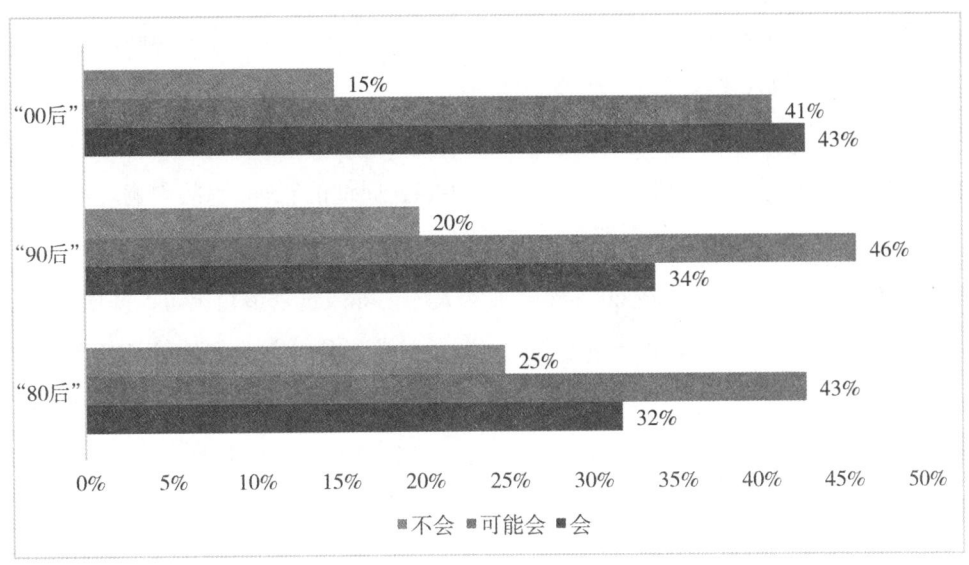

数据来源：微博

图4.8　请问喜欢的明星是否会增加您购买精品的意愿

84%的"00后"消费者表示可能会或者会购买明星代言的产品，这个数据在"90后"中为80%，"80后"中为75%。这说明，明星对于40岁以下的消费者群体有着巨大的影响力，并且随着消费者的年龄下跌而上升（图4.8）。

从代言人的性别来看，其"带货"能力不尽相同。艺人男性明星，影响主要是男装、玩具和零食等；而女性明星则更适合代言女装、箱包皮具和笔记本电脑等。

从以上明星的年龄等情况可以看到，精品行业的热门名人呈现年轻化趋势。在《2018微博奢侈品行业白皮书》Top30明星中，"90后"名人占53%。男名人占Top30中的67%，其中70%的男名人属于"90后"。女名人占到Top30中的33%，其中80%的女名人属于"90后"以前，他们在精品行业的互动转化率普遍较高。

如今精品企业在国内营销时，已经很少采用国外代言人。其主要原因在于，国内代言人所能带来的流量效应已经超过了国外代言人。这几年以来，国内知名艺人在国内娱乐圈的曝光度逐步提高，对粉丝的吸引力逐步增强，能够形成话题效应，从而提升在千禧一代消费者中的品牌形象。此外，千禧一代消费者多为"90后"，他们成长在中国经济快速腾飞、国力快速增强的时期，对祖国有着较深的感情，尤其对汉服等国潮有着浓厚的兴趣。使用本土代言人，则可以消除这些消费者对国外品牌的隔阂。此外，许多一线国外名人，除了一二线城市的消费者熟知之外，许多三四城市消费者可能根本不认识。这些国外知名艺人在社交媒体的活跃度不够，粉丝群体（饭圈）也几乎没有或者根本不活跃。

为什么精品企业这么热衷于名人代言呢？很简单，名人的粉丝通常是精品的购物主力人群，并且容易受到自己的"爱豆（Idol，偶像的音译）"的影响。那么，这些名人粉丝有着什么特征呢？

我们以肖某为例。肖某在2015年参加素人才艺养成选秀节目出道，并由2019年主演的一部电影收获了2 400万微博粉丝。从此，肖某凭此粉丝群体跻身各类排行榜前排（截至2020年4月，肖某在微博"名人超话排行榜"排名第2）。微信公众号"Alfred数据室"的数据显示。从肖某的粉丝群体性别来看，随机抽取的38 260名粉丝中女生有35 820名，占比93.6%，男生有2 440名，占比6.4%。这个比例说明肖某饭圈粉丝中女生占据绝大多数。从粉丝出生年代可以看出来，肖某粉丝出生年代主要集中在1988—2006年，占92.1%，具体的年龄结构见图4.9。

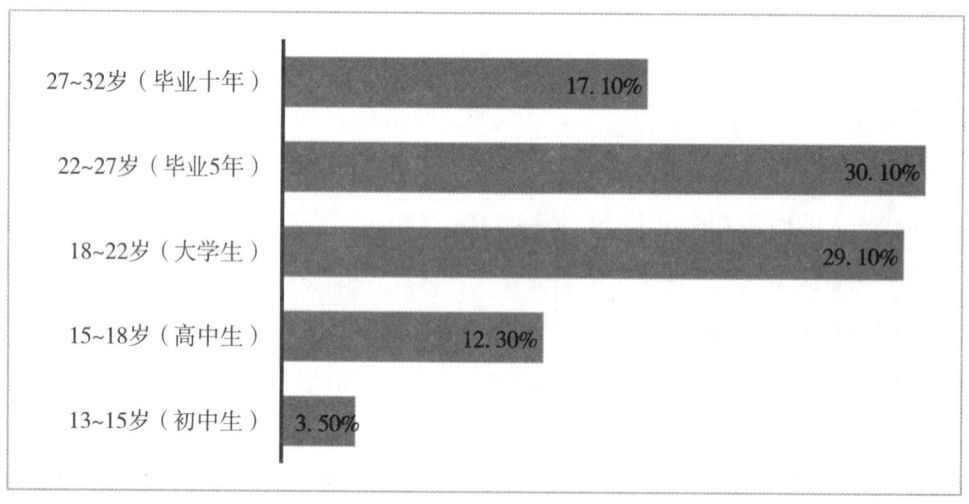

数据来源：Alfred 数据室

图4.9　肖某粉丝各年龄层比例

从图4.10我们可以看到，肖某粉丝群体中单身比例高达79.4%。原因主要是，她们还处于学生时期，没有开始恋爱，也就意味着当前没有太强的购买能力，但踏入工作后，她们就具有了购买力。利用肖某流量名人，精品企业可以"先入为主"，培养消费者的购买意愿。

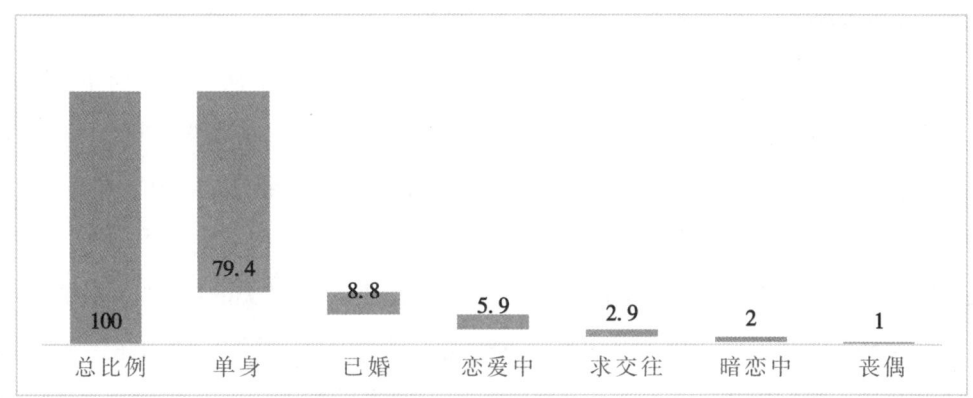

表 4.10　肖某粉丝婚恋情况

可以看到，在肖某微博粉丝群体中，有 4 179 名粉丝获得了微博认证（加 V）。获微博认证最多的类型是"超话粉丝大咖"，如图 4.11 所示，有 1 275 个这样的"超话粉丝大咖"，它们平均粉丝量为 7 200；其次是"原创视频博主"（1 117 个）和"剪辑视频博主"（171 个），主要对肖某的作品进行二次剪辑，它们的平均粉丝量分别为 6 484 和 4 323。据了解，这些职能型微博的运营者都受雇于经纪公司，有偿提供对名人有益的内容。

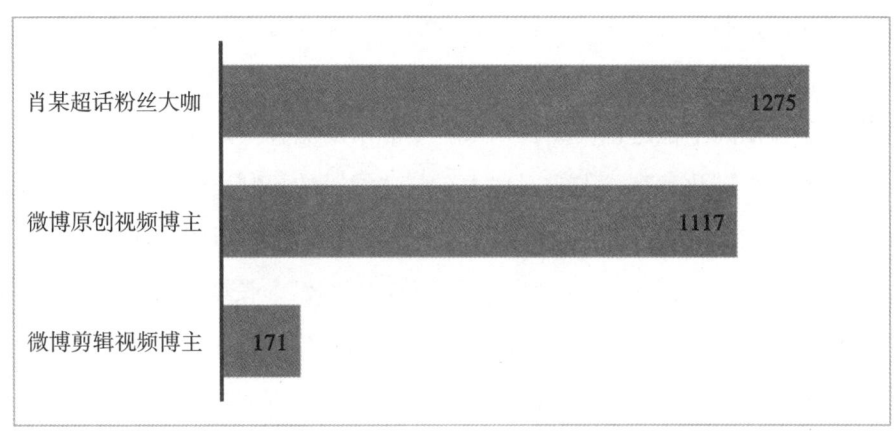

数据来源：微博，Alfred 数据站

图 4.11　肖某职能型微博粉丝数量

对于精品而言，从肖某的案例中可以得出重要结论。除了对代言人要进行筛选之外，还要在合作中对其粉丝群体进行详尽的调研。毕竟粉丝群体是名人最先能够影响到的群体，还可以以此产生裂变，从而达到最好的传播效果。

2. 时尚博主和直播电商

2009年是时尚博主（时尚资讯与图片资源分享类博主）从边缘走向主流的起点，而2019年则是这门"生意"的井喷期。随着互联网的加速升级，短视频和直播等形式正逐渐取代图片和文字。电商直播实际上并不是一个新鲜的实物，早在20世纪90年代开始，电商直播的早起形态——电视购物就在中国兴起。中国第一档电视购物节目诞生于1992年。当年，广东珠江电视台推出了"美的精品TV特惠店"。而专门为电视购物成立一个频道则要到2004年，当年4月1日，上海电视台东方购物频道开播，专门推出了一档家庭购物节目。现在的直播电商，其实和过去的电视购物并没有不同，不同的是电视购物依靠的是电话购物，而现在直接通过链接转换到电商进行交易。

3. 关键意见客户

关键意见客户是指那些品牌的忠诚粉丝，对身边客户有一定的影响力。在波旁王朝时期，关键意见客户就是当时的社交名媛，她们在沙龙上会分享自己使用精品的经验，从而促进了许多品牌和设计师走入人们的眼中。名人也是一种类型的关键意见客户。比如中国国家男足前教练里皮就钟爱阿玛尼的西装，每次国家队比赛必然身着阿玛尼的西装。对于中国的精品企业而言，完全可以和一些影视体育明星合作，开发定制款。

关键意见领袖的不稳定性高，长期来看不能帮助品牌实现品效合一。关键意见领袖虽然粉丝多、转化率高，但它对"人"与"货"的控制力较高。同时，较强的带货能力也意味着高成本，品牌方在寻求关键意见领袖带货以提高收益时可能面临货卖了很多但挣不到钱的情况，达到"品"而丧失"效"。长期来看关键意见领袖与品牌将互相"解绑"，关键意见客户和工业化投放可能实现真正的品效合一。主播基于对产品的丰富性要求以及考虑到观众审美疲劳，与单一品牌方长期合作概率较低；同时，大品牌上亿的月销量指标对单一红人来说完成较难。因此，长期来看，品牌方与关键意见领袖将互相"解绑"。对于品牌方来说，选择关键意见领袖工业化投放，形成独立的关键意见客户矩阵反而有成本优势，同时巨大的数量也能弥补其流量不足和关键意见领袖商业持续性不够的问题。

关键意见领袖和关键意见客户之间的差异见表4.7、图4.12。

表 4.7　关键意见领袖和关键意见客户之间的差异

	特性	关键意见领袖	关键意见客户
1	人群覆盖面	大	小
2	品牌覆盖面	大	小
3	品牌忠诚度	低	高
4	持续时间	持续时间较短	持续时间长
5	对单个粉丝的影响力	弱	强
6	盈利模式	靠与品牌的合作赚钱	是品牌的超级粉丝

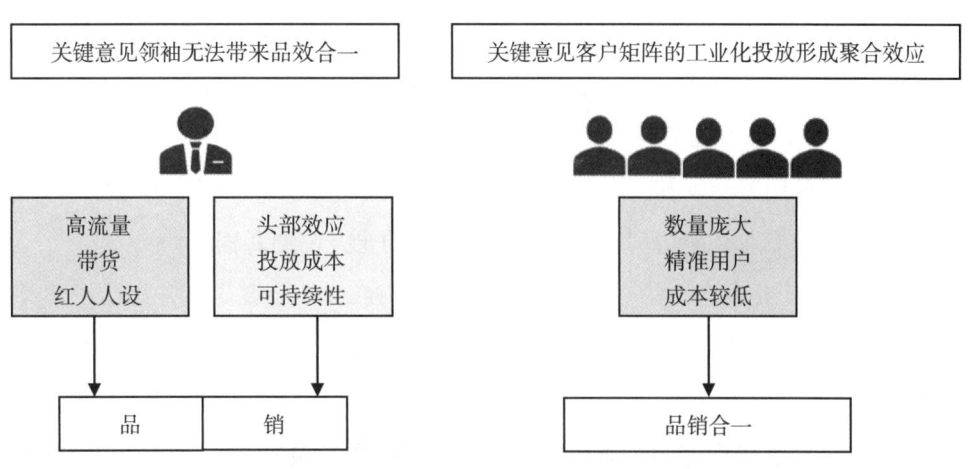

图 4.12　关键意见领袖和关键意见客户之间的差异

4. 设计师

设计师是精品企业的灵魂。许多精品企业的创始人，本身就是设计师出身。设计师的设计风格和人格魅力，本身就是一种流量，是精品企业宝贵的资源之一。纽约著名设计师彼得马力诺（Peter Marino）钟情于机车皮革和骷髅配饰，如路易威登、香奈儿、芬迪、罗意威、杰尼亚、迪奥、阿玛尼等各大奢侈品牌都指名要他的设计。同时他也更是许多欧美皇室与富豪最爱的设计师。2018 年，古驰与西班牙艺术家合作，巧妙地把产品融入其中，体现了"少就是多（Less is more）"的设计精髓。路易威登将达芬奇、梵高的画融入到作品其中。精品企业可以通过举办设计师大赛，定时去时尚学院签约顶尖设计专业毕业学生。精品企业可以成立设计师孵化基地，通过提供股权投资基金、场地等资源，赞助设计师开设潮牌工作室，与设计师保持长期合作，寻找新的盈利增长点。

（二）多媒体频道（MCN）和专业生成内容（PGC）

多媒体频道（简称 MCN，全称是 Multi-Channel Network），中文也称多媒体网络。该模式起源于美国的优兔网（Youtube）。专业生成内容（简称 PGC，全称是 Professional generated content）则指的是社交媒体和电子商务软件上的营销内容。多媒体频道和专业生成内容在市场经济中扮演如下作用。

① 针对性的流量引导及曝光机会：对目标受众进行针对性的投放，为网红提供契合度较高的商业活动以提高其知名度。

② 专业的商业化服务：为签约的网红提供商业化服务，帮助实现网络红人的内容表现（广告代言或者电商带货）。

③ 高质量的内容开发和分发渠道：指导生产内容，保证网红作品质量。

④ 定制化的专业技能培训：为网红定制适合的全方位的课程培训。

随着 2011 年快手的成立，中国的多媒体频道在 2012 年诞生，并经历了萌芽期（2012—2014 年）、成长期（2015—2016 年）、爆发期（2017—2018 年）和改善期（2018—2020 年）四个发展阶段，表 4.8 列出了各个阶段的发展简介。

图 4.13 是多媒体频道的产业全景图，你可以看到多媒体频道会积极和内容创造者（PGC、UGC、PUGC[①]）等进行合作，创造内容，输出到电商、视频、社交、咨询和音频平台，吸引用户。同时多媒体频道还积极寻找广告商进行商业合作，寻找投资者进行投资，甚至还和供应商进行合作，寻找合适的商品以及优惠的价格，从而更好地打造自己的"网络红人"。

---

① PGC 是专业创造内容（Professional Generated Content）的缩写，UGC 是用户创造内容（User Generated Content）的缩写，PUGC 是专业用户创造内容（Professional User Generated Content）的缩写。

表 4.8 中国的多媒体频道发展历程

阶段		时间段	发展简介
1	萌芽期	2012—2014 年	快手等短视频平台行业的诞生给了多媒体频道发展的机会；同时微博、微信等平台开始进行生态商业化战略部署；北京震惊文化传播有限公司成立，该公司是首批主要定位短内容生产平台，专注于短内容产品研发的公司
2	发展期	2015—2016 年	短视频 PGC 创业浪潮兴起；多媒体频道（MCN）机构进行电商、付费等多种商业尝试；2016 年初，papi 酱等通过自编自演的短视频爆红；淘宝直播和抖音陆续上线，极大拓展了多媒体频道的应用平台
3	爆发期	2017—2018 年	短视频行业开始全面转向多媒体频道模式，各平台推出"内容补贴"战略扶持多媒体频道机构；2018 年，网易计划投入 10 亿元补贴短视频及多媒体频道；2018 年 7 月，快手正式开启多媒体频道合作计划
4	改善期	2018—2020 年	原生多媒体频道机构进一步转型，开始打造自有品牌，整合供应链；传统传媒及影视机构

图 4.14 是多媒体频道的利润分成方式。我们可以看到多媒体频道通过 C 端（客户端）和 B 端（企业端）两个渠道获得利润。从 C 端看，主要是衍生品销售、红人电商、直播打赏、内容电商和知识付费；从 B 端（企业端）看，主要是依靠商业合作、流量分成、平台补贴、广告营销和（IP 授权）（知识产权）。

对于多媒体频道而言，广告营销是主要变现渠道，占比 80.60%；平台补贴为 48.40%。平台（如抖音和快手）为了自身流量的增长，会选择补贴多媒体频道，鼓励其产生更多的优质内容，也会提供流量扶持（图 4.15）。

图 4.16 是多媒体频道年收入的分布情况。仅有 6% 的多媒体频道的年收入超过 1 亿元，78% 的则在 500 万～1 亿元之间。和电商主播类似，头部多媒体频道占据了更多的市场份额，而位于行业腰部和底部的多媒体频道处境较为艰难。

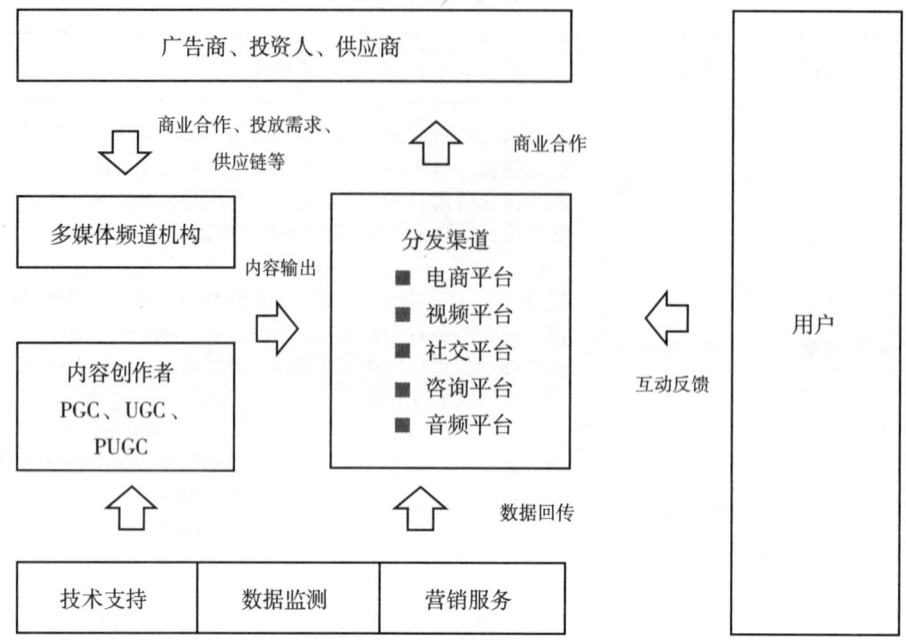

图 4.13　多媒体频道的产业全景图

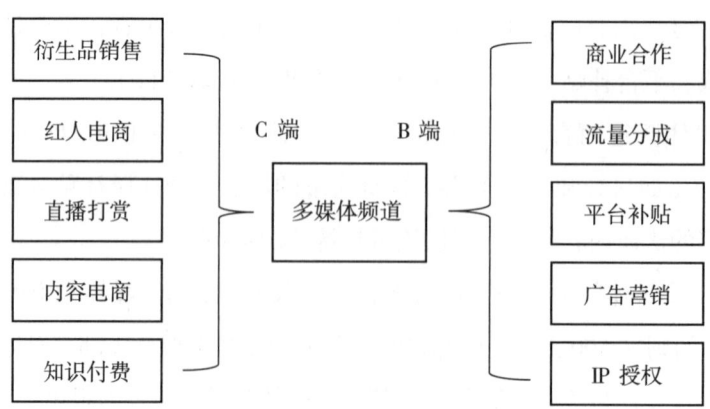

数据来源：招商证券从直播电商的春秋战国，看 MCN 的进阶之道——新零售研究之直播电商系列 2

图 4.14　多媒体频道分成方式

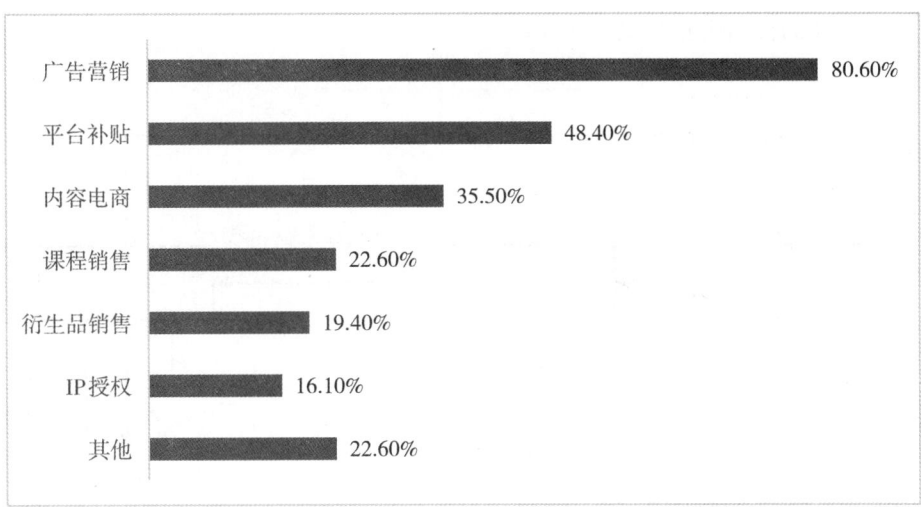

资料来源：克劳锐，招商证券

图 4.15　多媒体频道电商的主要变现方式占比

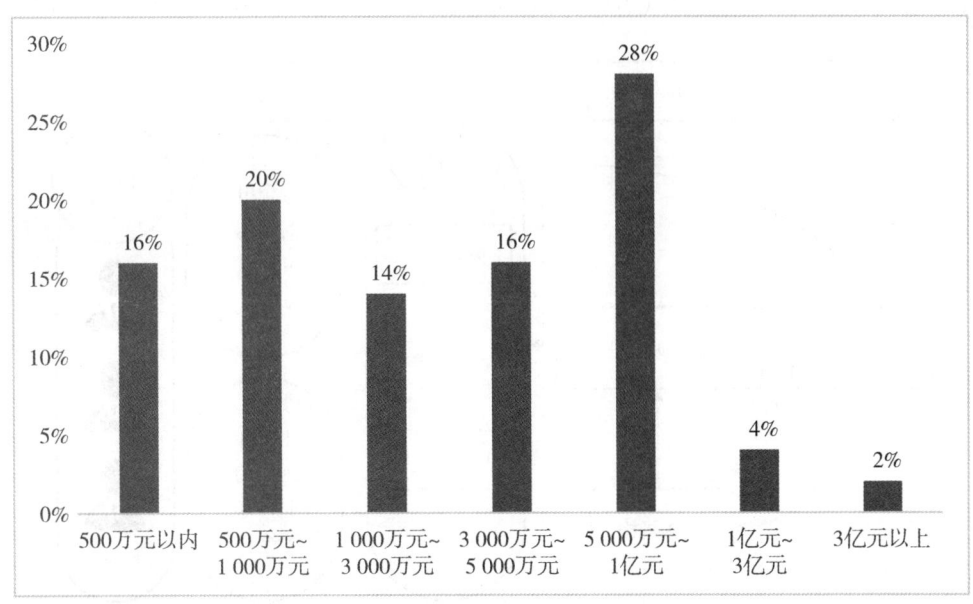

图 4.16　多媒体频道年收入分布情况

图4.17阐述了多媒体频道机构的运作方式。简单而言，多媒体频道和品牌商合作，获得低廉的价格折扣和供应链保证。

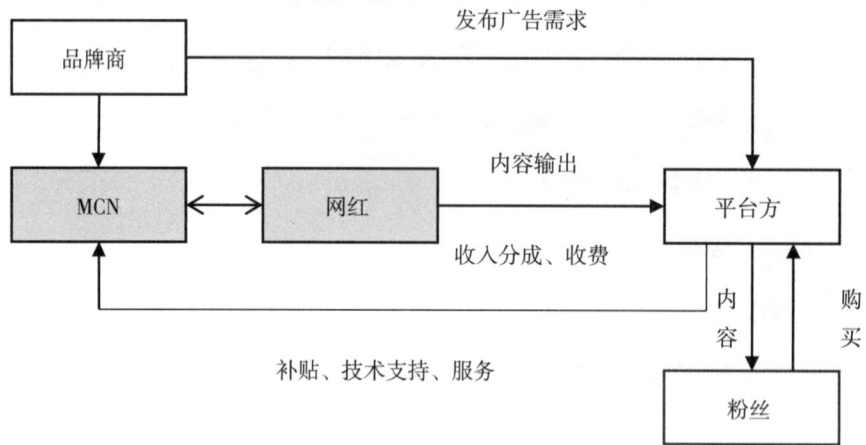

数据来源：招商证券从直播电商的春秋战国看多媒体频道的进阶之道——新零售研究之直播电商系列2

图 4.17 多媒体频道机构的运作方式

多媒体频道将专业生成内容联合起来，在资本的有力支持下，保障内容的持续输出，通过直播平台广告业务或者电商销售收入分成，实现商业的稳定变现（图4.18）。

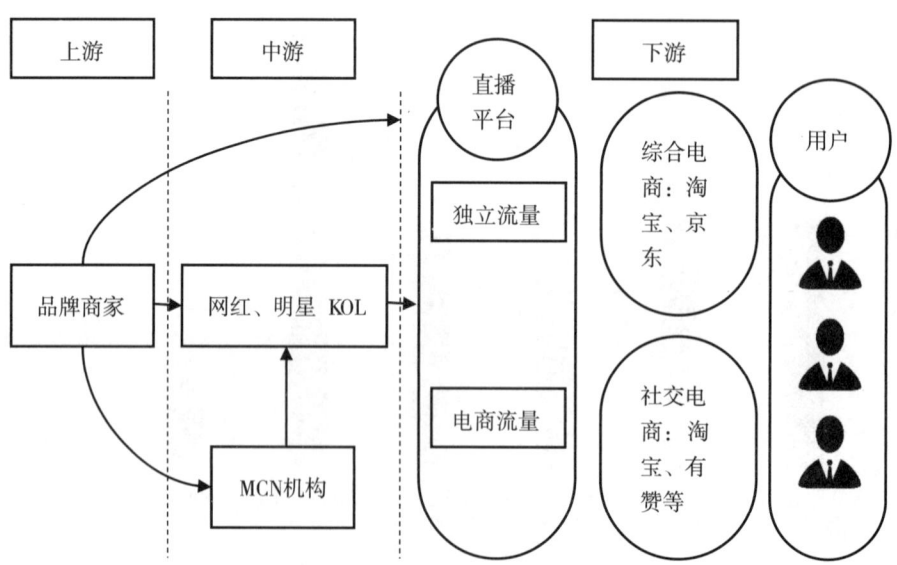

数据来源：招商证券从直播电商的春秋战国看多媒体频道的进阶之道——新零售研究之直播电商系列2

图 4.18 电商型多媒体频道上中下游产业链一览

从中国和美国多媒体频道运作模式来看,美国多以订阅、广告和内容收费为主,而中国以广告和电商分成为主。中国的直播平台也较美国数量多,美国有优兔网和海外版抖音(Tik Tok),而中国则拥有抖音、快手、B 站等。表 4.9 是中美多媒体频道模式的对比分析。

表 4.9 中美多媒体频道模式的对比分析

	美国多媒体频道模式	中国多媒体频道模式
内容类型	以优兔视频为主	覆盖文字、图片、视频、直播等
互联网生态	互联网广告为主,较少链接到电商	中国网络视频平台更多样,电子商务与移动支付体系更发达
上游内容生产介入	不生产内容,只是将众多力量薄弱的内容创作者聚合起来建立频道,帮其解决推广和变现的问题	参与创作者内容制作过程,同时提供多渠道分发、内容运营、粉丝管理、供应链管理、商业变现等专业支持和服务
下游内容分发渠道	主要是优兔和抖音海外版	不同领域的平台众多(电商短视频 其他互联网生态平台)
商业模式特点	缺乏核心竞争力、抽成薄、运营成本重	短期来看,有较强的变现能力
变现方式	主要为订阅费、广告费等	广告费、电商分成等

表 4.10 是淘宝头部多媒体频道机构商业价值排名。其中谦寻文化、美腕和蚊子会这三家机构排名靠前。在未来,主播行业的竞争将趋于白热化,主要体现在头部主播将蚕食大部分的市场份额,以及新晋主播对于现有头部主播的压力。为了保持机构的竞争力,多媒体频道机构不但需要维持现有主播的曝光度,而且必须未雨绸缪,培育新主播。

表 4.10 淘宝头部多媒体频道机构商业价值排名(2019 年 11 月)

机构	机构指数分	商业价值分	主播影响力	主播孵化能力	总粉丝数
谦寻文化	909	954	1 000	921	3 848.9 万
美腕	845	937	1 000	211	1 566.4 万
蚊子会	818	933	305	500	1 015.1
本新文化	751	828	347	556	321.5 万

数据来源:淘榜单、光大证券研究院

从业务来看，多媒体频道可以分为电商型和泛内容型。电商型多媒体频道倾向于通过电商进行销量的转化；而泛内容型多媒体频道则更注重通过内容表达来形成产业链，最终形成自有知识产权（俗称 IP），实现商业闭环（闭环模式是围绕着顾客一系列关联性消费需求，逐一提供相应的产品予以满足的商业模式）。简单而言，电商型多媒体频道像一个奥特莱斯廉价超市（Outlets），主要是通过直播或者视频吸引观众来购买产品，获得厂商的利息分成。而泛内容型多媒体频道有点像品牌专柜，通过创造优质内容，创建自己的品牌，期望忠实用户购买产品，实现品牌溢价（表 4.11）。

表 4.11 电商型多媒体频道和泛内容多媒体频道特点分析

分类		特 点
电商型多媒体频道	红人电商	网络红人直接带动销售转化
	内容电商	从内容流量积累到电商变现
泛内容型多媒体频道	自有知识产权（IP）布局	深耕卡通形象自有知识产权（IP）产业链
	内容生产	自研生产优质内容

图 4.19 是 2015—2020 年多媒体频道行业规模（亿元）。2015 年该行业规模为 160 亿元，2019 年为 14500 亿元，年化增长率达到 208%。多媒体频道行业的快速增长，使得许多地方政府纷纷把主播行业作为战略新兴行业，也吸引了众多资本的涌入。直播内容电商行业的快速发展，推进了商业的发展，为经济增长创造了新的增长点，但是行业的无序发展和相关法律法规的滞后，也造成了一系列问题。

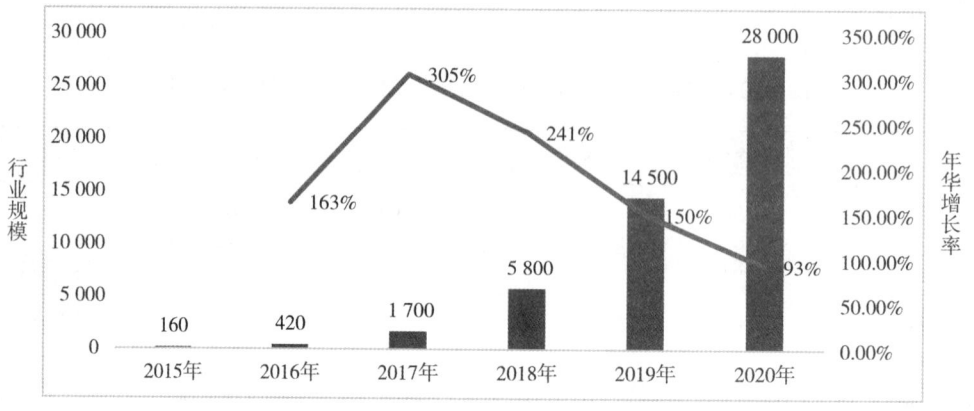

图 4.19 2015—2020 年多媒体频道行业规模（亿元）

电商主播需要经过多轮培训才能最后上岗。主要课程包括了录制考核视频、直播基础视频、直播强化视频、粉丝维护及直播节奏培训、才艺培训、直播临场控制这六项内容。

（三）精品的直播电商

随着 2020 年新冠疫情在全球的肆虐，精品行业开始考虑利用直播电商来接触广大隔离在家的消费者。直播电商的精髓就在于"人"、"货"和"场"三者的紧密结合，通过主播将商品融入到特定的场景，从而提升顾客的购物兴趣和增加销售额（表 4.12）。

表 4.12　2019 年多媒体频道机构主要变现方式占比

		内　容
1	"人"	直播电商新增网红主播角色成为流量中心，输出专业内容，升级用户购物体验。消费者由主动搜索商品改为接受主播推荐选品，消费体验得到提升，实现粉丝经济变现
2	"货"	与传统电商相比，直播电商场景聚集效应强，营销效果明显（网红类似线下百货为流量中心），与线下渠道相比，直播电商渠道费用低，运营成本低，且不受时间、地域限制
3	"场"	与其他场景相比，直播商品以高性价比、限量为主要卖点，吸引粉丝购物冲动，近年来淘宝、快手等平台直播商品品类日益丰富，线上渗透率提升

直播电商初始于 2007 年的优兔所建立的平台。在 2013 年阿里巴巴入股新浪微博后，为初代网红提供了平台，并利用微博巨大的流量为淘宝直播带来了众多的用户（表 4.13）。

表 4.13　国内外网络直播的历史发展

年份	内　容
2007 年	优兔推出了优兔合伙人（YouTube partners），针对内容产生的广告收益，很多人开始在优兔建立自己的频道，凭借曝光建立知名度并因此获得其他的变现机会
2013 年	阿里入股微博，为初代网红带货提供了平台。微博已有超过 5 亿用户，积累了大批流量
2014 年	张大奕与冯敏合开了一家女装淘宝店，同年，冯敏的如涵控股签下张大奕
2015 年	2015 年，直播在国内突然兴起，并呈现爆发式发展

(续表)

年份	内 容
2016 年	2016 年直播继续细分进入许多行业，国内美妆直播开始进入大众视野。同年，淘宝直播上线。直播平台试图打通"直播＋内容＋电商"，以提高用户黏性，将流量变现。直播行业开始分化，各种不同的角色出现，比如多媒体频道机构、供应链等，行业开始走向精细化
2018 年	抖音在短视频和直播中进行大规模电商带货，淘宝直播登上手机淘宝第一屏，每日活跃用户数迅速突破千万。直播电商开始往主播、供应链等产业链上下游资源整合的大方向发展，解决产业周期长的问题
2019 年	5G 元年，直播将迎来新的增长周期。微信公众号首次尝试直播带货
2020 年	直播电商将会结束电商行业群雄混战的局面，不同模式之间也会最终实现分化。同时，更多面向直播电商的法律法规也将出台

从目前来看，精品的直播主要有三大品牌，分别是淘宝直播、快手直播和抖音直播。他们的商品来源、每日活跃用户（DAU）估算分别如表 4.14 所示。

表 4.14 三大直播特征及特点

	淘宝直播	快手直播	抖音直播
流量	每日活跃用户：1 200 万 每月活跃用户：7 500 万	每日活跃用户：1.7 亿 每月活跃用户：3.6 亿	每日活跃用户：2.6 亿 每月活跃用户：4.8 亿
电商 GMV 截至 2019 年 12 月	日均 2.2 亿，全年 1 800 亿	日均 1 亿，全年预计 400 亿～500 亿	日均 2 000 万，全年预计 100 亿
关系链	KOL→商品→粉丝→购买	KOL→粉丝→打赏→购买	KOL→内容→粉丝→品牌
网红结构	头部：12～22 人 腰部：1 000～2 000 人 尾部：1.5 万人	头部：50～60 人 腰部：3 000～4 000 人 尾部：5 万人	头部：200 人 腰部：2 000～3 000 人 尾部：5 万～10 万人
流量特点	头部 KOL 得到大量私域流量，规模效应，替代消费 直播特卖化	前 10 名 KOL 流量占 30%，粉丝黏性强，增强流浪，消费王道 直播多元化	流量集中算法分发，以内容为主要流量分发逻辑，头部网红流量分散，私域流量未建立

资料来源：新零售研究之电商直播：直播电商三国杀，从"猫拼狗"到"猫快抖"

除了淘宝直播、快手直播和抖音直播之外，有赞、拼多多、苏宁和微信纷纷进入了直播市场。从目前来看，精品企业进入这些平台进行直播的可能性并不高（表 4.15）。

表 4.15 非主要平台布局直播电商的情况

		有赞	拼多多	京东	苏宁	微信
目前进展	直播流量	背靠微信月活跃度10亿用户	2019年11月试水直播	京东2019年"双11"带货	每天活跃用户：150万	潜在流量：朋友圈1.5亿用户
	成交量	KOL→商品→粉丝→购买	KOL→商品→粉丝→购买	KOL→商品→粉丝→购买	内容→商品→粉丝→购买	微信生态→内容→粉丝→购买
	转换链	微信生态→内容→粉丝→购买	KOL→商品→粉丝→购买	KOL→商品→粉丝→购买	内容→商品→粉丝→购买	微信生态→内容→粉丝→购买
未来计划	扶持政策	联合快手发布"暖春计划"，发起线上免费课程	"直播百亿扶持计划"	投入资源对商家进行扶持	商户有机会把自己的产品带到快手小店、榴莲视频，利用与苏宁签约额网红直播带货	平台提供的支付营销补贴、广告补贴、公域流量
	未来计划	进一步打通各大直播平台，商家可以无缝使用有赞的平台	通过直播进一步的丰富使用场景，为消费者带来更好体验	投入超过亿元对商家进行补贴，并推动创新视频模式	重点推进门店的直播	扶持1 000+商家通过直播电商模式突破1 000万元的年成交额

（四）精品品牌的内容电商战略

随着越来越多的精品企业在抖音等平台开设官方账号，短视频营销的比例在逐步上升。直播电商在这几年的高速发展，也产生了一定的问题。2020年7月，中国消费者协会发布的《618消费维权舆情分析报告》指出，在有关"直播带货"类负面信息中，刷粉丝数据、销售量刷单造假成为了投诉的重点。在中消协组织的直播电商消费者满意度调查和购物体验活动中，有37.3%的受访消费者在直播购物中遇到过消费问题。对于精品企业，直播电商的小单价低价模式也并不完全适合精品这样价格高昂的商品。因此，精品应该考虑扩大与内容电商，如小红书、蘑菇街等合作。比如精品企业可以和某位关键意见领袖合作，让她（他）来介绍使用这个产品的心得体会；或者是邀请关键意见客户，来参加展览、产品新品发布会等，让她

（他）来剖析产品使用感受等。建议企业可以提前准备这些素材，帮助上述人群捕捉产品关键因素。中国的关键意见领袖以发表咨询和意见为主，形式以资讯分享、外网资源整合和图片分享为主，内容基本偏正面性，鲜少有负面意见。目前，在我国已经形成了"品牌＋公关公司＋关键意见领袖＋消费者"这样一个越来越完整的产业链。精品与不同关键意见领袖开展的合作也越来越精细化和差异化。目前，精品品牌与关键意见领袖开展的合作可以分为资讯类，产品类和形象代言类。此外，精品企业要利用好自身的官方账号，发布优质的内容。从目前的市场来看，过于直接的广告已经很难打动消费者。只有融入消费者场景、融入更多人的使用心得和回馈（也就是网络中所说的"种草"），才能更好地打动千禧一代的消费者。

四、社交电商的问题

任何一个新兴行业在发展阶段都会出现一些问题，比如新进入者的非理性涌入，以及数据造假问题。在社交电商行业中，这些现象几乎屡见不鲜，成为阻碍行业发展的重要因素。

（一）产品质量不过关

传统电商平台对产品质量和服务有比较严格的要求，头部商家往往有很强的综合实力；但"网红带货"目前多在短视频平台上流行，这类平台对产品质量缺乏明确的准入门槛和规范标准，"三无"产品和小作坊借机进入，导致行业鱼龙混杂。电商平台中的造假率居高不下，已经成为阻碍电子商务行业发展的重要因素。

（二）数据造假

数据造假是直播行业所面临的严峻问题。曾经有一个记者加入一个专刷视频流量的微信群，群内刷视频评论量、浏览量、观看人数、互动人数的广告铺天盖地。多位发布广告的人员宣称，除可以刷各种基础数据外，还提供"代开直播间""视频推热门""更改销量"等"服务"。[①] 该记者发出刷流量的需求，随即有多位成员表示

---

① 杨智杰. 直播带货乱哄哄：疯狂涌入和大量倒闭同时发生 [EB/OL].http://money.163.com/20/0823/07/FKMSNGKM00259DLP.html, 2020-08-23.

可以提供"服务"。费用方面,刷 20 万浏览量加 1000 条评论,一般报价 100 元。有记者表示曾收到过短信,表示一场直播增加 2 万观看量外加 15 个真人互动,总共只需 53 元。①

(三)资金涌入导致机构良莠不齐

资金的涌入使得社交电商公司,尤其是直播电商公司数量激增,主播的数量也在飞速上升。许多机构本身并没有直播电商的经验,也缺乏对直播电商前景的了解。

(四)直播同质化严重,主播水平需要提升

从目前来看,直播同质化非常严重,大部分的主播说话的语气、用的"话术"都非常接近。此外,主播可能是由于需要卖更多品种的商品,对某一商品也不够了解,使得消费者会产生不信任感,并进而放弃观看其余下的主播。精品企业在与主播合作之前,一定要确认主播是否了解其商品特征和品牌文化。

(五)全网最低价阻碍行业健康发展

目前,吸引消费者在直播电商进行消费的还是低价格,也就是被业内经常提起的:"全网最低价"。吴晓波认为:"直播不应该只有'全网最低价',不应该只有一种或两种呈现模式。"在目前的直播间里,销售最好的是食品、美妆和服饰,平均单价在百元以内。而随着越来越多的行业品牌入局,冲动性购买将让位于品牌价值传导,这时候,就需要更多场景化的呈现,需要在品销合一的前提下,进行模式创新。因此,对于精品企业,进入社交电商还需要更多的尝试。首先,需要确定主播是否能够理解产品的品牌;其次,要通过大数据,了解主播粉丝是否是目标客户;最后,要明晰哪些产品可以线上销售。只有做到以上三点,精品的社交电商才能够走得通。

---

① 央视. 直播带货数据造假被曝:2 万观看量 +15 个真人互动只需 53 元 [EB/OL].http://money.163.com/20/0823/07/FKMSNGKM00259DLP.html, 2020-07-01.

（六）客户流失的问题

根据艾媒咨询的统计数据，在直播电商的客户购物流程中，从选购商品到添加购物车，会有 40% 的客户流失；添加购物到结算，会有 25% 的客户流失；结算到核对定位，会有 50% 的客户流失；核对订单到提交，会有 60% 的客户流失；提交定位到支付，会有 20% 的客户流失。换言之，1 万个观众中，只有 7 个左右的顾客会完成最终的消费。如果再加上 20% 的退货率，最终只有 6 个人完成了消费。精品由于价值高，决策时间长，最终比例应该小于或等于 6 人 / 每 1 万观众。

结　语

中国，曾以"丝绸国"和"瓷器国"之名享誉欧洲，其精湛工艺与文化底蕴不仅满足了贵族阶层的奢华需求，更深刻影响了欧洲的文化、艺术甚至政治思想进程。如今，中国正走在复兴的路上，而"精品复兴"无疑是其中不可或缺的一环。学习欧美精品市场，并非盲目崇洋，更非对所谓贵族文化的顶礼膜拜。相反，它是以开放的心态，系统性地剖析其营销策略、品牌建设精髓，为我所用，从而打造出独具中国特色的精品品牌。华为、黑神话悟空、TikTok等在国际舞台上的成功，正是"精品复兴"迫在眉睫的有力佐证。

讲好中国故事，品牌故事，是"精品复兴"的核心。通过社交媒体这一利器，以生动、真实、感性的方式，将中国文化的深厚底蕴、品牌的匠心精神传递给消费者，占领他们的心智。同时，借助电子商务的便捷与渗透力，让国内外消费者都能轻松接触、理解并爱上中国精品文化和产品。

"精品复兴"绝非简单的商业行为，它承载着中国文化复兴的使命，关乎国家形象与民族自信。每一个精品品牌都是中国故事的讲述者，文化传承的使者。让中国精品在世界舞台上绽放光彩，不仅能推动企业发展，更将为中华民族的伟大复兴注入新的活力。因此，中国精品企业应肩负起时代赋予的重任，以创新精神和全球视野，打造出更多具有国际影响力的精品品牌。让我们共同努力，让世界见证"中国制造"向"中国创造"的华丽转身，让"精品复兴"成为中国复兴的耀眼篇章！

基于以上的"初心"，本书系统地介绍了精品行业的定义、历史、营销和电商等方面的内容。随着中国成为全球最大的精品消费市场，数字化和社交化成为精品行业的重要趋势。精品企业需要积极拥抱新技术、新模式，与消费者建立更紧密的联系，提供更优质的体验，才能在竞争激烈的市场中保持领先地位。同时，行业也需要加强自律和监管，共同营造健康有序的市场环境。

第一章 剖析了精品行业的本质与演变。从定义上看，精品超越了单纯的"奢侈品"概念，更强调其卓越品质、艺术价值和满足消费者社交与心理需求的能力。本章追溯了精品从古代的皇室专享，到中世纪的香料贸易，再到文艺复兴时期的文化融合，直至现代的全球化与数字化进程。通过价格、产业、消费者心理等多维度分类，以及对精品品牌管理与消费者行为的深入探讨，勾勒出精品行业发展的全貌。

第二章 深入探讨了社交媒体对精品营销的革命性影响。社交媒体的双向互动、用户生成内容和口碑传播等特性，颠覆了传统的营销模式，使消费者成为品牌传播的重要参与者。本章详细分析了社交媒体平台的特点、营销模型的演变，以及精品企业如何利用微博、微信、抖音等平台进行创新营销。同时，本章也指出了社交媒体营销的潜在风险，如用户参与度下降、负面信息传播等，并提出了相应的应对策略。

第三章 聚焦于精品电子商务，特别是搜索电商的发展与现状。从中国电商的萌芽到成熟，精品电商经历了从垂直平台到综合平台，再到自有电商的探索。本章分析了天猫、京东等综合电商平台，以及寺库等垂直电商平台的特点与挑战。同时，本章强调了技术创新对精品电商的重要性，如区块链防伪、AR/VR体验等。然而，物流风险、假货问题和合作风险仍然是精品电商面临的挑战。

第四章 进一步探讨了社交电商，特别是直播内容电商对精品行业的影响。社交电商通过社交关系和信任建立，实现用户裂变和高转化率。本章分析了KOL、KOC、MCN机构等在精品社交电商中的角色，以及淘宝直播、抖音直播等平台的特点。同时，本章也指出了社交电商面临的产品质量、数据造假、同质化竞争等问题，并提出了精品企业在社交电商领域的战略建议。

根据以上内容，我们给中国精品企业四点建议：

◎ **拥抱数字化，打造全渠道体验**：中国精品消费者的数字化程度高，社交媒体和电商对其购买决策影响巨大。企业应积极拥抱数字化转型，建设完善的线上渠道，如官方网站、微信小程序、天猫旗舰店等，并通过社交媒体、直播电商等方式与消费者互动。同时，要注重线上线下融合，实现全渠道体验，让消费者无论在线上还是线下都能享受到一致的品牌体验和服务。

◎ **注重内容营销，讲好品牌故事**：精品不仅仅是商品，更是文化和情感的载体。企业应注重内容营销，通过优质内容传递品牌价值、历史传承和工艺细节，与消费者建立情感共鸣。可以利用社交媒体、短视频、直播等形式，打造生动有趣的品牌故事，展现精品背后的匠心和文化底蕴。同时，要与 KOL、KOC 等合作，借助他们的影响力扩大品牌声誉。

◎ **提升服务水平，打造个性化体验**：精品消费者追求个性化和专属感。企业应提升服务水平，提供定制化、个性化的产品和服务，满足消费者独特的需求。可以利用大数据和人工智能技术，分析消费者行为和偏好，为其推荐合适的产品和服务。同时，要注重售后服务，建立完善的客户关系管理体系，与消费者保持长期互动。

◎ **加强品牌保护，打击假冒伪劣**：假冒伪劣产品严重损害精品品牌形象和消费者权益。企业应加强品牌保护，利用区块链等技术手段，实现产品溯源和防伪。同时，要积极与电商平台、执法部门合作，打击假冒伪劣产品，维护市场秩序。此外，企业还应加强知识产权保护，防止品牌被侵权。